Mieux vivre
grâce à
la pensée positive

Direction de la publication : Isabelle Jeuge-Maynart et Ghislaine Stora

Direction éditoriale : Catherine Delprat

Responsable d'édition : Bethsabée Blumel

Traduction : Sophie Artaud pour les chapitres de 1 à 8 ;
Marie-Noëlle Pichard pour les chapitres 9 à 12

Lecture-correction : Marthe Rivero

Illustrations : Alain Boyer

Conception de la maquette : Violette Bénilan

Mise en page : Olivier Caldéron

Couverture : Véronique Laporte

Fabrication : Marie-Laure Vaillé

Titre original : *Positivity*
Première publication en anglais
par Crown Publishing Group, New York, États-Unis.

ISBN 978-2-03-589505-9

BARBARA FREDRICKSON

Mieux vivre grâce à la pensée positive

POCHE

LAROUSSE

1. S'ÉVEILLER À **LA PSYCHOLOGIE POSITIVE**

Le soleil matinal filtre à travers les persiennes de votre chambre à coucher, et vous émergez d'une nuit agitée. Après une longue série de jours gris et pluvieux, vous appréciez d'apercevoir enfin un coin de ciel bleu. Mais vous vous apercevez bien vite que le réveil n'a pas sonné. Vous êtes déçue parce que vous aviez planifié un réveil très tôt, afin de vous ménager un moment pour vous avant que les enfants ne se réveillent et que la course matinale ne démarre sur les chapeaux de roues. Vu le peu de temps qu'il vous reste, vous décidez de sauter votre routine habituelle d'exercice physique, de prolonger votre séjour au lit, et de rédiger une page de votre journal.

SÉQUENCE 1 – VERSION 1 (VISION NÉGATIVE)

Vous écrivez ceci :

Je n'en reviens pas d'avoir négligé une fois de plus de régler l'alarme de mon réveil. Comment vais-je pouvoir un jour prendre mes journées (et ma vie) en main si je ne parviens pas à mettre en place une chose aussi simple ? Sans mes exercices de gym, je vais me sentir comme une limace aujourd'hui. Berk ! Je ferais mieux de me concentrer sur la seule raison pour laquelle j'écris ce journal : réfléchir à mes objectifs à long terme et les relier à ma vie quotidienne. Est-ce que cela marche vraiment ? Est-ce que cela vaut le coup de prendre sur mon temps de sommeil ? En réalité, je devrais consacrer ce temps supplémentaire à vérifier mes e-mails en urgence ou à revoir la liste ridiculement longue des choses qu'il me reste à faire. Tiens, est-ce qu'on a laissé passer le délai de règlement de la facture d'eau ? Et d'ailleurs, où est-elle cette facture ?

Arrivée là, vous refermez votre journal, et ouvrez vos e-mails

Bien entendu, vous découvrez que votre collaboratrice, Stella, a besoin de votre accord avant de soumettre sa proposition, et qu'elle en a besoin cet après-midi. Vous allez devoir passer, au bas mot, toute la matinée, rivée à votre écran à lui préparer vos notes. Agacée par cette prise de pouvoir sur votre agenda personnel, vous ouvrez un deuxième courriel qui vous apprend cette excellente nouvelle : le projet que vous avez défendu a reçu une première approbation, et vous avez quarante-huit heures pour y mettre un point final après révision. « Quarante-huit heures ! » vous exclamez-vous. « Dois-je laisser tomber tout le reste pour boucler dans les temps ? » et « Comment vais-je faire pour m'en sortir ? ».

La nanoseconde de joie qui a suivi la découverte que votre projet était accepté est aussitôt annulée par le souci de le mener à bien.

C'est à ce moment précis que votre fille qui va sur ses quatre ans, se réveille à son tour

Elle crie « Maman ! ». Un coup d'œil au réveil : il est 6 h 42. Vous avez pourtant dit et redit à votre enfant d'attendre sagement le matin dans sa chambre que vous veniez l'embrasser à 7 heures... Et c'est reparti, elle ne vous a pas écouté une fois de plus.
Votre sentiment de frustration grandit – trop d'exigences au travail et à la maison. Personne ne comprend à quel point votre vie est devenue impossible, au rythme que prend votre carrière en ce moment. Vous entrez dans la chambre de votre fille et lui reprochez sèchement de vous avoir appelée trop tôt, puis vous tournez les talons pour aller préparer le petit déjeuner.

La matinée se résume à une course déprimante où tout le monde est perdant

Vous auriez été dehors à l'heure si votre fils de sept ans n'avait pas rangé on-ne-sait-où sa paire de chaussures préférée.

Les remarques fusent : « Pourquoi tu ne peux pas porter une autre paire de chaussures ? Et si tu y tiens tant, pourquoi est-ce que tu ne les ranges pas mieux ? ».

À présent, vous êtes quatre – vous, vos enfants et votre mari – à courir dans toute la maison pour retrouver ces satanées chaussures...

La journée se poursuit

Après avoir déposé les enfants à l'école – en retard, une fois de plus – vous arrivez au bureau en retard, là aussi. La première personne que vous croisez est Thomas, votre collaborateur sur le projet qui vient d'être accepté. Il arbore un large sourire.
De temps en temps vous appréciez sa bonne humeur, mais aujourd'hui elle vous paraît presque suspecte. Vous vous dites, il essaie de m'attendrir pour que je prenne en charge toutes les modifs. Il s'approche. « Tu es au courant ? On a le contrat ! On est tranquille pour toute l'année ! »
Vous lui répondez : « Bah oui, mais est ce que tu as vu la liste des modifications à effectuer – le tout à rendre sous quarante-huit heures ? En plus, Stella m'a demandé un accord sur sa proposition ce matin... ». Le sourire de Thomas se décompose, le temps de trouver une parade à votre esprit négatif.

Cela vous rappelle quelque chose ?

La plupart d'entre nous se reconnaîtront sans peine dans ce scénario matinal :

Je ne peux rien faire correctement. Ni m'accorder le temps dont j'ai besoin. Je n'arrive pas à tenir mon journal régulièrement. Je trouve insupportable que les urgences de Stella deviennent les miennes. Je n'arrive pas à comprendre comment je vais pouvoir tenir ce délai de quarante-huit heures. Je ne suis pas du tout sur la même longueur d'onde que Thomas. Je n'arrive même pas à apprendre à mes gosses à rester au lit jusqu'à 7 h 00. Et impossible d'émerger de la cavalcade du matin sans hurler ni râler. Les enfants ne sont jamais à l'heure à l'école. Et si je ne parviens pas moi-même à être à l'heure au travail, comment vais-je pouvoir répondre à toutes ces exigences…

Nous connaissons tous les pensées et les émotions négatives : « Je n'aurais pas dû ...» ; « Je suis incapable de... » ; « Ça ne va pas marcher... » Ces ruminations qui tournent en boucle dans nos têtes s'imposent à nous comme une menace facile à repérer.

Les pensées négatives non contrôlées entretiennent des émotions clairement nuisibles à notre santé – colère, mépris et dépression – qui s'infiltrent littéralement dans notre corps.

On ressent aisément comment l'amertume nous dévore à petit feu l'estomac, fait grimper notre tension artérielle ou transforme nos muscles dorsaux en pierre. Même notre visage se durcit et se resserre ce qui peut expliquer pourquoi les autres nous évitent s'ils le peuvent.
Qui plus est, nous passons nos journées avec des œillères, nous trouvons à blâmer et à redire partout. Il n'y a pas de solutions en vue et tout devient tristement prévisible.
L'état d'esprit négatif agit vite et fort, comme un coup de massue. Et nul d'entre nous n'est à l'abri.

Mais alors, qu'en est-il de la pensée positive ?

Elle paraît bien faible et bien pâle, comparée à son double négatif. Elle ne lui est pas vraiment comparable, d'ailleurs, car elle nous semble parfois si insignifiante que nous ne la remarquons même pas...

- Et si la pensée positive avait une importance ?
- Et de quoi s'agit-il exactement, pour commencer ?

Commençons déjà parce qu'elle n'est pas.

La psychologie positive
n'implique pas
que nous devions
suivre benoîtement l'axiome
« souris quoi qu'il arrive »
ou
« pas de soucis, si tu souris ».

La psychologie positive agit à un niveau plus profond. **Elle se compose de toute la gamme des émotions positives : de l'appréciation à l'amour, de l'amusement à la joie, de l'espoir à la gratitude, de l'ouverture d'esprit à la générosité du cœur**… Le terme recouvre à dessein un vaste champ d'application. Il désigne aussi bien les interprétations positives et les attitudes optimistes qui déclenchent les émotions agréables, que l'ouverture d'esprit, la générosité de cœur, ou encore la détente musculaire et les visages avenants qui les accompagnent.

La psychologie positive inclut même l'influence à long terme de ces émotions sur notre personnalité, nos relations, notre communauté et notre environnement. Et bien que certaines nuances de ce vocabulaire puissent vous évoquer celui des cartes de vœux, le terme de « psychologie positive » désigne des passions humaines vitales qui suscitent désormais l'intérêt des scientifiques. Et leurs récentes découvertes à ce sujet sont époustouflantes. Vos moments de bonheur et de bien-être, même fugaces, sont bien plus puissants que vous ne le supposez. Nous savons, à présent, qu'ils modifient l'esprit et le corps de manière à véritablement améliorer nos vies.

Revenons maintenant en arrière

Reprenons toute la « séquence » matinale du début, **mais sous un angle positif, cette fois-ci.**

Soyez assurés que quels que soient vos talents pour le pessimisme, l'optimisme ne vous est pas étranger. Tout en lisant ces pages, gardez à l'esprit que, tout comme l'esprit négatif, l'esprit positif va au-delà de l'autosuggestion. Bien que subtil, il s'inscrit en toile de fond de votre paysage mental, et influence votre point de vue comme votre rythme cardiaque, votre chimie corporelle, vos tensions musculaires et expressions faciales, sans oublier vos capacités et la nature de vos relations.

SÉQUENCE 1 – VERSION 2 (VISION POSITIVE)

Vous êtes réveillée par la lumière du matin filtrant à travers les persiennes, après une bonne nuit de sommeil. Vous remarquez que la sonnerie de votre réveil ne s'est pas déclenchée. Vous êtes déçue parce que vous comptiez commencer très tôt afin de prendre un peu de temps pour vous avant le réveil des enfants. Vous jetez un coup d'œil à la fenêtre et pensez : « Eh bien au moins, on dirait qu'il va faire beau aujourd'hui ». Votre déception s'efface. Vous décidez de sauter vos exercices de gym et passez directement à l'écriture de votre journal.

Vous écrivez ceci :

Mon corps devait savoir que j'avais assez dormi et s'est éveillé pour me laisser prendre soin de moi. Il faut que je trouve une idée pour faire de l'exercice aujourd'hui... Je sais, je vais caler un tour au parc dans ma journée de travail et je ferai une marche sportive. Ce nouveau journal a pris tellement d'importance pour moi. Il m'offre un espace pour réfléchir à ce qui fonctionne bien dans ma vie, pour me sentir reconnaissante de tout ce que j'ai. Il m'aide à ne pas perdre de vue mes objectifs à plus long terme, ce qui influe sur mon travail et m'aide à me montrer plus aimante en famille.

Vous passez les dix minutes suivantes à expliquer ce pourquoi vous travaillez :

Hier, j'ai rencontré une femme qui a bénéficié du projet communautaire de l'an passé. Son visage lumineux m'a d'autant plus convaincue que j'avais bien fait de changer de carrière. Je peux être parfois extraordinairement occupée, mais cela en vaut clairement la peine lorsque je vois le résultat dans le succès de notre organisation et dans la vie de mes collègues.

C'est là que votre fille cadette, qui va sur ses quatre ans, se réveille

Elle vous appelle de sa chambre. Un œil à votre réveil : il est 6 h 42. Vous lui avez demandé de rester sagement dans sa chambre jusqu'à ce que vous veniez l'embrasser, à sept heures. Vous vous demandez si elle a besoin de quelque chose. Vous vous levez, allez dans sa chambre et prenez le temps de l'embrasser tendrement. « Tu m'as manqué, Maman » dit-elle. Vous vous allongez à côté d'elle pour la câliner et parler gentiment avec elle jusqu'à sept heures. L'emploi du temps du matin est toujours serré mais vous trouvez que tout se passe bien mieux lorsque vous l'abordez calmement et reposée.

Vous pouvez même transformer en jeu les ennuis de votre fils de sept ans qui ne retrouve pas sa paire de chaussures préférée. « Celui qui les trouve aura un énorme bisou de toute la famille réunie ».

À présent, tout le monde fait la course en riant pour retrouver les fameuses chaussures. Vous les repérez sur le haut du réfrigérateur. Du réfrigérateur ! C'est l'hilarité générale – comment ont-elles bien pu atterrir là ??? – et pour couronner le tout, c'est vous que tout le monde embrasse avec effusion. Vous savourez ce doux moment, tout en étant consciente que vos enfants grandissent et qu'ils trouveront bientôt ce rituel familial dépassé.

Après avoir déposé les enfants à l'école, vous arrivez au bureau

La première personne que vous croisez est Thomas, votre collaborateur sur le projet que vous avez proposé, il y a quelques mois. Il arbore un tel sourire que vous ne pouvez vous empêchez de sourire largement à votre tour. « Bonjour Thomas, comment vas-tu ? » Il répond : « Tu es au courant, on a le contrat ! On est tranquille pour le reste de l'année ! ».
Vous vous frappez mutuellement la main en signe de satisfaction. Vous ajoutez : « On forme une super-équipe, non ? ». D'après votre expérience de l'année passée, vous devriez faire face à quelques révisions de dernière minute. Vous invitez Thomas à venir faire une bonne marche au parc avec vous, afin de vous organiser à ce sujet...

J'entends d'ici vos objections...

Pas si vite ! La comparaison proposée – une matinée plombée d'un côté, et une autre où tout se déroule parfaitement – est vraiment sujette à caution. En plus, il ne s'y passe pas les mêmes choses. Dans la version 2, vous bénéficiez d'une bonne nuit de sommeil, Stella ne vous met pas la pression et vous arrivez à l'heure à l'école et au bureau...
Je partage volontiers votre point de vue, mais j'aimerais que nous allions y regarder de plus près, afin de comprendre comment la pensée positive a modifié le scénario.
Avant de nous y plonger, prenons un instant pour constater que nos deux séquences comportent de mêmes moments désagréables : votre réveil n'a pas sonné, votre fille se réveille trop tôt, votre fils a égaré sa paire de chaussures préférée et vous devez affronter un planning très serré au travail. De fait, être positive ne vous épargne pas tous les tracas de la vie, juste certains d'entre eux.

Nous allons voir lesquels. Au cours de la démonstration, je soulignerai les différences essentielles entre les deux scénarios. Celles-ci mettent en évidence **les six points clés de la pensée positive.**

1. La pensée positive fait du bien

Je suis presque sûre que la simple lecture du deuxième scénario vous a fait beaucoup plus de bien que celle du premier. Alors que l'un paraissait sombre et laborieux, l'autre vous a semblé léger et plein d'allant. Bien qu'il puisse sembler trop évident pour être mentionné, ce premier constat est essentiel. Car après tout, c'est cette étincelle du sentiment de bien-être qui va réveiller votre motivation de changement. Vous avez envie de revivre d'autres bonnes journées comme celle-ci. Cette pure évidence nous masque souvent les aspects subtils de la psychologie positive. Lorsque nous considérons ce lumineux bienfait qu'est la pensée positive – c'est l'objet du chapitre 2 – pour avoir un premier aperçu de ses implications intimes, nous trouvons des raisons supplémentaires de nous en émerveiller. Qui plus est, la pensée positive n'est pas univoque et emprunte de nombreuses formes différentes.
Dans le chapitre 3, je décrirai ces différentes formes, de la joie et la gratitude à la sérénité, de l'intérêt à l'espoir, la fierté, l'amusement, le respect, l'inspiration et enfin l'amour. Chacun de ces dix aspects de la psychologie positive peut changer votre vie présente… et future.

2. La pensée positive modifie votre point de vue

Elle n'a pas seulement pour effet de modifier le contenu de vos pensées, en changeant vos soucis en raisons d'espérer.
Elle ouvre également votre point de vue et les limites de vos

raisonnements. Elle élargit le champ de vos possibilités. Dans la seconde séquence, cette plus large ouverture d'esprit vous est plusieurs fois profitable.
D'abord, vous trouvez d'emblée un moyen de caser votre séance de sport quotidienne plus tard dans la journée. Ensuite, dans l'écriture de votre journal, vous restez concentrée sur vos objectifs plus importants. Vous ne vous arrêtez pas au réveil matinal de votre fille pour vous montrer plus aimante. Quatrièmement, vous parvenez rapidement à retrouver les chaussures perdues à un endroit des plus inhabituels. Cinquièmement, vous vous mettez sur la même longueur d'onde que Thomas, votre collègue, et vous vous fiez à son sourire. Sixièmement, vous réussissez à faire concorder votre temps d'exercice avec votre planning professionnel chargé en l'invitant à se joindre à vous pour une marche.
L'ouverture générée par cette pensée positive peut être subtile – presque imperceptible – mais elle joue ici un rôle crucial dans le déroulement des événements de la matinée.
Au chapitre 4, nous verrons comment s'opère cette modification.

3. La pensée positive transforme votre avenir

Alors que des sentiments positifs vont et viennent constamment au fil du temps, un état d'esprit positif fait littéralement surgir le meilleur de vous-même. L'hypothèse sous-jacente de toute cette deuxième séquence étant que le climat émotionnel bénéfique qui le distingue est déjà bien installé. Il n'est pas le fruit du hasard et s'inscrit dans une longue suite d'autres jours – peut-être même de semaines ou de mois – sous le signe de l'optimisme.
Alors que vos émotions positives s'accumulaient, elles construisaient le socle de vos ressources, vous laissant en bien meilleure condition pour affronter cette matinée particulière,

que si vous en aviez été dépourvue.
Dans cette même séquence, vous bénéficiez des multiples potentialités offertes par la psychologie positive. Votre expérience répétée de telles émotions vous a ainsi procuré au moins une ressource physique (vous avez mieux dormi), une ressource mentale (vous étiez plus attentive aux circonstances immédiates), au moins deux ressources psychologiques (vous vous montriez plus optimiste et plus résiliente), et de nombreuses ressources relationnelles (vous aviez de bien meilleurs liens avec votre famille et vos collègues de travail).

Chacune de ces ressources, accumulées à travers des expériences positives répétées dans votre passé récent, a contribué à la qualité de votre matinée, dans cette deuxième version. Nous verrons au chapitre 5 comment la psychologie positive peut transformer votre avenir.

4. La pensée positive refrène l'état d'esprit négatif

Si une émotion négative peut faire grimper votre tension en un seul battement de cœur, une émotion positive a le pouvoir de la faire redescendre. Un peu comme une touche de réinitialisation. Cela se vérifie à double titre dans la version 2. Alors que dans les premières secondes, vous regrettiez sincèrement que votre réveil n'ait pas sonné et que votre fille se soit réveillée trop tôt, votre état d'esprit positif a rapidement fait disparaître ces émotions de votre système, vous mettant en position de réagir rapidement et au mieux aux circonstances imprévues. L'optimisme se présente alors comme le secret de la résilience*. Nous verrons, dans le chapitre 6, ce que la science révèle à ce sujet.

*Résilience : capacité à résister au choc, à rebondir après un traumatisme. Voir encadré p. 174

5. La pensée positive obéit à un seuil critique

L'information la plus stupéfiante et la plus concrète révélée par l'approche scientifique de la psychologie positive est que ses manifestations ne sont pas linéaires. On n'est plus dans la routine de la démonstration. Il n'y a pas qu'une seule flèche reliant la cause à l'effet, on découvre toute une série de flèches. De plus, certaines ne sont pas rectilignes, d'autres se mettent en boucle ou sont à double sens.

Dans le schéma scientifique traditionnel, la proportionnalité est de règle. Peu importe le point d'où vous partez, si vous faites rentrer dans le système un élément d'une certaine quantité, le résultat sera affecté en proportion. Mais ce n'est pas le cas ici. L'endroit d'où vous partez a, au contraire, une très grande importance. L'effet obtenu peut être quasi inexistant ou très important, en fonction de ce point d'entrée. Le seuil critique, en matière de pensée positive, est ce point sensible ou un petit changement va générer de grands effets.

Les versions 1 et 2 diffèrent en tout point l'une de l'autre

Et cette différence ne se mesure pas en degrés, précisément parce qu'elles se situent de part et d'autre de ce seuil critique.

- **Si vous prêtez de nouveau attention à notre version 1,** vous verrez que la pensée positive n'en est pas absente : de prime abord, vous avez apprécié le soleil matinal, l'heureuse nouvelle du succès de votre projet, et le sourire de votre collaborateur. Et pourtant, cela n'a pas eu l'air de compter beaucoup. Le négatif l'a emporté.
- Au contraire, dans la version 2, votre pensée positive est suffisamment présente et active pour faire basculer la situation du bon côté. Votre réveil ne se passe pas seulement « mieux », il est franchement enthousiasmant. Vous vous sentez vivante et en mouvement. Vous voyez la valeur de ce que vous apportez à la maison et au travail. Chaque nouveau bon moment, vous

emmène vers l'avant et vers le haut et non en arrière et vers le bas. La sensation est radicalement différente selon que l'on se trouve d'un côté ou de l'autre de ce seuil critique.
Vous trouverez dans ce livre une prescription, un objectif précis à atteindre, pouvant conduire votre vie vers un épanouissement supérieur.
Au chapitre 7, j'aurai l'occasion de décrire plus précisément les fondements scientifiques nouveaux et inattendus qui motivent cette prescription.

6. Les idées positives sont en vous

Si l'analyse de ces deux exemples vous a parlé, c'est parce que résident en vous aussi bien le risque dévitalisant du pessimisme que le bienfait enrichissant de l'optimisme. Et vous avez beaucoup plus de liberté que vous ne le pensez.
Le trésor de vos ressources positives est à votre disposition. Il est en votre pouvoir de faire pencher la balance vers un avenir florissant. C'est pourquoi je consacre entièrement la deuxième partie de ce livre – des chapitres 8 à 12 – à vous enseigner comment développer vos idées positives.

La pensée positive peut changer complètement le cours de votre existence

Ce livre en dévoile le pourquoi et le comment. Elle vous permet de repérer de nouvelles possibilités, de rebondir après un échec, d'entrer en contact avec les autres et de tendre vers une version optimale de vous-même. Même votre sommeil s'améliore. Comment puis-je le savoir ? Notamment parce que, tout comme vous, j'ai bien entendu connu des moments similaires dans ma routine matinale. J'ai en outre consacré ma vie professionnelle à l'étude des effets des idées positives dans la vie émotionnelle des gens.

Alors qu'un poète recherche toujours de nouvelles métaphores pour exprimer et traduire les émotions humaines, je cherche, en tant que scientifique, de nouveaux moyens pour les quantifier. J'ai même découvert que bien loin d'être un exercice aride ou purement abstrait, une approche scientifique des émotions met en lumière des vérités cachées et probablement universelles, des vérités touchant à l'essence même de notre humanité.

Si vous vous êtes déjà posé des questions telles que : pourquoi ressentons-nous des émotions ou quelle différence cela fait de voir la vie du bon côté, je peux vous répondre.

Les recherches les plus récentes montrent comment nos expériences émotionnelles au quotidien affectent profondément le cours de notre vie.

Ma spécialité est la psychologie des émotions...

Et vous seriez peut-être surpris d'apprendre que bien que les fondements de cette discipline remontent à la fin du XIXe siècle, durant presque toute son histoire, les émotions ont été un sujet tabou, et considérées comme trop fugaces pour constituer un sujet d'étude digne de ce nom. Mes mentors dans cette

discipline ont été les premiers à entamer une étude scientifique moderne des émotions humaines.
Je fais partie de la deuxième génération de scientifiques travaillant sur ce sujet. Presque toutes les tentatives précédentes dans ce domaine se sont focalisées sur le négatif : la dépression, l'agressivité, l'anxiété et tous les maux que ces états négatifs peuvent engendrer dans la vie des gens.
J'ai choisi une voie différente. J'ai fondé ma carrière sur l'étude du côté positif : la joie, la sérénité, l'intérêt, l'amour et leurs équivalents. Une démarche encore rare dans le domaine de la science des émotions.

Ma contribution la plus largement citée et commentée est la théorie de *l'ouverture-construction* par les émotions positives

Cette théorie décrit non seulement comment les émotions positives se sont développées chez nos ancêtres, mais aussi quelle valeur elles représentent pour les humains d'aujourd'hui.
Mon expertise en la matière m'a placée au premier plan, dans ce nouveau champ de la psychologie positive, dès sa création en 1999. Depuis lors, j'ai été reconnue comme l'une des contributrices majeures à ce courant au niveau international.

Néanmoins, à un certain niveau, nous sommes déjà tous des experts des émotions. Nous en faisons l'expérience jour après jour quoi qu'il arrive : tristesse et joie, colère et gratitude, et tant d'autres. Elles nous sont aussi communes et naturelles que la respiration.
Les émotions positives nous paraissent tout particulièrement familières, car, si vous ressemblez à la grande majorité des gens, vous éprouvez plus souvent du bien-être que des sentiments négatifs.

Bien que les émotions positives inspirent les prières que nous adressons, les livres que nous lisons et les films que nous regardons, des mots tels qu'amour, joie, sérénité, gratitude ou espoir vont au-delà d'une simple notion littéraire. Ils sont aussi des termes scientifiques pouvant être définis et mesurés avec précision. J'ai moi-même testé ces ressentis humains vitaux afin de révéler leur impact sur la vie des gens. Pour être franche, il m'a été difficile de commencer ce livre. Les nouvelles découvertes dans ma discipline sont si convaincantes qu'il a été difficile de me distraire du laboratoire ou de l'écriture d'articles scientifiques pour m'y consacrer. Mais je m'y sentais obligée. Vous avez besoin de connaître ces nouvelles découvertes. Elles parlent avant tout de vous.

Ce que vous promet ce livre, c'est que vous ne porterez plus jamais le même regard sur vos émotions positives.

Vous comprendrez et apprécierez leur pouvoir d'une manière qui se révélera incroyablement utile. Il existe une dimension des émotions positives qui vous échappe encore – la dimension scientifique et rationnelle de leur fonctionnement. Une fois que vous la discernez clairement, vous avez une vision plus complète de vous-même et de votre potentiel. Grâce à cette connaissance plus complète de vous-même, vous mettrez mieux vos ressources à contribution et aurez plus de latitude au quotidien. La psychologie positive présente une opportunité d'accéder à un niveau supérieur d'existence : elle élargit votre vision et construit de meilleures perspectives d'avenir.

J'ai commencé à faire des recherches dans ce domaine parce qu'il était encore largement inexploré

J'ai toujours été tentée par les limites intellectuelles. Bien que, dans une certaine mesure, cet esprit guide toujours mon travail, les choses ont changé depuis quelques années. Mes dizaines d'années de recherche prenaient forme et me révélaient bien plus que ce que j'avais imaginé ou simplement supposé. Je mettais à jour une véritable prescription de vie et le moyen de la mettre en œuvre. Cela me stupéfiait, et continue de me stupéfier aujourd'hui. Ce qui guide mon travail actuel est aussi l'objectif de tester la viabilité de cette prescription. Est-elle valable ? En tant que scientifique, accepter les choses de bonne foi – ou sur des hypothèses fragiles à partir de simples données – n'est pas dans mes gènes.

Ma mission est de faire émerger, de tester puis de partager la valeur cachée de la positivité. J'ai écrit ce livre parce que j'imagine que vous voulez être informé des découvertes scientifiques les plus récentes dans ce domaine, afin d'améliorer votre vie.

Un état d'esprit positif
peut revitaliser de façon unique
votre vision du monde,
votre énergie mentale,
vos relations et votre potentiel.
Si vous avez soif d'une vie
plus belle et plus forte,
ce livre est pour vous.

2. LA PENSÉE POSITIVE : **UNE QUESTION DE MOYENS** ET NON DE FINS

L'or de pacotille ne saurait existe sans que n'existe quelque part l'or véritable.

Proverbe Soufi

Une bonne nouvelle, pour commencer : quelle que soit votre situation actuelle, vous avez ce qu'il faut pour transformer votre vie et votre environnement. Vous possédez déjà, au fond de vous-même, l'ingrédient actif qu'il vous faut pour vous forger une vie heureuse, riche en ressources et en créativité, et pour vous montrer remarquablement résilient dans les moments difficiles.

Deuxième bonne nouvelle, encore meilleure que la première : cet ingrédient actif est renouvelable. Chaque fois que vous en manquez, vous pouvez en obtenir plus. Vous disposez d'une source innée et interne dans laquelle vous pouvez puiser dès que vous souhaitez vous réapprovisionner.

Maintenant, la mauvaise nouvelle : si vous êtes à peu près comme tout le monde, vous allez souvent manquer de cet ingrédient. Et vous ne pouvez poser les bases de la meilleure des vies possibles, sans vous en constituer une réserve plus importante.

Enfin, une nouvelle encore plus contrariante : là encore, si vous ressemblez à la plupart des gens, vous ignorez ce que vous possédez. Votre source intérieure demeure scellée, en quelque sorte. Vous avancez en déséquilibre, espérant trouver partout ailleurs, sauf au bon endroit, ce dont vous avez besoin. Vous le recherchez constamment à l'extérieur de vous-même – à travers l'argent et ce qu'il peut procurer par exemple – tandis que vos ressources s'amenuisent.

MAIS QUEL EST DONC CET INGRÉDIENT ACTIF ? L'OPTIMISME, L'OPTIMISME VRAI

Un de nos privilèges en tant qu'êtres humains est de faire l'expérience du sentiment fugace et subtil d'optimisme, qui se présente sous bien des formes et des saveurs.
Pensez à ces moments ou vous vous sentez relié aux autres et aimé, ceux où vous êtes d'humeur enjouée, créative, ou prêt à rire ; ceux où vous vous sentez protégé et en harmonie avec ce qui vous entoure ; ces moments aussi où vous êtes bouleversé par la pure beauté de l'existence ou lorsque vous vous sentez plein d'énergie et stimulé par une nouvelle idée ou une nouvelle activité.

La positivité règne partout où de telles émotions : l'amour, la joie, la gratitude, l'intérêt et l'inspiration touchent et ouvrent votre cœur.

Qu'il s'agisse d'un instant de fascination, d'un transport de rire ou d'amour, nos moments d'optimisme vrai ne durent pas très longtemps. Les sentiments positifs vont et viennent, tout comme le beau temps passe et revient. C'est ainsi que nous avons été conçus. Si tel n'était pas le cas, nous aurions le plus grand mal à réagir au changement. Si l'optimisme était un état permanent vous ne verriez pas la différence entre une bonne nouvelle et une mauvaise nouvelle, entre une invitation et une insulte.
Si vous souhaitez améliorer votre vie pour le meilleur, le secret est de ne pas vous agripper trop fermement à cet état d'esprit positif, en lui déniant sa nature transitoire, mais plutôt de le laisser se diffuser dans votre existence quotidienne, d'augmenter au fil du temps votre réserve de pensée heureuse. J'ai découvert que ce qui compte le plus, c'est votre ratio de pensées positives.

Savoir évaluer son niveau de pensée positive

Il s'agit d'un moyen d'évaluer votre niveau d'optimisme vrai comparé à celui de votre pessimisme. Formellement, votre ratio positif est donc la fréquence de vos pensées positives sur une période de temps donnée, divisée par celle de vos pensées négatives sur cette même période temps. En termes mathématiques, ce ratio est simplement représenté par le symbole P/N.

Comme nous le verrons aux chapitres suivants, l'aspect fascinant de ce ratio positif est qu'il obéit à un point de bascule. En dessous d'un certain niveau, les gens se retrouvent prisonniers d'une spirale descendante, alimentée par le pessimisme. Leur comportement devient douloureusement prévisible, voire rigide. Ils se sentent comme alourdis d'un fardeau. Alors qu'au-delà de ce même point, les gens semblent décoller, comme portés par la spirale ascendante que suscite leur état d'esprit positif. Leur comportement devient moins prévisible et plus créatif. Ils évoluent. Ils se sentent vivants et légers.

Spirale descendante ou spirale ascendante ? Je pense que c'est à vous de choisir

Quelles que soient nos résistances à le reconnaître, nous, les humains, ne sommes pas statiques.
Nous évoluons sur une trajectoire positive ou négative. Soit, nous nous développons en devenant plus créatifs et résilients, soit, nous consolidons nos mauvaises habitudes, et devenons toujours plus immobiles et rigides.

Peu importe à quel point nous souhaitons que la situation demeure identique, nous envisageons nos objectifs de vie comme un cliché parfait que nous pourrons un jour encadrer et conserver. Et la suite des événements dépend de vous.

Ce que je peux vous dire est que votre ratio positif joue un rôle majeur dans le processus. Qu'il est prédictif de votre trajectoire de vie : allez-vous dépérir ou prospérer ? Absolument. Voilà l'alternative...

À l'instar de toute forme de vie, vous aussi pouvez soit dépérir en vous accrochant tant bien que mal à la vie, soit vous épanouir en tirant opportunément parti des possibilités de la vie et en vous montrant remarquablement résilient aux épreuves.

Les individus qui s'épanouissent fonctionnent à un niveau extraordinairement élevé – à la fois psychologiquement et socialement. Il ne s'agit pas simplement de gens qui vont bien.

Cet épanouissement va plus loin que le bonheur ou la seule satisfaction personnelle. Ces gens-là sont heureux, c'est vrai. Mais ce n'est là qu'une partie du tableau. Car en plus d'aller bien, ils agissent bien, créant de la valeur là où ils sont. Les gens ayant ce profil sont fortement engagés dans leurs familles, leur travail, leurs communautés. Ils sont guidés par un sens et un but : ils savent pourquoi ils se lèvent le matin. Ils font quelque chose de leur vie.

Faire quelque chose de sa vie

Il ne s'agit pas simplement de devenir plus heureux. Il s'agit de faire quelque chose de chaque journée et de sa vie. Et bien que cette démarche soit noble, elle n'implique pas pour autant d'actes grandioses. Mais bien de dépasser suffisamment ses intérêts personnels pour partager et célébrer la bonté chez les autres et dans notre environnement. C'est la voie vers un meilleur avenir. Et la psychologie positive peut vous aider à y accéder.

Comment puis-je savoir tout cela ? Eh bien parce que l'étude de la pensée positive est au centre de ma vie

Je ne me contente pas d'expérimenter cette démarche dans ma vie quotidienne, je l'étudie dans mon laboratoire, où je teste des centaines de personnes chaque année. Chaque expérience m'en apprend plus sur la manière dont nous, être humains, voyons le monde, pensons et agissons.
Pour autant, je ne fais pas partie de ces scientifiques qui passent leurs vies, enfermés dans leur laboratoire.

Ma recherche implique un travail de terrain, au cœur de la vie quotidienne, des hauts et des bas bien réels des gens. Bien entendu, je ne travaille pas seule mais avec l'aide d'une équipe d'étudiants diplômés et d'assistants de recherche de tout premier plan. Je collabore également avec d'autres scientifiques de renom partageant les mêmes intérêts pour l'alchimie des émotions. Et bien sûr, je reçois du monde entier les résultats scientifiques des plus récentes études en la matière.
Il y a tant de choses à découvrir sur notre condition d'êtres humains ! Plus nous en savons, mieux nous sommes équipés pour nous construire la vie que nous voulons.

J'ai la conviction que vous voudrez connaître le pouvoir d'une pensée positive profonde, et savoir comment elle agit.

J'ai l'espoir que vous aussi serez assez inspiré pour en expérimenter les bienfaits, élargir vos perspectives et forger un bel avenir, pour vous et ceux que vous aimez.

À QUOI SERT LE BIEN-ÊTRE ?

Cela semble presque une folie de se poser une telle question : « à quoi sert le bien-être ? » Et la réponse paraît couler de source : le sentiment de bien-être est précieux parce que nous aimons le ressentir, en goûter les bienfaits. En allant plus loin, on pourrait dire qu'il signifie que tout va bien, que nous vivons bien, que nous connaissons la réussite, que nous sommes comblés et en sécurité.

Un sentiment précieux

En outre, si vous confiez ce sentiment de bien-être à votre médecin ou votre thérapeute, il ou elle prendra cette information comme le signe que la souffrance, la détresse, la dépression ou l'adversité ne constituent actuellement pas une menace pour votre santé ou vos conditions de vie.
Aux yeux de nombreux professionnels de santé, ce « bien-être » dépasse un peu l'idée de « ne pas se sentir mal ».
Le sentiment de mal-être, lui, doit être surveillé. Il peut être annonciateur de crises cardiaques, d'attaques, de désordres alimentaires, d'obésité, de suicide, de violence et bien d'autres

troubles associés. Le sentiment de bien-être est précieux parce qu'il signifie que vous avez toutes les chances d'être à l'abri de bon nombre des risques et troubles évoqués plus haut.

Les idées positives attirent la réussite

Or, la pensée positive va vraiment au-delà d'une absence d'idées noires ou d'inquiétudes... Elle représente bien plus que le symptôme de notre sécurité intérieure, de notre satisfaction, de notre réussite ou d'une bonne forme physique. Les éléments de recherche scientifique les plus récents nous apprennent que la pensée positive ne ne se contente pas de refléter le succès et la santé, mais qu'elle peut également les susciter. Ce qui signifie que même après qu'elle se soit momentanément effacée, son impact demeure bien présent. Au-delà des plaisantes circonstances que vous pouvez être en train de vivre, vos pensées positives vont influencer en aval la trajectoire de votre existence. La psychologie positive va donc orienter le cours de votre vie vers la plénitude. Ma contribution la plus importante dans ce domaine est d'avoir répondu à une énigme qui avait laissé la science perplexe.

ÉNIGME

Ma formulation était la suivante : à quoi servent les émotions positives ?

Il y a d'autres façons de l'énoncer. On pourrait également se demander : « Pourquoi éprouvons-nous des sentiments plaisants ? Quelle est l'utilité de ces sentiments fugaces de joie, de reconnaissance, de sérénité et d'amour ? Ou encore les émotions positives nous ont-elles permis de nous adapter au cours de l'évolution humaine ? »

Or, pour répondre à une énigme, il faut un changement de perspective.

UNE IDÉE OBSOLÈTE : LES ÉMOTIONS POSITIVES SONT UNE EXTENSION DES ÉMOTIONS NÉGATIVES

Un petit récapitulatif s'avère ici nécessaire. Par le passé, les scientifiques ont tenté de répondre à cette énigme des émotions positives en s'appuyant sur le postulat que toutes les émotions, négatives ou positives, étaient un héritage de nos lointains ancêtres, parce qu'elles produisaient en nous des injonctions d'agir de telle ou telle manière.

Les scientifiques considèrent en effet les émotions comme des déclencheurs de réponses spécifiques adaptées.

La peur est associée à l'injonction de fuite, la colère avec celle d'attaquer, le dégoût avec celle de rejet, et ainsi de suite. Une des idées essentielles de ce concept est que, parce qu'elles étaient capables de faire surgir dans la tête de nos lointains ancêtres une manière d'agir adaptée, les émotions sont devenues importantes pour notre espèce. Ce sont elles qui leur ont inspiré les actions les plus efficaces pour s'extraire des situations multiples et répétées où leur vie était en jeu. Autrement dit, ceux qui fuyaient, lorsqu'ils avaient repéré un grand prédateur félin, survivaient. Les autres étaient dévorés. Survivre était la préoccupation majeure, car mourir avant d'avoir pu se reproduire aurait menacé la pérennité de l'espèce.

L'émotion s'inscrit physiquement en nous

L'émotion modifie notre chimie corporelle en fonction des actions qu'elle va provoquer. Tandis qu'une injonction prend le pas sur nos pensées conscientes, l'émotion déclenche de rapides changements au niveau physiologique pour accompagner les actions qui vont suivre.

Imaginons une situation de danger immédiat

Il peut s'agir d'une voiture ayant perdu le contrôle avançant très rapidement sur vous. Ou alors, tandis que vous faites la queue à la banque, une horde d'hommes armés et masqués fait irruption et boucle les issues.

Dans tous les cas, lorsque le danger se précise, vous ne ressentez pas seulement la nécessité impérieuse et immédiate de fuir pour vous mettre en sécurité : en quelques millisecondes, votre système cardiovasculaire se modifie lui aussi pour rediriger du sang oxygéné vers vos grands muscles moteurs, vous préparant à fuir. Vos glandes surrénales libèrent également une dose de cortisol dans votre organisme, afin de mobiliser plus d'énergie en augmentant votre taux de glucose sanguin.

L'injonction de fuir qui accompagne la peur ne se contente pas de rebondir dans votre tête. Elle s'inscrit dans votre corps entier, dans tout votre être.

Le concept de réponse spécifique adaptée

Il a donné lieu à deux contributions scientifiques majeures.

- Tout d'abord, dans la mesure où les injonctions émotionnelles aidaient nos ancêtres à agir de manière rapide et efficace dans des conditions où leur vie était menacée, il permettait d'expliquer pourquoi les forces de la sélection naturelle avaient affiné et préservé les émotions comme partie prenante de notre nature humaine universelle.

- Ensuite, il démontrait également pourquoi les émotions influençaient à la fois le corps et l'esprit, en déclenchant une cascade de modifications physiologiques.

En matière de science des émotions, la valeur ajoutée de ce concept fut absolument considérable. Et il n'est pas étonnant que les scientifiques en aient épousé le principe.

Mais de nouveaux problèmes sont apparus lorsqu'ils ont tenté d'appliquer cette grille d'interprétation aux émotions positives

Un chercheur proposait de lier le sentiment de joie avec l'injonction de faire quelque chose. D'autres reliaient la sérénité à l'injonction de ne rien faire. Or ces injonctions étaient loin d'être aussi précises que se battre, fuir ou... recracher.

> Qui plus est, la chimie corporelle associée aux émotions positives est presque insignifiante comparée à celle provoquée par les émotions négatives.

Les émotions positives ne rentraient tout simplement pas dans le moule théorique qui avait si bien contribué à expliquer la valeur des émotions négatives. Et, compte tenu de ces observations, la question : « À quoi servent les émotions positives ? » a suscité un très grand intérêt de la part des chercheurs.

LA PENSÉE POSITIVE ÉLARGIT NOS PERSPECTIVES ET PERMET L'ACQUISITION DE CONNAISSANCES NOUVELLES

C'est en travaillant sur cette nouvelle « colle », et sur d'autres aspects surprenants de la pensée positive, que je suis parvenue à formuler, à la fin des années 90, ma théorie des émotions positives comme facteur d'ouverture et de développement. Telle était ma réponse à l'énigme qui nous était posée.

En développant cette nouvelle théorie, je remettais aussi en jeu des postulats fortement ancrés dans mon domaine de recherche. J'allais au-delà de ce que mes maîtres m'avaient appris. Et tout en reconnaissant l'utilité du concept de *réponse spécifique adaptée,* j'avais le sentiment qu'il n'était valable que pour les émotions négatives.

Si je voulais pleinement comprendre et expliquer la valeur des émotions positives, il me fallait tracer une nouvelle route

Je posais l'hypothèse que, contrairement aux émotions négatives qui restreignent le champ des actions possibles dans l'esprit des gens, les émotions positives produisaient l'effet contraire. Elles élargissaient nos perspectives et ouvraient notre conscience à une plus vaste gamme de pensées et d'actions.

- **La joie,** par exemple, donne l'envie de jouer et d'être créatif.
- **L'intérêt** provoque celle d'explorer et d'apprendre.
- Tandis que **la sérénité** nous invite à savourer les moments présents de notre vie et à les intégrer dans une nouvelle vision de nous-mêmes et du monde qui nous entoure.

À RETENIR

La première vérité essentielle est que la pensée positive ouvre nos cœurs et nos esprits, en nous rendant plus réceptifs et plus créatifs.

Un autre postulat que j'ai eu l'occasion de remettre en question est une croyance cachée

La croyance selon laquelle les émotions n'ont eu de valeur pour nos ancêtres que dans la mesure où celles-ci influaient sur leur comportement de manière à améliorer leurs chances de survie et de reproduction. Ainsi, alors qu'il est facile d'imaginer comment l'injonction de fuite motivée par la peur du danger puisse sauver la vie, il est moins aisé de comprendre comment la joie peut provoquer l'injonction de jouer.

Pour donner un sens à tout cela, j'ai dû regarder au-delà de l'instant présent et en identifier les bénéfices en dehors des circonstances immédiates. Et la conclusion à laquelle je finis par aboutir est que les émotions positives et négatives s'inscrivaient dans un schéma temporel différent.

Alors que le point de vue restreint propre aux émotions négatives trouvait sa pleine utilité chez nos ancêtres, dans des situations de menace directe et de survie immédiate, le point de vue ouvert offert par les émotions positives leur était utile à différents niveaux et sur des périodes de temps plus longues.

Dans le monde de nos ancêtres, une disposition mentale ouverte prenait son importance au fil du temps, car elle contribuait à l'acquisition de ressources, en stimulant le développement de leurs talents, de leurs compétences et autres capacités d'adaptation. Ces nouvelles ressources fonctionnant alors comme une réserve, en renforçant leur efficacité à traiter de nouvelles menaces vitales, alors récurrentes et inévitables.

EXERCICE

Souvenez-vous d'un moment de bonheur

Pour vous faire une idée de la manière dont les émotions positives peuvent développer nos ressources vitales, remémorez-vous un moment où vous avez éprouvé un fort sentiment de bonheur, une grande joie, ou une forte sensation d'exister. Un moment qui vous donnait envie de sourire, de clamer votre allégresse, de sauter sur place ou de danser de joie.Ce peut-être le ravissement devant les premiers pas de votre enfant, ou le plaisir d'une course-poursuite et de jeux avec votre chien, ou un repas chaleureux et émaillé de fous rires, en compagnie d'amis que vous n'aviez pas vus depuis des lustres, ou encore, une partie de foot endiablée à l'occasion d'une réunion de famille.
Peut-être aussi vous rappellerez-vous avoir dansé en bande au concert de votre groupe préféré.
Quel que soit ce qui vous vient à l'esprit, prenez le temps de revivre cette expérience en pensée, en laissant se ranimer votre joie.
Prenez note de ce que vous ressentiez alors et de ce que vous aviez envie de faire.

Ces moments heureux contribuent à construire nos ressources intérieures, et ces forces acquises peuvent nous sauver la vie dans les moments difficiles.

Cela vous paraît un peu farfelu ? Laissez-moi vous parler des singes Patas

Tous comme les humains et autres mammifères, lorsqu'ils sont jeunes, ces singes très agiles jouent à se poursuivre.

Cependant, leur jeu comporte un trait spécifique. Ils se lancent en effet tête la première contre un arbrisseau ou un buisson flexible afin de se catapulter dans une direction inattendue. Si vous fermez les yeux en vous représentant l'acrobatie, vous comprenez qu'elle leur permet de ne pas se faire « attraper ». Il s'avère que les adultes de cette espèce ne réitèrent jamais d'eux-mêmes ce tour de force. Jamais, sauf s'ils doivent échapper à un prédateur. À travers le jeu, ces singes développent une adresse physique particulière, susceptible à l'occasion de leur sauver la vie.

« Une famille qui s'amuse ensemble reste ensemble »

De même, nous avons souvent entendu l'adage « Une famille qui s'amuse ensemble reste ensemble ». Cette sage sentence souligne que le jeu crée des liens durables et solides entre les gens. Et cette sagesse s'exerce au-delà du cercle de la famille humaine.

On en trouve un exemple fascinant chez une espèce particulière d'écureuils terrestres. Comme tous les autres mammifères, lorsqu'un écureuil aperçoit de loin un prédateur, il va émettre un cri d'alarme qui prévient les autres écureuils de courir se mettre à l'abri. Ce geste n'est pas sans risques. En se faisant entendre, l'animal détecteur du danger peut aussi attirer sur lui l'attention du prédateur. Les scientifiques avaient coutume de penser que les animaux risquaient leur vie ainsi uniquement pour des individus apparentés, ayant des gènes communs entre eux.

De nouvelles recherches suggèrent cependant que ces écureuils donnent aussi l'alarme pour protéger leurs anciens partenaires de jeu, bien que distincts sur le plan génétique. Ces animaux ont donc développé un lien social par le jeu – et leurs compagnons sont donc prêts à risquer leur vie pour les sauver.

Un état d'esprit ouvert conduit à l'exploration et l'apprentissage

Afin d'illustrer ces nouvelles acquisitions de connaissances, représentez-vous l'élan intense que vous ressentez lorsque vous êtes vivement intéressé par une nouvelle personne, un nouvel endroit ou une nouvelle chose. Votre état d'esprit est ouvert et curieux. Il vous pousse à l'exploration.
La recherche a montré que, comme un état d'esprit ouvert conduit à l'exploration et l'apprentissage empirique, il engendre également une représentation mentale plus précise du monde.

Ce qui signifie que vous en apprenez plus lorsque vous vous sentez gai, ouvert et guidé par la curiosité, que lorsque vous vous montrez pessimiste et fermé (ou neutre).

Ceci parce que l'esprit négatif – et même la neutralité – vous tire en arrière. Esprit négatif et neutralité restreignent votre expérience du monde. En conséquence, ils en restreignent aussi la connaissance et la perception.
La pensée positive, elle, produit l'effet inverse. Elle vous invite à explorer le monde de façon inattendue.
À chaque fois que vous en faites l'expérience, vous apprenez quelque chose de nouveau. Si ces acquis ne sont pas immédiatement révélateurs ou pertinents, ils montreront sans doute leur utilité par la suite et pourraient même vous sauver la vie dans certaines circonstances.

À SAVOIR

La pensée positive nous fait progresser en mieux. Telle est la deuxième vérité essentielle en matière d'émotions positives. En ouvrant nos cœurs et nos esprits, elle nous permet de découvrir et de faire nôtres de nouvelles ressources, de nouveaux liens, de nouvelles connaissances, de nouvelles attitudes.

Quelle est ma théorie de l'ouverture et du développement ?

Ces deux vérités essentielles délimitent ma théorie de l'ouverture et du développement, qui soutient que les émotions positives étaient indispensables à nos ancêtres parce qu'elles leur permettaient au fil du temps d'élargir leurs perspectives et d'acquérir de nouvelles ressources pour le futur.

La pensée positive a fait évoluer nos ancêtres humains de façon bénéfique, en les dotant d'un supplément de ressources physiques, sociales, intellectuelles et psychologiques.
L'attrait éclatant du sentiment de bien-être a incité les premiers hommes à l'ouverture et l'acquisition de compétences lorsqu'ils se sentaient comblés et en sécurité.
Ceux qui surent profiter de cet élan s'en trouvèrent mieux préparés aux menaces susceptibles de mettre leur vie en danger. Ceux qui ne le firent pas tirèrent moins bien leur épingle du jeu.

Au cours des millénaires, la sélection naturelle a forgé l'aptitude de nos ancêtres à faire l'expérience d'une pensée positive profonde, précisant et fixant ainsi les différentes formes et fonctions des émotions bénéfiques que nous, les humains d'aujourd'hui, pouvons ressentir.

SOMMES-NOUS SI DIFFÉRENTS DE NOS ANCÊTRES ?

Nous pouvons présumer que ce qui convenait à nos ancêtres est toujours bon pour nous aujourd'hui. Tout comme eux, depuis la naissance, vous avez eu besoin de l'aide des autres pour vous nourrir et vous abriter, et vous avez eu besoin d'apprendre et de grandir pour atteindre l'âge adulte.

Le besoin de la considération des autres

Tout comme vos ancêtres, vous avez besoin de vous faire des amis pour créer votre communauté, de contribuer à quelque chose de valable, arrivé à l'âge adulte, afin d'obtenir la considération des autres, mais aussi de comprendre où est votre place dans le monde pour prendre les bonnes décisions. Il y a toutes les raisons de penser que des émotions positives sincèrement éprouvées – comme le sentiment de gratitude pour vos parents, l'intérêt spontané dans vos activités d'apprentissage et la joie de jouer avec les autres, la fierté d'avoir accompli quelque chose ou la satisfaction quand tout semble aller bien – sont aussi appréciables pour vous qu'elles ne le furent pour vos lointains ascendants.

VIVRE PLUS LONGTEMPS ET PLUS INTENSÉMENT

La psychologie positive ouvre les perspectives et développe les acquis. Elle transforme les gens et les aide à atteindre leur meilleur potentiel. Et lorsqu'ils l'ont atteint, les gens vivent plus longtemps. C'est une des implications fascinantes de cette théorie.

L'histoire d'Adam

Adam est un homosexuel de trente-six ans ayant vécu à San Francisco. Il avait contracté le virus du sida à la fin des années 80, tout comme Glen, son compagnon depuis six ans. Alors que la maladie de Glen s'était déclarée assez tôt, Adam avait bénéficié de plusieurs années de vie sans symptômes. Un des avantages de la meilleure santé d'Adam était qu'il fut capable de prendre Glen en charge lorsque sa santé à lui commença à chanceler.

Lors d'un week-end d'avril 1990, tandis qu'il était plongé dans la lecture de son quotidien préféré, Adam remarqua une petite annonce recherchant des hommes porteurs du virus HIV et qui seraient les soignants de leur compagnon atteint du sida. Il fut à la fois surpris et content que des scientifiques puissent s'intéresser à quelqu'un dans sa situation, et il prit contact avec leur unité de recherche à l'université de Californie, afin d'en savoir plus.

L'étude impliquait des examens de santé et une série d'entretiens. Un enquêteur devait se rendre tous les deux mois chez Adam et Glen, pendant quelques années.

Au début, les entretiens furent assez déprimants. Ils se focalisaient sur les nombreux soucis associés à la prise en charge d'un compagnon malade, en quoi cela consistait et les effets sur le moral. Bien sûr, le stress faisait partie du processus mais Adam se demandait pourquoi les chercheurs ne s'intéressaient qu'à cela.

À l'issue du second entretien, Adam posa la question suivante :

> Pourquoi ne l'interrogeait-on pas sur les aspects positifs de sa vie, sur ce qu'il accomplissait pour améliorer leur quotidien ?

Lors de l'entretien suivant, Glen fut de nouveau surpris et satisfait : l'équipe de recherche avait entendu son message. Et il n'était apparemment pas le seul à avoir souligné le caractère négatif des entretiens.

D'autres participants souhaitaient aussi que l'on aborde le côté positif des choses, et le contenu des entretiens fut donc révisé en conséquence. En un an, Glen mourut. Adam continua à donner des entretiens après le décès de Glen. Un an plus tard, la maladie d'Adam se déclara à son tour.
Les médecins évaluaient alors son espérance de vie à six mois, un an tout au plus.

Adam refusa de vivre avec cette épée de Damoclès au-dessus de la tête. Et de fait, il emprunta la démarche qu'il avait suivie lorsque la santé de Glen avait commencé à décliner.
Chaque jour était un cadeau. Chaque jour apportait son lot de situations à célébrer : le parfum du petit magasin de fleurs d'à côté, la sympathie d'un ami de longue date, la chance de pouvoir rester autonome en dépit de la maladie. En vivant chaque jour de manière positive, Adam accumulait des forces supplémentaires.

Trois ans plus tard, Adam était toujours en vie et autonome. Cinq ans plus tard, ses amis proches et lui-même ne purent s'empêcher de faire le lien entre son approche positive de l'existence et sa force vitale démontrée. Au bout du compte, la maladie eut tardivement raison de lui, mais neuf années après le pronostic initial des médecins.

L'histoire d'Adam n'est pas unique

La pensée positive augure d'une vie plus longue, ainsi que l'ont démontré de nombreuses études scientifiques depuis que j'ai fait connaître ma propre théorie. Une de ces études est issue du projet de recherche mené par l'université de Californie dont Adam fut l'un des protagonistes. D'autres se réfèrent à des échantillons moins spécifiques de la population. Mais les conclusions demeurent les mêmes.

> Les gens qui manifestent plus d'optimisme vivent plus longtemps. Jusqu'à dix années supplémentaires.

Un état d'esprit positif est très important. Nos ancêtres y avaient recours pour survivre et il nous est essentiel aujourd'hui pour les mêmes raisons.

LA LOI DU NOMBRE

Dans les chapitres qui vont suivre, je discuterai plus en détail de l'approche scientifique de la psychologie positive. J'aimerais pour l'instant partager avec vous les résultats d'une publication universitaire d'un grand intérêt puisqu'elle fait la synthèse de plusieurs études.

Les auteurs ont compilé près de 300 enquêtes scientifiques sur la pensée positive, exploitant des données portant sur plus de 275 000 personnes. Il s'agit d'une étude exhaustive recensant toute la littérature scientifique sur le sujet. Bien qu'une enquête puisse toujours être écartée pour ses défauts, lorsqu'on en arrive aux résultats – de l'expérience contrôlée en laboratoire aux études longitudinales portant sur des années de vie – les conclusions paraissent plus que certaines. Et qu'apprenons-nous de ces conclusions ?

Pensée positive et réussite

La pensée positive *produit* la réussite tout autant qu'elle la reflète, quelque soit le critère retenu pour évaluer cette réussite : un mariage heureux, un salaire plus élevé, une meilleure santé ; la pensée positive y joue un rôle important. Et lorsque vous reprenez toutes les données de toutes les études comme un seul et même corpus, la seule explication scientifique qui tienne est cette théorie de l'ouverture et du développement des acquis.

Il est d'autant plus gratifiant de faire état de telles conclusions, que ni moi ni mes étudiants et collaborateurs n'en sommes les auteurs. Et aucun d'entre eux n'avait d'intérêt personnel à valider cette théorie. C'est lorsque des chercheurs indépendants testent les affirmations de leurs pairs que la science avance le mieux.

Ma théorie a été mise à l'épreuve dans les règles et confirmée, à la fois par les données obtenues et par le travail de mes collègues chercheurs.

LA PENSÉE POSITIVE FAIT-ELLE PARTIE DE NOTRE CULTURE ?

Arrêtons-nous un instant pour considérer la vision du monde que cette nouvelle perspective sur la psychologie positive peut nous amener à développer.

L'influence de l'éthique protestante

Les États-Unis – et une grande partie du monde capitaliste – se sont créés sous l'influence d'une éthique de travail protestante. Une philosophie qui tient le plaisir et le loisir en piètre estime et soutient que la véritable valeur de l'individu se révèle à travers un labeur austère.

Cette vision du monde produit des individus banissant tout élan vers une activité agréable susceptible d'apporter de la joie – telles que la danse ou le sport – au profit de longues heures de travail doublées d'un esprit d'économie. Ce qui engendre une culture célébrant la force, la compétition et la ténacité.

Bien que la société américaine se soit quelque peu éloignée de ce modèle fondateur, beaucoup des valeurs inhérentes à cette éthique protestante du travail sont bien vivaces aujourd'hui. Prenons l'exemple de notre appétit de réussite chevillé au corps. Quel autre impératif pourrait retenir les Américains au travail un plus grand nombre de jours que le reste du monde ?

Le travail acharné serait-il toujours payant ?

Si tel est le cas, ceux qui ne jouissent pas de carrières brillantes ni de comptes en banque replets devraient être décadents, paresseux, sinon inférieurs. Ceux d'entre nous qui ont grandi aux États-Unis ont rarement pu échapper à ce type de messages.

Je dois dire qu'en dépit de mon travail sur la psychologie positive, je ne fais pas exception à la règle. Au lycée, il ne m'a pas fallu longtemps pour apprendre comment faire plaisir à mes professeurs en travaillant leurs cours à fond.

Dans mes premières années d'université, j'ai passé de longues heures en bibliothèque pour décrocher des A.

Après ma licence, j'ai passé de plus longues heures encore en laboratoire à entrer et analyser des données. Après que j'ai eu mon doctorat, l'un de mes amis les plus proches (lui aussi

chercheur dans le domaine des émotions) m'a en quelque sorte jaugée en me lançant : « Tu étudies les émotions parce que tu n'en éprouves pas toi-même. » En dépit de ce diagnostic non sollicité, en tant que professeur non-titulaire, je persistais dans mon labeur à outrance en écrivant article sur article pour des revues scientifiques – la devise « publier ou trépasser » n'étant pas un vain mot dans la profession que j'ai choisie.
Et bien que cette addiction à la réussite puisse parfois porter ses fruits, celle-ci a un prix. Car en demeurant si longtemps penchés sur le métier, nous ne percevons littéralement plus les bonnes choses de ce monde, ni les merveilles qui sont là pour ouvrir nos cœurs et nous aider à grandir.

Pourquoi les Américains sont-ils fâchés avec la psychologie positive ?

Notre Déclaration d'Indépendance fait de « la poursuite du bonheur » un de nos droits fondamentaux.

> Et pourtant, lorsque nous travaillons d'arrache-pied dans le seul but de nous procurer les biens matériels et les services dont la publicité a décrété qu'ils allaient nous rendre heureux, nous avons des chances de passer complètement à côté de ce droit au bonheur si fondamental.

Chacun aspire au bonheur, mais beaucoup d'entre nous ont été éconduits dans cette quête.
Nous croyons le trouver dans nos salaires plus élevés, nos possessions supplémentaires, ou des projets plus ambitieux.
Ou alors, nous nous projetons exclusivement dans le futur, en nous disant qu'« un jour » nos rêves se réaliseront et nous rendront heureux.
Notre vision est si erronée en la matière, que nous accordons plus d'importance à une heure de travail supplémentaire qui (nous l'espérons) contentera notre patron, qu'à celle que nous aurions pu passer auprès de nos enfants.
Nous nous délassons avec un Martini, et non pas une séance de méditation. Nous faisons du sport en salle au lieu d'aller marcher au parc. Nous suivons le régime à la mode au lieu de consommer de plus petites portions de plats bien préparés et agréablement présentés. Nous regardons la télé ou surfons sur le Net au lieu de lire un livre (ou de l'écouter). Nous rédigeons notre courrier électronique au lieu d'écrire de la poésie.
Mes recherches montrent que ces quêtes sont mal dirigées et que la poursuite du bonheur se confond avec celle de la pensée positive, chaque jour, où que nous soyons.
D'instant en instant, nos émotions positives quotidiennes augmentent et c'est à travers elles que nous bâtissons l'existence à laquelle nous aspirons.

La psychologie positive : un investissement avisé et salutaire

Le changement que je devais – et que vous devez – opérer dans vos vies est de considérer la positivité comme un investissement avisé et salutaire dans votre avenir et dans le monde qui vous entoure.
La psychologie positive est un *moyen* dirigé vers de meilleures fins, non simplement une fin en soi.

Notre idée reçue est que tout ce qui fait du bien n'est qu'une distraction sans importance et donc superflue. La bonne idée – validée par la science – est que ces mêmes sentiments de bien-être, cultivés de manière naturelle et par des moyens ordinaires, sont les ingrédients actifs capables de mettre en place une spirale ascendante de développement continu. Alors que cette idée reçue culpabilise les gens lorsqu'ils accordent du temps à quelque chose qui leur fait du bien, notre nouvelle conception peut leur inspirer le courage de cultiver, de protéger et de chérir les moments qui touchent et ouvrent leur cœur.

VÉCU

Comment la pensée positive a changé ma vie ?

Je dois dire que cela a été une révolution pour moi. En tant que maître-assistante, je consacrais tant d'heures à travailler que mon petit ami (aujourd'hui mon mari) s'était échiné à me convaincre que nous devions prendre des vacances. Bien que j'ai finalement accédé à sa demande, j'insistai pour que nous gardions ces congés secrets pour nos collègues et étudiants.

J'allais également emporter une pile de copies à corriger ainsi que mon ordinateur portable, afin de continuer à relever mon courrier électronique. La joie et les rires n'étaient bien sûr pas absents, mais le séjour fut aussi empreint de frustration, de culpabilité, de honte et d'encre rouge.

• Forte du résultat de mes propres recherches, lorsque je pars en vacances aujourd'hui, **je me défais de mes papiers et de mes e-mails et je tâche essentiellement de profiter de ma famille.**

- **J'encourage également mes étudiants et mes jeunes collègues à faire de même** – une démarche strictement opposée à celle que mes mentors m'avaient encouragée à suivre.
- **Qui plus est, je m'aménage même de mini-vacances quotidiennes** – une balade à l'arboretum, un déjeuner avec une amie, un cours de danse, ou un livre plaisant à lire.
- **J'essaie d'équilibrer mon éthique de travail rigoureuse en cultivant celle du jeu** et de la curiosité.

Je trouve que tout ceci me redonne de l'énergie et ajoute de la profondeur à ma vie. Dans un milieu professionnel où règne une forte ambition, cette nouvelle approche peut parfois me coûter beaucoup, et exiger de moi une forte résolution.

Et pourtant, les fruits que j'en recueille sont à la fois si agréables et si abondants qu'en aucun cas je ne reviendrai à mes anciennes habitudes.

Bien que le culte de la performance et son vice caché, le mépris du bien-être, constituent un thème dominant de la vie urbaine moderne, d'autres normes culturelles existent.

Certains groupes ont plus d'idées positives que nous

Nous pouvons tirer un enseignement de la manière dont ces groupes agissent. **Les adeptes de la méditation,** par exemple, font l'expérience d'un plus grand bien-être au quotidien. Dans les chapitres suivants, je vous expliquerai comment la méditation opère et comment en retirer des bienfaits pour vous-même.

Un autre groupe qui cultive la pensée positive – et cela pourrait vous surprendre – est celui des seniors.

La recherche a prouvé que les individus de plus de soixante-dix ans prêtent attention à la psychologie positive et la goûtent mieux que les générations plus jeunes et encore dépourvues de rides.
Il pourrait s'agir d'une sagesse qui vient avec l'âge : un état d'esprit optimiste permettant de sublimer la partie la plus tardive de la vie, en dépit des maux, tracas et pertes de mémoire qui l'accompagnent inévitablement.
Un des effets secondaires de ce livre sera peut-être d'apprendre à mieux vieillir.

LES IDÉES POSITIVES, OUI, MAIS JUSQU'À QUEL POINT ?

Jusqu'ici, je n'ai fait que décrire la façon dont la pensée positive ouvre nos esprits et améliore notre vie. Dans les nombreux chapitres qui vont suivre, je vous présenterai les preuves scientifiques qui m'ont convaincue de la nécessité de prendre à cœur ces résultats et d'en expérimenter les principes au quotidien.
Or, si telle est votre décision, ma description ne vous suffira pas. C'est d'une bonne prescription dont vous auriez besoin.

Et comme vous êtes en train de me lire, je suppose que vous êtes déjà prêt à ces changements, prêt à élargir vos perspectives et à vous construire un avenir prometteur.
Vous avez déjà deviné, j'en suis sûre, que je m'apprête à vous recommander de développer vos pensées positives.
Certes, mais comment, et dans quelles proportions ? Quel degré sera suffisant ? Comment et quand saurez-vous que vous avez atteint le niveau requis ?

Voici comment pourrait débuter une journée cauchemardesque « esprit positif maximum »

Vous vous réveillez par un matin lumineux ensoleillé. Vous prenez quelques instants pour vous relaxer et respirer profondément. Lorsque vous êtes complètement réveillée, vous poussez délicatement le dos de votre conjoint et allez vous lover contre lui. Vous voulez lui témoigner votre désir et votre affection. Celui-ci – manifestement extirpé d'un profond sommeil – se retourne vers vous avec un rude coup de coude et aboie « Tu es folle ou quoi ? Laisse-moi dormir ! »

Réjouie par la bouffonnerie de votre cher-et-tendre

Vous sautez du lit et filez sous la douche. Pour une raison inconnue, l'eau est complètement gelée. Votre projet eût été de vous délasser longuement sous l'eau chaude, mais vous observez que vous avez tellement de chance d'avoir l'eau courante, et que vos conditions de vie sont tellement meilleures qu'elles ne le sont sur d'autres points du globe.

De nouveau souriante

vous chantez sous une douche de stalactites, avant d'aller jeter un œil sur vos enfants. C'est alors que vous surprenez une araignée de belle taille posée sur le visage de votre bambin. Vous souriez et sortez de la chambre sur la pointe des pieds, pour ne pas troubler cette entente. Vous pensez : « La Nature est tellement fascinante, il faut absolument que je parle à mes amis de cette araignée si particulière ! » Vous vous dirigez maintenant vers la cuisine pour prendre le petit déjeuner.

Au moment de vous asseoir devant votre bol de céréales

Vous remarquez que votre vieux chat, Mitsou, a vomi juste à côté, sur votre nappe ancienne préférée. Vous attaquez votre repas en vous disant : « Pauvre vieux Mitsou, j'espère que tu vas mieux. Je me doutais que cette nappe n'allait pas durer des années... » Vous allumez la télévision, et un envoyé spécial s'exprime en direct du dernier théâtre des conflits. Il y a des images insoutenables des victimes civiles d'une explosion. Là, vous vous dites : « Quelle excellente équipe ! Ils n'ont pas hésité à diffuser des images si proches de la réalité ! Et puis, quelle voix agréable il a, ce séduisant journaliste... »

Inutile d'aller plus loin, n'est-ce pas ? Vous savez déjà que vous détestez cette prescription

Et votre rejet est à la mesure de celui que vous aviez pour Dora, cette édifiante héroïne de votre enfance – vous savez, Dora l'exploratrice, la petite fille avec un sourire en plastique éternellement joyeux... On a envie de la secouer par les épaules en lui disant : « Redescend sur terre ! »

Tel est précisément l'écueil à éviter avec une telle prescription – la pensée positive totalement déconnectée de la réalité.

Avoir à 100 % un état d'esprit positif équivaut à défier et renier notre humanité. Et cet absence de lucidité contribuerait à nous isoler durablement des autres.

La démarche que je vous propose est bien plus raisonnable

Cette démarche consiste simplement à adopter un ratio positif de 1 pour 3. C'est-à-dire que pour une émotion négative destructrice, vous expérimentiez au moins trois émotions positives profondes à même d'en contrebalancer les effets en vous tirant vers le haut. Ainsi que je l'ai découvert, c'est à partir de ce point que l'on peut renverser la tendance, en basculant d'une vie statique et sans dynamique à une vie prospère et en mouvement.

À l'image d'un régime diététique, la prescription que je vous soumets est à prendre comme une ligne directrice émotionnelle, et non pas au pied de la lettre. Ainsi n'est-il pas nécessaire d' « arriver » à ce ratio à un moment donné, ni même à telle ou telle date. Visez au contraire à l'atteindre ou le dépasser simplement sur une période de quelques jours voire de quelques semaines.

Je vous décrirai au chapitre 7 les différentes étapes qui m'ont menée à cette fascinante découverte. Je parlerai aussi de ses fondements scientifiques. Comme c'est le cas pour toutes les prescriptions touchant à la vie quotidienne, ce ratio positif de 3 pour 1 est bien entendu sujet à modifications. La recherche future nous en apprendra sans doute plus à ce sujet. Et la science n'a pas de limites.

Nous pouvons tout de même pousser un soupir de soulagement en apprenant qu'il ne s'agit pas d'un ratio de 3 pour 0. Le négatif reste important. Nul ne peut se développer sans lui. Même les individus les plus heureux pleurent la perte de quelqu'un ou de quelque chose qu'ils chérissent. Ils sont révoltés par l'injustice et effrayés par le danger. Leurs estomacs se retournent à la vue des atrocités du monde. La beauté de ce ratio positif tient dans sa capacité à couvrir le spectre de toutes les émotions humaines. Nul besoin de bannir ou d'étouffer à jamais l'une d'entre elles.

PAS DE SOURIRES FORCÉS...

Somme toute, ce ratio positif de 3 pour 1 devrait être assez facile à mettre en place. Ajoutez quelques mots optimistes par-ci, deux ou trois sourires par là, et hop, vous obtenez la vie que vous voulez.
Pas si vite. Si vous croyez qu'il vous sera si facile de modifier votre ratio positif, vous faites erreur. Vous contenter d'ajouter des mots enthousiastes à votre conversation ou de forcer votre sourire pourrait même vous faire plus de mal que de bien.

Par nature, les êtres humains sont experts à détecter le mensonge. Si votre discours positif ou votre expression faciale sont dépourvus d'émotion sincère et profonde, vous et votre entourage, s'en apercevront tout de suite.
Rappelez-vous que tout au long de ce livre, je ne cesse de me référer à la « pensée positive profonde » parce que la sincérité a une valeur scientifique avérée.

VÉCU

L'histoire de Julie

Mère de trois enfants, elle vit en Californie et son benjamin souffre d'autisme. Elle s'est volontairement proposée pour participer à une étude sur la résilience

des mères exposées à la maladie chronique d'un enfant, et les conséquences du stress sur leur santé. Elle a précisé à l'équipe de recherche que bien que la prise en charge de son enfant soit une épreuve, elle trouvait pourtant du bon dans ce nouveau rôle. En affrontant ces difficultés, elle avait découvert des forces insoupçonnées et approfondi sa foi religieuse. En d'autres termes, Julie surpassait presque tout le monde du point de vue du bénéfice induit – elle avait identifié les bénéfices du combat qu'elle menait. Vous pourriez en déduire que Julie se distinguait, par là même, des autres sujets de l'étude et qu'elle appartenait forcément au groupe des mamans les plus en forme. Eh bien non. Car bien que Julie eût été prompte à exprimer l'aspect positif de sa lutte, elle ne la ressentait pas au fond d'elle-même.

Lorsqu'on lui demandait à quel point elle avait pu se sentir heureuse, motivée ou sereine, au cours de sa journée, la réponse était presque toujours « pas du tout ». Il s'avéra que Julie éprouvait nettement moins d'émotions *profondément* positives que les autres. Et ce que l'équipe avait mis en évidence était que, seules les mamans trouvant un bénéfice à cette situation stressante et témoignant d'émotions positives sincères dans leur expérience quotidienne, présentaient des fluctuations satisfaisantes de leur taux de cortisol.

Mais l'état d'esprit positif de Julie n'était pas sincère, en conséquence de quoi son taux de cortisol restait élevé toute la journée – ce qui n'est pas particulièrement bon pour la santé.

VÉCU

Victor, directeur des ventes de cinquante-neuf ans

Prenons un autre exemple. Victor est un directeur des ventes de cinquante-neuf ans, résidant en Caroline du Nord, victime d'un infarctus un an plus tôt.

Son médecin lui a demandé de participer à une étude corrélant comportement et pathologie cardiaque coronarienne, menée au sein du centre Médical de l'Université de Duke. Dans une partie de l'étude, une technique d'imagerie permettait d'observer le cœur des patients en mouvement tandis qu'ils répondaient à des questions, l'entretien étant capté en vidéo. Victor avait trouvé l'une des questions particulièrement stupide. On lui avait demandé : « Lorsque vous ressentez de la colère ou êtes contrarié, est-ce que votre entourage s'en rend compte ? » « Mais bien sûr qu'ils s'en rendent compte ! » – avait-il explosé – « C'est bien de leur faute, non ? » Il tentait de rester poli avec son interlocuteur, puis de sourire tout en dissimulant son agacement grandissant, mais il trouvait ces questions d'une insigne idiotie.

À la lecture de l'imagerie cardiaque de ces deux minutes d'entretien, tandis qu'on l'interrogeait sur sa colère, il apparut que Victor avait fait un épisode ischémique silencieux. Bien qu'il n'ait alors ressenti ni douleur ni malaise, le ventricule gauche de son cœur s'était légèrement affaissé, indiquant que l'apport sanguin au muscle cardiaque s'était dangereusement restreint, ce qui constituait un signe sérieux pour Victor de récidive possible, voire même d'épisode fatal.

Au cours des sept mois qui suivirent, les chercheurs déchiffrèrent en détail les enregistrements de Victor et des autres patients de l'étude, tous sujets mascu-

lins souffrant de pathologie coronarienne. Ils identifièrent chaque expression faciale corrélée durant l'interview à l'imagerie cardiaque des patients. Il y avait beaucoup à faire. Ces hommes exprimaient une nouvelle émotion toutes les deux ou trois secondes. Parmi toutes les expressions recensées, seules deux d'entre elles étaient corrélées à une ischémie du myocarde*.

Sourire de façade ou sourire des yeux ?

Les chercheurs avaient mené l'étude en supposant que l'expression faciale de la colère était prédictive d'une ischémie. Et c'était le cas effectivement. Mais ce qu'ils n'avaient pas prévu, c'est que les sourires pouvaient l'être aussi. Mais pas n'importe lesquels, seulement ceux qu'ils identifiaient comme étant des sourires de façade. D'un point de vue musculaire, le sourire met en jeu le grand zygomatique, qui de part et d'autre de notre visage relève les coins de nos lèvres. Le sourire de façade ne va pas au-delà. Il ne mobilise pas le muscle orbiculaire, qui entoure chacun de nos yeux, et qui, lorsqu'il se contracte, remonte nos pommettes et nous crée une patte-d'oie. Ce qui signifie que le sourire de façade ne révèle qu'un optimisme superficiel, non émotif en quelque sorte.

Sourire de façade

Sourire des yeux

***Ischémie du myocarde :** diminution ou arrêt de la circulation artérielle dans une région plus ou moins étendue du myocarde (muscle cardiaque).

Il s'avère que ce « sourire des yeux » est la signature d'une émotion sincère.

Dans cette étude, les chercheurs ont donc découvert qu'une pensée positive non ressentie véritablement mettait ces patients en danger, tout autant que la colère. Un certain nombre de recherches nous ont déjà prouvé que la colère peut tuer, en particulier lorsqu'elle est gratuite et démesurée. Ce nouveau constat suggère qu'un état d'esprit positif superficiel peut tuer aussi. L'histoire de Julie, tout comme celle de Victor, et les découvertes qu'elles ont occasionné, délivrent un message important au moment où nous cherchons à développer nos émotions positives au quotidien.

Bien qu'il puisse être facile de sourire ou de s'exprimer de façon positive, si nous ne ressentons pas véritablement l'optimisme que nous exprimons, nous pouvons en réalité nous faire du mal. Pour faire court, votre corps sait quand vous trichez, et il vous le fait payer. Maintenant que vous cherchez à développer votre ratio positif, l'indice clé n'est autre que la sincérité. Ce que vous allez rechercher désormais, c'est l'expérience plus régulière d'un état d'esprit positif et profond. Et non pas celle du négatif – ou même de la neutralité – dissimulés sous un sourire de façade.

Dans la seconde partie de ce livre, je décris toute une palette d'outils vous permettant d'approcher, voire même de dépasser ce ratio positif d'une manière personnelle et intime.
Pour l'instant, je souhaite juste que vous reconnaissiez qu'il ne s'agit pas simplement d'arborer un visage ravi, en vous

inspirant des émoticons de la barre d'outil de votre ordinateur. Voilà peut-être la raison pour laquelle les fameux petits smileys jaunes symbolisent tout ce que nous, les chercheurs, adorons haïr. Car s'ils nous amusent, ils ont pour conséquence de banaliser l'effort et la sincérité que requiert l'attachement à un état d'esprit positif authentique et profond.

EN CONCLUSION

Vous n'ignorez rien désormais des différentes facettes de la psychologie positive. Le point contrariant est que la plupart d'entre nous en sont dépourvus dans nos vies quotidiennes, ce qui nous empêche d'en goûter les bienfaits à long terme. Car, sans développer notre état d'esprit positif, nous ne pouvons pas accomplir et réussir notre vie.

Et nous sommes nombreux, hélas, à ne pas même reconnaître que nous avons d'ores et déjà libre accès à ce dont nous avons besoin. Nous ignorons posséder au fond de nous cette source où puiser et développer, à tout moment, une positivité authentique et sincère.

Mais venons-en maintenant au côté réjouissant de tout cela. Nous sommes tous déjà familiers de la pensée positive. Nous l'avons déjà ressentie dans la tendresse de nos cœurs, l'intensité de nos intérêts, l'inspiration que nous procurent nos rêves, la grâce de nos sourires ou la chaleur de nos caresses.

Et vous comprenez à présent que cette positivité peur vous apporter bien plus qu'un simple bien-être, qu'elle peut ouvrir vos perspectives de vie et votre cœur.

Ces moments vécus de gratitude, de joie et d'amour peuvent faire évoluer votre vie vers le meilleur, en vous permettant de développer vos ressources et vos forces.

Et puis, gardons le meilleur pour la fin : la pensée positive est un bien renouvelable.

Comme nous le verrons au chapitre suivant et plus encore dans la suite de ce livre, chacun d'entre nous a le choix d'en faire germer dans sa vie. Tandis que ces pousses se développent, nous prospérons. Nous développons nos potentialités, nous devenons remarquablement résilients et heureux. Nous commençons à contribuer à améliorer notre environnement.

Ainsi, pouvons nous créer la vie que nous souhaitons et mettre en place pour nos enfants un monde qui vaille vraiment la peine d'y vivre.

3. QU'EST-CE QUE **LA PENSÉE POSITIVE ?**

« Il m'a depuis longtemps paru que la joie était plus rare, plus difficile et plus belle que la tristesse. Et quand j'eus fait cette découverte, la plus importante sans doute qui se puisse faire durant cette vie, la joie devint pour moi non seulement (...) un besoin naturel - mais bien encore une obligation morale ».

André Gide, *les Nourritures terrestres*

LES DIFFÉRENTS ASPECTS DE LA PENSÉE POSITIVE

La joie est un sentiment trop rare pour la plupart d'entre nous – peut-être pas littéralement plus rare que la tristesse, mais encore trop peu fréquent en tout cas pour faire pencher la balance vers une vie sereine.
Maintenant que nous avons brossé les grandes lignes de la psychologie positive, il est temps d'examiner plus à fond ce que recouvre le sentiment de joie. Et dans la foulée, de faire le tour de touts les différents aspects de la pensée positive : la reconnaissance, la sérénité, l'intérêt, l'espoir, la fierté, l'amusement, l'inspiration et le respect. Et – gardant le meilleur pour la fin – nous explorerons bien sûr les profondeurs de l'amour.

Attention, la pensée positive, ce n'est pas le bonheur

Vous allez découvrir que la psychologie positive est bien plus que le plaisir physique ou qu'une vague sensation de bonheur. Mon objectif, dans ce chapitre, est de vous initier aux subtilités de ces différentes émotions positives, et de vous inviter à une introspection afin d'identifier l'émergence de ces sentiments en vous.
Vous avez dû le remarquer le terme de « *bonheur* » ne fait pas partie de mes références. J'en évite l'usage, en effet, car je le trouve à la fois opaque et galvaudé. Bien que nous utilisions de temps en temps l'adjectif « *heureux(se)* » pour évoquer un sentiment positif sincère (comme dans « te voir sourire me rend heureuse »), ce même sentiment est souvent mieux décrit sous une autre acception, plus précise, telle que « joie », « gratitude », ou « amour », en fonction des circonstances. Nous utilisons le mot « heureux » pour décrire la personnalité de

quelqu'un (par exemple, « il est d'un tempérament heureux »), ce qui reflète en réalité la manière dont tel ou tel a l'habitude de réagir. Dans d'autres cas, le bonheur correspond plutôt à un objectif ultime (comme dans « je veux juste être heureuse »). Enfin, il nous arrive d'utiliser ce mot à titre d'acquiescement ou de convenance (comme dans « je serai heureux de porter votre parapluie »). De mon point de vue il s'agit d'une notion plutôt générique, et trop vague pour nous être utile ici.

Qu'en est-il des plaisirs des sens, tels que consommer un plat délicieux, se détendre bien au chaud dans une couverture moelleuse, ou encore, ressentir une satisfaction d'ordre sexuel ? S'agit-il de pensée positive ? Non, je ne le crois pas.

Bien entendu, plaisirs du corps et pensée positive sont très proches. Ces deux classes de sensations émettent les vibrations du bien-être et nous attirent indéniablement. Il s'agit de sensations que nous *voulons* éprouver. Un élément fascinant à propos de ces plaisirs charnels est que – à supposer que nous soyons en bonne santé et non soumis à une addiction particulière – ils nous conduisent à faire exactement ce dont notre corps a besoin, à tel ou tel moment. Un bain frais, par exemple, n'est agréable que lorsque vous avez trop chaud. Et il deviendrait fort déplaisant si vous étiez déjà rafraîchi. Il en va de même du plaisir gustatif. Remarquez comme une nourriture agréable vous est délectable lorsque vous avez faim… et combien elle commence à perdre son attrait lorsque vous êtes repu. D'ailleurs, il s'agit précisément du signal de satiété destiné à vous faire cesser de manger.

Plaisirs du corps et pensée positive influencent nos esprits de manière différente

Ils n'opèrent pas sur la même échelle de temps. D'une certaine manière, les plaisirs du corps s'apparentent plus au négatif. Ils réduisent votre centre d'intérêt (à l'objet du désir) et vous permettent de satisfaire des besoins de survie fondamentaux. Mais, associés à une disposition mentale restreinte et des plaisirs à court terme, ils diffèrent d'une pensée positive authentique – laquelle ouvre nos esprits et cristallise ses acquis au fil du temps. La distinction entre plaisirs du corps et pensée positive peut parfois nous paraître difficile à établir, en particulier parce que, étant proches, les uns accompagnent assez fréquemment les autres.

Ainsi est-il possible d'être fier du repas délicieux que vous avez préparé, d'éprouver de la sérénité en prenant tranquillement un bain chaud et réconfortant, ou de ressentir un amour débordant pour votre partenaire à l'occasion d'une étreinte sexuelle intense. Dans tous ces cas, ces émotions positives demeureront les plus durables sur le long terme.

LES DIX ÉMOTIONS DE LA PENSÉE POSITIVE

Je vous ai présenté plus haut dix émotions de la psychologie positive : la joie, la reconnaissance, la sérénité, l'intérêt, l'espoir,

la fierté, l'amusement, l'inspiration, l'admiration et l'amour. Je souhaite, à présent, vous familiariser plus personnellement avec chacune d'entre elles. Bien sûr, aucune ne vous est inconnue, et les mots pour les dépeindre appartiennent à notre vocabulaire usuel. Pourtant, je suspecte que vous n'en saisissiez pas pleinement toutes les subtilités. Il est probable que vous n'en avez pas exploré tous ses aspects, comme le font les scientifiques, et que vous n'avez pas encore apprécié, à leur juste valeur, les moments de votre vie où ces émotions ont rempli votre cœur.

J'insiste sur ces dix émotions positives pour deux raisons.
- **D'abord parce qu'elles font l'objet d'études toujours plus nombreuses,** auxquelles je contribue moi-même. Nous, chercheurs, avons observé au fil du temps les ressentis au quotidien de centaines d'individus – de l'étudiant à l'homme ou la femme actifs d'âge moyen et au-delà.
- **Et nous avons appris que ces dix émotions-là sont celles qui colorent le plus leur vie quotidienne.** Mais, il en existe, probablement, encore d'autres.

Dix émotions fréquentes

Nos recherches démontrent cependant que ces dix émotions-là sont les plus fréquentes. À l'exception d'une en particulier, je vais les décrire dans leur ordre relatif de fréquence, en commençant par celles que les gens ressentent le plus souvent, puis en m'attachant à celles éprouvées plus rarement. Quant au sentiment d'amour (l'exception dont je parlais), il semble être la forme la plus fréquemment partagée dans le domaine des émotions positives. Je l'ai donc gardé pour la fin. Comme je l'ai dit, je commencerai par décrire les situations qui suscitent chacune de ces émotions, car ce sont les leviers spécifiques sur lesquels il faut s'appuyer pour mieux les

apprécier. Je décrirai également les sensations que chaque émotion particulière apporte et ce qu'elle vous conduit à faire et penser de façon unique.
La beauté des émotions réside dans leur haut degré d'individualisation, celles-ci dépendant plus de votre lecture intime des événements que des événements eux-mêmes. Ce qui va susciter l'admiration et inspirer telle personne, laissera telle autre complètement insensible. De même, ce qui va vous distraire peut, tout aussi bien, choquer votre voisin.

En matière d'épanouissement, le cheminement de chacun est unique. L'enrichissement positif de votre vie repose donc sur l'étude de vous-même

Je présenterai au chapitre 11 un plan d'auto-observation vous permettant d'accroître vos sentiments positifs.

Faites usage de ces dix termes avec *précaution.*

Allez-y en douceur. Soyez plus attentifs aux leviers qui déclenchent cette vague d'émotion qu'à l'étiquette qui la recouvre. Et quand vous faites appel à cette désignation, appliquez-la sans forcer et voyez si elle convient. Cela me rappelle une réflexion de la chroniqueuse de presse Ann Landers. Elle écrivait : « Les lunettes roses ne sont jamais proposées en double foyer ; car, dans ses rêves, personne n'a envie de lire les petits caractères. ».

Elle avait compris intuitivement ce que la science a confirmé depuis : l'excès d'analyse détruit l'émotion positive. C'est en effet l'un de ses grands paradoxes. Les états intérieurs qui la composent sont remarquablement volatils, et pourtant, ils contribuent à renforcer notre capacité de changer le cours de nos vies.

EXPÉRIENCE

Tandis que vous découvrez ces dix émotions positives, demandez-vous simplement :

- **Quand ai-je éprouvé ceci pour la dernière fois ?**
- **Où étais-je ?**
- **Qu'étais-je en train de faire ?**
- **Existe-t-il pour moi d'autres déclencheurs ?**
- **Que puis-je faire à présent pour cultiver ce sentiment ?**

Vous mettre en phase avec un état d'esprit positif vous demande d'aller au-delà de termes trop généraux comme « heureux » et « bien », en faveur d'états émotionnels précisément désignés.

1. La joie

Visualisez ceci : votre environnement est sans danger et familier. Les choses se passent bien – et même mieux que vous ne l'attendiez. La situation n'exige actuellement de vous que peu d'efforts. Telles sont les circonstances qui suscitent la joie. Si vous avez eu la grande chance – comme cela m'est arrivé pour mon second fils – de donner naissance dans un environnement protecteur, uniquement entourée de personnes apportant un grand soutien (en ce qui me concerne, mon mari et – quand cela s'est avéré nécessaire – une sage-femme), les premiers instants en compagnie de votre nouveau-né furent peut-être les plus joyeux de votre existence. Malheureusement, tous les récits de naissance ne sont pas forcément synonymes de joie ineffable. À la naissance de mon premier fils, la joie éprouvée au moment de le tenir enfin dans mes bras a été ternie par des complications douloureuses et la surcharge de travail de la sage-femme. Bien des naissances, en particulier aux États-Unis, sont à la fois trop prévisibles, trop précipitées, trop peu intimes et trop médicalisées pour inspirer une joie sincère et profonde.

> La joie, c'est brillant et léger.
> Les couleurs paraissent
> plus vibrantes.
> Votre pas est alerte.

Quelles sont les autres sources de joie ?

Ce sont vos collègues qui ont organisé pour vous une fête d'anniversaire. Ou cette lettre que vous recevez qui vous annonce un bonus inattendu. Ou encore, un dîner en ville avec de nouveaux amis dont la compagnie vous ravit.

Votre visage est éclairé d'un sourire et rayonne d'un éclat intérieur. Vous avez envie de tout. Vous vous sentez prêt(e) à tout. Vous voulez intervenir et vous engager dans la société. **Qu'est-ce qui vous met en joie ?**

2. La gratitude

Imaginez : vous venez de réaliser que quelqu'un a pris de son temps ou de son énergie, juste pour vous aider. C'est votre voisin, un instituteur à la retraite, qui vous propose de s'occuper de vos enfants, quelques heures, un après-midi. C'est un mentor qui

va discrètement guider votre carrière dans la bonne direction. Ou votre conjoint qui fait la cuisine et le ménage à votre place le jour où vous avez le plus de travail pour vous éviter d'avoir à le faire. C'est l'employé du magasin qui se montre particulièrement efficace et sympathique alors que vous souhaitez faire un échange compliqué. Ou encore, le fils du voisin qui a déneigé votre chemin à la pelle après une grosse tempête.
Parfois, au-delà de goûter le bénéfice d'une aide extérieure, vous vous sentez simplement reconnaissant de respirer un air pur, d'avoir un corps solide, ou de pouvoir jouir d'un lieu confortable et sûr pour vous reposer lorsque vous êtes las.
La gratitude ouvre votre cœur et comporte l'urgence de s'acquitter d'un don – de faire quelque chose de bien en retour, soit pour celui ou celle qui vous a aidé, soit pour quelqu'un d'autre.

Dans tous les cas, la gratitude surgit lorsque nous apprécions ce qui nous est offert comme un cadeau précieux.

Un tel ressenti peut cependant s'effacer devant son jumeau diabolique : le sentiment d'obligation. Si vous ressentez que vous êtes en dette vis-à-vis de l'autre, vous ne vous sentez plus reconnaissant mais redevable, ce qui est beaucoup moins plaisant. L'obligation rembourse la dette parcimonieusement, afin de respecter une économie des faveurs. Par contraste, la gratitude s'exerce librement et de façon créative. C'est un sentiment réellement plaisant, mêlé de joie et d'appréciation sincère. La gratitude, en outre, s'affranchit des règles.

À SAVOIR

La gratitude ne se résume pas à l'étiquette des convenances que nous apprenons à nos enfants : combien de fois me suis-je entendue insister auprès de mes enfants « Qu'est-ce qu'on dit ? », alors qu'ils restaient silencieux devant un cadeau ou une faveur. Et lorsqu'ils prononcent un : « Merci » monocorde par obligation, ils sont juste polis, et non pas reconnaissants.

La gratitude ne relève pas d'un usage sans âme, d'une réciprocité tatillonne (je te gratte le dos, tu grattes le mien). La véritable gratitude est sincère et spontanée.

Le film *Un monde meilleur** et l'engouement social qu'il a suscité, nous proposent un bel exemple de gratitude. Dans ce scénario, tout part d'un jeune garçon décidé à faire une bonne action pour trois autres personnes. La seule requête du jeune bienfaiteur étant que ses bénéficiaires, au lieu de s'en acquitter auprès de lui, le fassent auprès de trois nouvelles personnes, de manière créative et adéquate.
À quand remonte votre dernier élan de gratitude – pas de politesse obligée, mais de gratitude libre et sincère ?

* Un film de Mimi Leder, sorti en 2001 avec Kevin Spacey, Helen Hunt, Haley Joey Osment.

3. La sérénité

Tout comme la joie, la sérénité apparaît lorsque votre environnement est sûr et familier, et ne requiert que peu d'efforts de votre part.

Mais à la différence de la joie, la sérénité est bien plus discrète. Elle est ce long et voluptueux soupir de soulagement que vous laissez exhaler, parce que les circonstances sont agréables et quasi parfaites. Elle emplit ce moment où vous vous allongez dans un hamac abrité du soleil, après une énergique et bienfaisante journée de jardinage. Elle vous envahit lors d'une longue marche sur le sable fin, par un matin lumineux, bercée par le bruit de l'océan, tandis que vous ressentez le léger frisson d'une brise fraîche sur la peau.

Elle vous accompagne encore, blottie avec un bon livre et votre chat ronronnant, une tasse de votre thé favori sur la table basse. Elle est enfin pleinement présente dans la sensation de vous enfoncer dans votre tapis de yoga, en posture finale de *Savasana,* – la relaxation.

Un peu comme un bain chaud, la sérénité vous donne envie de vous installer confortablement pour y séjourner des heures. C'est un état de pleine conscience porteur du désir de savourer le moment présent et de l'intégrer à votre existence.

Lorsque vous vous dites :
« J'ai besoin de faire cela
plus souvent ! »,
vous êtes dans la sérénité.

Celle-ci s'apparente pour moi à un bien-être après-coup. Elle survient souvent dans le sillage d'autres émotions, telles que la

joie, la fierté, l'amusement, ou l'admiration. Aujourd'hui même, mon jeune fils de quatre ans, tout à l'allégresse d'avoir réalisé sa première sculpture en bois à la maternelle, a parfaitement exprimé cette qualité de bien-être *après-coup* qui signe la sérénité. En entrant dans la voiture après l'école, il s'est enfoncé en souriant dans son siège enfant et a déclaré avec un soupir de satisfaction, « J'adore tout ! ». En parlant d'ouverture d'esprit...
Pensez à la dernière fois où vous avez savouré un moment comme celui-là.

4. La curiosité

Bien que vous vous sentiez parfaitement en sécurité, quelque chose de nouveau ou de différent attire votre attention, vous ouvrant d'autres perspectives ou vous attirant par son mystère. À la différence de la joie et de la sérénité, cette situation vous invite à l'effort et suscite toute votre attention.

Vous êtes complètement fasciné. Vous êtes poussé à explorer, à vous immerger dans ce que vous êtes en train de découvrir.

C'est ce nouveau sentier que vous repérez dans le bois et dont vous voulez savoir où il mène. C'est ce moment où vous abordez un nouveau type de défi vous permettant de développer vos talents – qu'il s'agisse de cuisine, de bridge ou de danse de salon. C'est aussi la lecture fascinante d'un livre qui vous éveille à de nouvelles idées.

Lorsque votre intérêt est stimulé, vous vous sentez ouvert et vivant. Il vous est possible de ressentir littéralement en temps réel, l'ouverture de votre horizon personnel. L'intense attrait que vous éprouvez vous demande d'explorer, d'accueillir de nouvelles idées et d'en apprendre plus.

Quand votre curiosité vous a-t-elle mené pour la dernière fois par le bout du nez ?

5. L'espoir

Bien qu'un état d'esprit positif advienne principalement lorsque vous vous sentez en sécurité et comblé, l'espoir fait exception. Si tout allait déjà dans votre sens, vous n'auriez guère de raison d'espérer autre chose.
Or l'espoir fait son entrée dans votre existence lorsque votre vie est vraiment difficile – vous traversez une mauvaise passe ou bien il existe une grande part d'incertitude quant à l'issue des événements. L'espoir apparaît précisément dans les moments où le découragement et le désespoir semblent de mise.
Peut-être avez-vous échoué à un examen important, perdu votre job ? Vous vous êtes découvert une tumeur au sein ou avez ramassé votre enfant ensanglanté par un accident de vélo. L'espoir, dans des situations comme celles-ci, c'est « redouter le pire mais désirer le meilleur ».

L'ADN profond de l'espoir est la croyance que les choses peuvent changer. Peu importe qu'elles soient terribles ou incertaines à cet instant, les choses peuvent s'améliorer. D'autres perspectives existent.
L'espoir vous soutient, il vous empêche de sombrer dans le désarroi le plus profond.

> L'espoir vous motive à puiser dans vos propres capacités et votre créativité, pour inverser la situation. Il vous pousse à imaginer un avenir meilleur.

L'anthropologue Lionel Tiger considère l'espoir comme un antidote évolué à l'activité de nos lobes frontaux surdéveloppés. Contrairement à toute autre créature terrestre, l'espèce humaine est en effet seule capable d'envisager son avenir et, ce faisant, toutes les calamités possibles.
Sans l'espoir, cette capacité unique à projeter notre disparition inévitable nous laisserait abîmés dans un profond désarroi.
L'espoir nous procure l'énergie de construire, autant que nous le pouvons, une existence de qualité pour nous et pour les autres.
Est-ce l'espoir qui vous a motivé à lire ce livre ?

6. La fierté

La fierté fait partie de ces émotions comportant une part de gêne. La honte et la culpabilité en sont les cousines négatives. Ces sentiments douloureux nous envahissent lorsque nos actes sont blâmables. La fierté est à l'opposé. Appartenant à la liste des sept péchés mortels, sa réputation est, disons, discutable. On dit que la fierté donne « la grosse tête » à certains, ou qu'elle précède la chute. Toute émotion est susceptible de nous dépasser, et il est probable que ce soit particulièrement fréquent ici.

Non contrôlée, la fierté se transforme en *hubris* – en orgueil démesuré. Mais reliée à une situation précise, et modérée par une humilité de bon aloi, elle redevient une émotion complètement positive.

La fierté de l'accomplissement

La fierté s'épanouit dans le sillage des réalisations dont vous pouvez vous attribuer le mérite.

- **Vous avez investi vos efforts et vos talents dans quelque chose que vous avez mené à bien.** C'est le sentiment que vous éprouvez lorsque vous apportez la touche finale à un projet d'amélioration de votre foyer, qu'il s'agisse de réparer un appareil ménager, de planter un jardin, ou de réaménager votre chambre à coucher.
- **C'est aussi ce que vous ressentez lorsque vous avez réussi quelque chose dans vos études ou au travail** comme obtenir une excellente note à l'examen, avoir gagné une course, fait une vente ou publié vos écrits.
- **Ou bien, lorsque vous réalisez que vous vous êtes distingué des autres par vos qualités,** à travers votre aide, votre sympathie, ou vos conseils avisés. Il n'est pas seulement question ici de réussites, mais d'actes qui ont une valeur aux yeux des autres.

> La fierté
> est une émotion chargée
> de la conscience de soi.

Car à moins d'être un sociopathe, vous avez une conscience aiguë de la manière dont vos actions sont perçues par les autres. Vous ressentez de la fierté lorsque vous êtes digne d'éloges et de la culpabilité non lorsque vos actes sont répréhensibles.

- La fierté se teinte du désir de partager ce que vous avez accompli avec les autres, que cela passe par des mots – (« Eh, regarde ce que j'ai fait ») – des gestes (une posture bien droite, la tête légèrement inclinée en arrière, un sourire discret, les mains sur les hanches ou les deux bras levés en signe de victoire), ou les deux à la fois.

- **L'état d'esprit qui caractérise la fierté est également de nature expansive.** La fierté attise des rêves de réussites plus audacieuses et plus mémorables.

> Si je peux faire ceci, peut-être puis-je... créer ma propre entreprise... redessiner mon jardin... réaménager le salon... obtenir une bourse... faire partie de l'équipe olympique... changer quelque chose dans le monde. C'est ainsi que la fierté entretient la motivation pour s'accomplir.

Des expériences contrôlées en laboratoire prouvent que lorsque les gens éprouvent de la fierté, ils sont plus enclins à persister dans des tâches difficiles.
Qu'est-ce qui vous rend fier ? Et quels actes vous ont inspiré de la fierté ?

7. L'amusement

Parfois, quelque chose d'inattendu se produit qui vous fait tout simplement rire. Vous retrouvez une paire de lunettes dans le réfrigérateur. Une amie fait une drôle de tête après avoir goûté votre dernière création culinaire. Une voisine vous fait part de sa dernière blague préférée (« Comment appelle-t-on un champion cycliste qui ne se dope pas ? »).
Sans chercher pour autant à en neutraliser l'humour potache, les chercheurs en sciences sociales définissent ces situations comme des *incongruités sociales non sérieuses*. Cette définition fait deux distinctions importantes au sujet des surprises – ou incongruités – porteuses d'amusement.

- **Premier point : l'amusement est social.** Bien qu'il nous arrive de rire de nous-mêmes, ces rires ne sont qu'une pâle copie de ceux que nous partageons avec d'autres.

> En fait, tout comme le bâillement, le rire est très contagieux.

- **Deuxième point : les surprises ne sont amusantes que si elles se produisent dans un contexte rassurant,** et non lorsqu'elles sont porteuses d'un danger ou d'une menace.

Si votre amie fait une drôle de tête parce qu'elle est en train de s'étouffer ou que la blague de votre voisin est choquante, cela ne vous fera pas rire. Par définition, donc, les distractions ne sont pas sérieuses.

L'amusement sincère amène le désir irrépressible de rire et partager cette bonne humeur avec d'autres. Un rire partagé démontre que vous vous trouvez dans une situation joyeuse et protégée, et que vous aimeriez utiliser ce temps précieux pour créer des liens avec les autres.

Quand avez-vous ri pour la dernière fois ?

8. L'inspiration

De temps en temps, il vous arrive de tomber sur l'excellence humaine authentique. Celle-ci vous fait transcender l'ordinaire, en vous ouvrant de nouvelles perspectives. L'observation de la nature humaine dans ce qu'elle a de meilleur, peut en effet vous inspirer et vous élever.

Il peut s'agir d'un collègue qui prend sur son emploi du temps surchargé pour orienter patiemment un patient âgé dans le dédale des couloirs de l'hôpital.

Ou bien du match virtuose et parfaitement fluide qu'un champion de tennis comme Roger Federer est capable de jouer à l'US Open. Vous lisez un jour l'œuvre d'un poète qui vous touche au plus intime de l'âme.

L'inspiration mobilise votre attention, réchauffe votre cœur et vous emporte

L'inspiration se situe à l'exact opposé du sentiment de dégoût pour l'humaine dépravation sous toutes ses formes, laquelle vous rebute instantanément.

L'inspiration n'est pas seulement bénéfique, elle vous donne envie d'exprimer le bien, et de faire vous-même ce bien.

L'inspiration vous incite à donner le meilleur de vous-même afin d'atteindre un nouveau seuil d'harmonie intérieure.

Avec la gratitude et l'admiration, l'inspiration est à considérer comme l'une des émotions liées au dépassement de soi. Cette forme de pensée positive vous sort de « votre coquille » et de vos préoccupations personnelles.

Attention à l'envie et à la critique négative

Mais l'inspiration, n'est malheureusement pas la seule réponse possible au spectacle de l'excellence de nos semblables.
À l'instar de la reconnaissance, l'inspiration a elle aussi son jumeau diabolique. Que vous l'appeliez « ressentiment » ou « envie », son double apparaît lorsque vous opposez une réponse négative à cette excellence.
Alors, nous ronchonnons, nous tournons en dérision, et nous dénigrons la personne en question, ou nous nous flagellons de ne pas faire aussi bien. Quand nous nous comparons à quelqu'un qui fait mieux que nous, le découragement peut se substituer à l'inspiration. L'orientation de votre réponse relève d'un choix personnel. Vous avez le choix d'ouvrir ou de fermer votre cœur. Ce faisant, vous empruntez une spirale montante ou descendante.
Vous rappelez-vous d'un moment où vous avez choisi l'inspiration ?

9. L'admiration

Très proche de l'inspiration, l'admiration surgit lorsque vous êtes confronté à la bonté dans sa dimension noble ou majestueuse. Vous êtes littéralement submergé par la

grandeur. Par comparaison, vous vous sentez petit et humble. L'admiration interrompt le cours de vos occupations. Vous êtes momentanément cloué sur place. Vos limites habituelles s'effacent et vous avez accès à quelque chose de plus grand que vous-même. Ce qui vous met mentalement au défi de vous adapter à de ce que vous découvrez.
Parfois, c'est la Nature qui provoque notre admiration, à travers la contemplation d'un coucher de soleil en montagne, ou en éprouvant, à travers tous nos sens, la puissance de l'océan Atlantique dont les vagues battent inlassablement les falaises escarpées.
D'autres fois, c'est l'Humanité elle-même qui suscite cette admiration, comme lorsque nous voyons Neil Armstrong poser pour la première fois le pied sur la lune, ou que nous visitons Notre-Dame-de-Paris, et contemplons l'éclat des vitraux de la Grande Rosace traversée par le soleil matinal.

L'admiration, tout comme la reconnaissance et l'inspiration, sont des émotions qui nous dépassent, nous débordent.

L'admiration nous oblige en quelque sorte, à nous percevoir comme appartenant à quelque chose de bien plus grand, qu'il s'agisse de la Création comme œuvre divine, ou du progrès en marche de notre nation. Ce respect naturel est aussi capable de nous lier émotionnellement à des leaders puissants et charismatiques, qui nous paraissent toujours plus grands que nature.
Qu'est-ce qui vous a transporté d'admiration ?

10. L'amour

L'amour ne jouit pas sans raison d'une réputation merveilleuse aux multiples splendeurs. Il ne s'entend pas seulement comme une forme pensée positive, mais comme son au-delà.

> L'amour est un sentiment qui comprend toutes les facettes de la psychologie positive : joie, gratitude, sérénité, curiosité, espoir, fierté, amusement, inspiration et admiration.

Ce qui transforme ces autres sentiments positifs en amour, c'est le contexte. Lorsqu'ils s'éveillent dans notre cœur dans le cadre d'une relation sécurisante, nous l'appelons « amour ».

L'amour : toute la gamme des émotions positives

Ainsi, dans les premiers temps d'une relation amoureuse, êtes-vous profondément curieux de tout ce que va faire et dire l'élu(e) de votre cœur.

Vous vous amusez et riez en sa compagnie, souvent du simple fait de se retrouver ensemble pour la première fois, et de l'embarras qui en découle.

À mesure que votre relation s'affermit et dépasse même vos espérances, une grande **joie** apparaît. Vous commencez à partager vos **espoirs**, et vos rêves d'un avenir commun.

Le temps passant, vous vous installez dans la confortable **sérénité** qu'apporte l'assurance d'un amour mutuel.

Vous éprouvez de la **gratitude** pour les joies que votre

aimé(e) crée dans votre vie, et êtes aussi **fier** de ses réussites que des vôtres, **inspiré** par toutes ses qualités, et peut-être **impressionné** par les forces universelles qui vous ont portés l'un vers l'autre.

Ainsi, bien que l'amour soit souvent la forme de pensée positive la plus communément ressentie, je l'ai gardée pour la fin, dans le but de vous en laisser apprécier toutes les facettes. Considérer l'amour de cette façon, peut également aiguiser votre capacité à l'apprécier comme un état momentané – comme une vague – et non simplement comme la simple description d'une vos relations, qu'elle s'applique à votre conjoint, votre enfant, vos parents ou vos frères et sœurs. Toutes ces relations intimes pourraient tout aussi bien être regardées comme le produit de vagues d'amour récurrentes.

Pourvu de multiples facettes, l'amour s'accompagne aussi de signaux non-verbaux caractéristiques – par exemple, la manière dont nous inclinons la tête en signe d'approbation en nous penchant vers notre interlocuteur bien-aimé. L'amour modifie également notre chimie corporelle. Il accroît notre taux

d'ocytocine et de progestérone, lesquels sont autant de réponses biologiques corrélées aux attachements de toute une vie, à la confiance, et à l'intimité qui les accompagnent. **Souvenez-vous d'un moment où vous avez été envahi par le sentiment d'amour.**

VOTRE PENSÉE DÉTERMINE TOUT

La pensée positive, nous l'avons vu, se présente sous des formes différentes. C'est l'attente impatiente de serrer dans ses bras ceux que l'on aime lorsqu'ils sont de retour. C'est une hilarité partagée avec votre voisin à la vue de vos enfants en train de faire les fous. C'est le bien-être ressenti lorsque vous trouvez un endroit confortable pour vous reposer. C'est la fascination éprouvée devant un feu crépitant, les vagues de l'océan, ou un être humain extraordinaire en action. Ce sont vos rêves pour l'avenir, ou pour l'avenir de votre communauté. On peut la retrouver partout.

L'état d'esprit positif est fragile

Qu'il s'agisse d'un moment de joie, de sérénité ou d'inspiration, il peut être annihilé en un clin d'œil, ou par l'influx quasi instantané d'une connexion cérébrale.

Supposons par exemple que votre bien-aimé soit de retour à la maison alors que vous êtes préoccupé par vos tâches en cours.

Il se peut que vous soyez si absorbé à rechercher votre dernier avis d'imposition qu'il vous soit difficile de remarquer l'arrivée de quelqu'un dans la maison. Ou que les enfants (les vôtres et ceux du voisin), se mettent à faire les imbéciles alors même que vous êtes pressée de les faire rentrer dans la voiture en raison d'un rendez-vous urgent ? Imaginons encore que vous ayez enfin trouvé un endroit pour vous reposer mais qu'il vous soit impossible d'en profiter tant vos bouffées de culpabilité et votre interminable liste mentale de choses à faire vous en empêche ? Ou que le spectacle de l'océan, d'un feu de joie ou de l'expression du talent humain vous paraisse d'un coup assez ordinaire et peu digne d'attention. Ou enfin, que vos rêves ne puissent jamais voir le jour, parce qu'ensevelis sous le poids du doute de soi et du cynisme...

Ce que je veux montrer ici, c'est que votre expérience de la pensée positive dépend directement de votre regard sur les choses.

Comme toutes les autres, les émotions positives sont conditionnées par la façon dont vous allez interpréter les événements et les idées.
Elles dépendent de votre acceptation ou de votre refus à prendre le temps d'y trouver du positif – et, une fois que vous l'avez trouvé, d'en amorcer la pompe afin d'en accumuler les bienfaits. C'est cette dépendance à notre vision des choses qui rend nos sensations positives si fragiles. Notre mental peut être saturé de soucis, de doutes, et d'exigences.
Ajoutez à cela le flux presque continu des messages que nous recevons des médias, via la télévision, les radios, tous les supports de nouvelles technologies ou les affiches publicitaires.

Il n'est pas étonnant que nous n'ayons pas toujours la disponibilité intérieure pour nous intéresser aux autres, célébrer les délires de nos enfants, voir l'extraordinaire juste sous notre nez, ou laisser toute leur place à nos rêves.
Ceux qui savourent les doux fruits de l'optimisme dans leur vie comprennent intuitivement cette simple vérité.
Nous avons tous le pouvoir de l'activer ou de l'éteindre.
Faites-en l'expérience.

EXERCICE

Activez votre pensée positive

Prenez un peu de temps pour détailler votre environnement immédiat. Que vous soyez dans votre salon, votre chambre, votre salle de bain ou bien dans le bus, le métro, ou le train, posez-vous ces questions : *« Qu'y a-t-il d'appréciable dans ma situation présente ? En quoi ai-je de la chance d'être ici ? Quel aspect de ma situation actuelle pourrais-je considérer comme un trésor à chérir ? Et que m'apportent mes relations avec les autres ? »*
Prendre le temps de réfléchir ainsi peut allumer l'éclat intérieur de la gratitude. Il anime nos yeux et adoucit nos traits d'un sourire, aussi léger soit-il.

Je prends régulièrement le bus pour me rendre à mon travail

Au cours de mon trajet, je lis. Lorsque mes journées sont chargées, ce parcours est pratiquement le seul moment où je peux lire ce dont j'ai envie. Aussi suis-je impatiente de prendre mon bus.
Une fois assise, penchée sur les pages de mon livre, je me dis que j'ai de la chance que ce trajet soit si pratique, qu'il soit

gratuit dans ma ville, et qu'il soit assez long pour y finir un chapitre. Avec un bon livre, je peux faire de cette navette quotidienne un temps d'ouverture intérieure, et si je m'assois à la bonne place, je peux chaque jour apercevoir la fontaine que je préfère, en plein centre-ville.

Ces pensées, qui sont devenues pour moi habituelles, m'aident à débuter ma journée de travail avec une sincère reconnaissance pour ma ville, pour l'auteur du livre que je suis en train de lire, et les conditions de vie qui me permettent d'être dans ce bus, dans cette ville, faisant miennes les idées de l'auteur.

EXERCICE

Faites l'expérience de vous poser des questions déclenchant plus de sensations positives

Posez-vous ces questions maintenant, où que vous soyez. Et voyez, ce nouvel espace mental dédié à rechercher et savourer le bien, peut réchauffer votre cœur, adoucir votre visage et y faire apparaître l'esquisse d'un sourire.

Avant de passer au paragraphe suivant, prenez quelques instants pour savourer et apprécier les sentiments agréables que vous avez suscités en vous-même.

À présent, arrêtez. Les questions critiques sont déjà toutes prêtes à affluer. « ***Qu'est-ce qui ne va pas ? Qu'est-ce qui me gêne dans cette situation ? Qu'est-ce qui pourrait être autrement, et mieux ? À qui la faute ?*** **» Essayez de vous poser toutes ces questions. Suivez vos réponses et la chaîne de pensées qu'elles créent. Remarquez à quelle vitesse vos sentiments positifs déclinent.**

Mon trajet de bus matinal peut rapidement tourner à l'aigre

Si je me laisse aller à chercher ce qui ne va pas, je suis vite cernée. Il peut faire plus froid que prévu en dépit de mes vêtements chauds. S'il y a du vent, ma peau peut développer une désagréable urticaire. Presque chaque jour, vers le milieu de mon trajet, un jeune homme – toujours jovial – monte dans le bus et salue bruyamment quiconque se trouve à côté de lui. Je me retrouve à relire la même phrase, encore et encore, en tentant de me concentrer.
Je peux aussi me retrouver à ruminer la longue liste des choses que j'aurai dû faire hier, la semaine ou l'année dernière, et me demander combien de temps j'aurai gagné et à quelle heure j'aurai pu être au travail si seulement j'étais venue en voiture. Je me demande enfin pourquoi le chauffeur s'arrête si longtemps à cette station... Inutile d'ajouter qu'en lâchant la bride à de telles ruminations intérieures, une pensée positive ne trouve que peu, voire pas d'espace où s'enraciner.
Par ailleurs, et étrangement, le simple fait d'expliquer pourquoi telle ou telle chose est bonne peut neutraliser votre état d'esprit positif. Il semblerait qu'une pensée positive non-expliquée soit plus durable que celle dont on a analysé les moindres détails. Des expériences scientifiques ont validé ce triste paradoxe. J'en ai moi-même maintes fois fait l'expérience en tant que scientifique. Trop souvent, j'ai littéralement tué, dans l'œuf et par l'analyse, des sentiments positifs émergents.

Contrôler son état d'esprit positif

J'espère que le dernier exercice vous a convaincu. Bien qu'il semble souvent que nous ayons aussi peu de contrôle sur nos émotions que sur le temps qu'il va faire, nous disposons pourtant d'un surprenant capital de régulation.
Et cela se vérifie particulièrement pour les émotions positives.

Nous pouvons activer nos émotions positives presque à chaque fois que nous le décidons.

Et nous sommes presque toujours à même d'en favoriser la persistance. Bien que vous ayez plus de contrôle sur votre état d'esprit que vous n'en n'êtes conscient. La création d'une dynamique positive dans votre vie n'est pas qu'une affaire de pensée vertueuse. Les seules bonnes intentions ne rendront personne plus heureux.

Supposez maintenant que vous vouliez ressentir une vive douleur au tibia gauche. Pourriez-vous déclencher l'expérience de la douleur en pensant simplement à votre membre et en voulant que votre corps ressente de la douleur à cet endroit ? Rien n'est moins sûr. Pour concrétiser cette intention, il vous en faudrait un peu plus que l'exercice du pur pouvoir de la volonté. Il vous faudrait faire quelque chose. Quelque chose de bien précis, comme par exemple, heurter votre jambe contre un pied de table ou implorer quelqu'un de vous donner un coup de pied. Ces actions pourraient être considérées comme les leviers à actionner pour vous permettre de ressentir une douleur à la jambe.

Dans cette même logique, vous ne pouvez pas simplement *vouloir* éprouver une émotion positive. Vous devez en revanche repérer l'un des leviers spécifiques à même d'activer cette émotion. Ces leviers se présentent sous certaines formes de pensées et d'action.

Et donc, de même, qu'il vous faut faire quelque chose pour réveiller la douleur à partir de rien, vous devez agir afin de faire émerger une émotion positive, là où elle n'existait pas. Néanmoins, la différence fondamentale entre la douleur physique et les émotions, est que les leviers qui commandent celles-ci relèvent effectivement d'une réorientation de la pensée consciente.

Autrement dit,
vous pouvez penser ou agir
pour stimuler
votre pensée positive.

L'influence bénéfique des questions que vous vous posez

Le simple fait de vous demander : « qu'est-ce qui va bien pour moi en ce moment ? » est susceptible de provoquer un déblocage très bénéfique. En vous montrant ouvert et sincère, et en recherchant des réponses pertinentes et positives à cette simple question, vous vous mettrez dans un bon état d'esprit.

« Pour célébrer les bonnes choses de ce monde »

Dewitt Jones, photographe pour le magazine *National Geographic* en fournit une illustration particulièrement frappante dans un documentaire intitulé « Pour célébrer les bonnes choses de ce monde ». Dans ce film, Jones explique à quel point ce questionnement positif sous-tend l'éthique du journal, et évoque les changements induits grâce à ce documentaire dans sa propre vie.

À travers l'œil de sa caméra, il nous fait voir comment des gens et des endroits du monde en apparence ordinaires et parfois bien décevants peuvent rayonner d'une immense beauté, si nous persistons à nous poser la question : « Qu'y a-t-il de bon ici ? À quoi puis-je rendre hommage ? » et avons la patience de faire émerger les réponses.
L'influence de ce film a été importante sur mes propres étudiants. L'un d'entre eux m'a confié qu'il se méfiait beaucoup des photos de nature dans les magazines. Il les supposait retouchées et se demandait pourquoi il ne retrouvait jamais cette beauté dans son propre environnement naturel. Le point de vue de Jones l'a aidé à comprendre qu'il ne pouvait retrouver autour de lui une beauté à laquelle il ne croyait pas.

Désormais poussée à poser un regard neuf sur le monde, il se mit à prêter une plus grande attention à la nature environnante, au cours de ses trajets sur le campus.
Il me confirma plus tard : « Bien sûr, toute cette beauté invisible a commencé à m'apparaître, alors que je n'avais pas cru à son existence, le vert éclatant de la végétation me sautait aux yeux, avec ses feuilles couvertes de gouttelettes de rosée... ».
Il ajouta que depuis lors, il n'avait jamais plus posé le même regard sur la nature.

L'influence de la pensée positive sur le management

Des questions similaires semblent être à l'origine du lancement du projet *Appreciative Inquiry** (AI), une approche du

**Appreciative Inquiry* est une approche du conseil en management fondé sur la reconnaissance et la valorisation de nos points positifs. Elle s'appuie sur la pensée positive au sein des organisations.

changement organisationnel qui s'est répandu comme une traînée de poudre dans le milieu des consultants.
La plupart des consultants, auxquels on fait appel pour résoudre des problèmes, ouvrent le dialogue avec vous et votre groupe de travail, en vous demandant d'expliquer ce qui bloque. Et bien souvent, vous avez déjà réfléchi d'avance à la réponse, avant même de rencontrer votre interlocuteur.
Mais un consultant qui pratique l'approche « AI » ne va pas vous aborder sur ce terrain.

Il [le consultant] commencera par vous demander : « Dites-moi ce qui fonctionne le mieux dans ce groupe ».

Son but est de pouvoir brosser un tableau vivant et précis de tout ce qui fonctionne, en ayant recours à la psychologie positive pour inspirer et dynamiser les changements qui peuvent s'avérer nécessaires, afin d'obtenir plus fréquemment de meilleurs résultats.

EN CONCLUSION

Vous connaissez désormais dix nouvelles manières de célébrer la pensée positive qui s'appuie sur différents états de joie, de gratitude, de sérénité, de curiosité, d'espoir, d'amusement, d'inspiration, d'admiration et d'amour.

Vous possédez
vos propres leviers
– de petits changements opérés
dans la manière
dont vous appréciez
et mettez les événements
de votre journée
en perspective –
qui peuvent éveiller
votre pensée positive.

Je suppose que vous vous sentez plus à l'aise avec telle ou telle forme de pensée positive qu'avec telle autre. C'est tout à fait normal. Je vous invite, cependant, à en approfondir les différents aspects, en faisant vos propres expériences et en repérant les moments où vous avez éprouvé une de ses multiples émotions.

Au chapitre 11, je vous encouragerai à développer cette étude de vous-même en ouvrant un dossier personnalisé consacré à chacun des dix états positifs.

Bien que chaque forme de pensée positive se manifeste dans un contexte singulier et de façon complètement unique, mes recherches en laboratoire montrent qu'elles possèdent un noyau commun. Chaque émotion positive en effet a le pouvoir d'ouvrir nos perspectives de vie et nous permet de construire de nouveaux acquis. Chaque émotion positive nous transforme. Et tandis que notre ratio positif tend vers son point tangent, chacune de ces émotions contribue à notre épanouissement.

Dans les quatre prochains chapitres, je reviendrai sur les preuves scientifiques qui étayent les bienfaits de la pensée positive. J'espère vous donner l'envie de commencer à explorer, vos propres sources d'optimisme. Car aussi passionnantes que soient ces nouvelles recherches, ce sont vos propres expériences qui vous mettront sur la voie de la compréhension et du développement personnel.

4. QUAND **NOS PERSPECTIVES MENTALES** S'ÉLARGISSENT

Il y a une façon d'inspirer qui est honte et suffocation. Et il existe une autre façon d'expirer, en un souffle d'amour vous laissant dans une ouverture infinie.

Rumi

Qu'elle s'épanouisse sous forme de joie, de sérénité ou de toute autre couleur sur la palette des sentiments heureux, l'optimisme vous dote littéralement d'un autre regard sur les choses. Comme je l'ai mentionné plus tôt, la première vérité profonde des émotions positives est qu'elles nous ouvrent au monde.

L'« EFFET D'OUVERTURE »

Imaginez-vous un peu comme une fleur au printemps, avec vos pétales étroitement resserrés autour de votre visage. Vous ne pouvez entrevoir qu'une tache de lumière, et n'appréciez pas grand-chose de ce qui se passe autour de vous.
Mais, dès que vous ressentez la chaleur du soleil, tout change. Vous commencez à vous ouvrir. Vos pétales se libèrent et se déplient lentement, découvrant votre visage. Votre vision s'élargit. Votre environnement se dilate littéralement. Le champ des possibles se déploie.

Certaines fleurs ne fleurissent qu'une fois. D'autres, comme le nénuphar, se ferment chaque soir et refleurissent chaque fois à l'aube. La lumière solaire est essentielle au cycle de croissance de toutes les plantes. Celles-ci le savent bien qui se tournent vers le soleil, se déployant dans sa direction afin de recueillir la moindre parcelle de lumière. Les scientifiques parlent de l'effet héliotropique (litt. « se tourner vers le soleil »).
On retrouve ce même phénomène héliotropique chez les êtres humains. La pensée positive est essentielle à la croissance de tous. Nous le savons d'instinct. Nous nous tournons vers la pensée positive, en ouvrant et exposant au maximum notre esprit pour en capter le plus possible. C'est ce que j'appelle « l'effet d'ouverture ».

La pensée positive ouvre nos esprits et élargit notre champ de vision.

Cet effet reste temporaire. Tout comme les nénuphars se referment au crépuscule, nos esprits eux-aussi se ferment, quand disparaissent nos sensations positives. Sous la menace des pensées négatives, notre optimisme se rétracte. Il n'y pas de limite à ce cycle d'expansion et de rétraction. Et tandis qu'un flux d'esprit positif et négatif nous traverse, notre espace de conscience s'ouvre ou se ferme, à l'avenant.

Ouverture mentale

J'ai choisi ici de puiser dans les métaphores poétiques pour illustrer à quel point la pensée positive élargit notre espace mental. Pendant deux décennies, mes étudiants et moi-même avons testé ce phénomène, à l'aide d'outils scientifiques. Ce sont toutes ces recherches qui m'autorisent à affirmer ce que j'avance. Et les informations que je vous apporte, elles, ne sont pas simplement poétiques ou fondées sur ma seule expérience de la vie. Elles s'appuient, en fait, sur les comportements et les expériences de centaines de sujets, de volontaire testés non seulement dans mon laboratoire, mais dans ceux d'autres chercheurs à travers le monde. Lesquels ont été soumis à des tests destinés à invalider cet effet d'ouverture, à en prouver la faiblesse.

Et pourtant, jour après jour, et contre toute attente, il est apparu toujours plus clairement que **la pensée positive est facteur d'ouverture mentale.** J'en suis venue à penser qu'il s'agit d'une profonde vérité, intrinsèque à notre condition d'être humain. Vous pouvez, vous-même, en faire l'expérience.

EXERCICE 1

Vous avez besoin d'une feuille de papier et de quoi écrire. Mettez-les de côté pour le moment mais gardez-les sous la main.

Lorsque vous êtes prêt, je vous invite à étudier le dos de votre main. À quel point, précisément, connaissons-nous notre main ? Jetez à présent un coup d'œil sur la vôtre. Faites l'inventaire de ce que vous apercevez : la texture et la couleur de votre peau, la topographie de vos os et de vos veines, la forme de chacune de vos phalanges. Prenez une minute ou deux pour simplement étudier cette partie de vous-même. Faites en sorte de la connaître comme jamais auparavant.

À présent, prenez votre stylo et votre papier, et faites la liste de ce que vous voulez faire à cet instant. Supposez que vous avez une demi-heure devant vous, libre de toute contrainte ou urgence. Revenez sur le sentiment que vous éprouviez en observant le dos de votre main, puis écrivez ce que ce sentiment vous donne envie de faire.

Vous avez votre liste ? Bien. Pour le moment, mettez-la de côté.

Passons maintenant à quelque chose de différent.

EXERCICE 2

Lorsque vous êtes prêt, je vous invite à revivre un moment joyeux de votre vie, un moment où tout se passait bien et il vous était quasi impossible de retenir un sourire.

Vous rayonnez, tout simplement. Installez-vous dans cette émotion pour quelques instants, en imaginant tous les aspects de votre environnement et de vos sensations. Laissez ce sentiment positif prendre de l'ampleur. Appréciez-le comme vous ne l'avez jamais fait. Puis, reprenez papier et stylo. Faites une nouvelle liste. Que vous donne envie de faire ce sentiment

de joie et de bien-être ? De nouveau, supposez que vous avez une demi-heure devant vous à l'abri de toute exigence. Prêtez attention au sentiment que vous éprouvez en revivant cette joie et notez tout ce qu'il vous donne envie de faire.
Vous deuxième liste est prête ? Bon. Maintenant, comparez. Dénombrez les idées qui vous sont venues à l'esprit après avoir étudié le dos de votre main. Comparez-les avec celles qui vous sont venues après avoir évoqué un souvenir heureux. Quelle est la liste la plus fournie ?
Si vous ressemblez à la plupart des gens, la liste « positive » est sûrement la plus longue. C'est ainsi notamment que la psychologie positive influence notre ouverture d'esprit. Elle fait appel en nous à un champ élargi de possibilités et nous fait voir ce que nous ne percevons pas d'ordinaire – et certainement pas sous influence négative.

Autre expérience

En travaillant sur un échantillon de 104 personnes, testées une à une, nous avons donné à un groupe la consigne d'éprouver soit de la sérénité, soit de l'amusement, et à un autre, celle de ressentir de la colère ou de la peur. Un troisième groupe devait se cantonner à rester neutre – aucun sentiment en particulier n'était requis.
Nous avons alors posé cette question : « *faites la liste de ce que vous avez envie de faire maintenant* ». Ceux qui étaient sereins ou enjoués ont écrit les plus longues listes. Elles étaient plus longues que celles du groupe « neutre », lesquelles dépassaient encore celles du groupe animé par la colère ou la peur. **La psychologie positive des membres du premier groupe avait libéré un plus vaste champ de possibilités.**

L'exercice auquel je vous ai invité est différent. Mon but était de vous faire percevoir deux états différents – l'un neutre et l'autre joyeux. Vous faire étudier le dos de votre main était mon moyen de vous plonger de façon temporaire dans un état de neutralité.
Vous êtes seul à pouvoir décider si cela a vraiment réussi. De même, vous êtes seul à savoir si vos efforts pour ranimer votre joie ont été efficaces. Si ces exercices de suggestion ont marché pour vous, il y a des chances pour que votre liste positive soit plus longue. La pensée positive nous ouvre au monde. Elle nous autorise à porter attention à des opportunités qui, en temps normal, échappent à notre regard.

EXERCICE 3

La psychologie positive opère également à un niveau abstrait. Considérons la figure ci-dessous.

Diriez-vous qu'il s'agit d'un triangle ou d'un groupe de carrés ? Clairement, les deux réponses sont possibles. Il n'y a pas de bonne ou de mauvaise réponse. Ainsi, afin de déduire l'ouverture du champ d'attention des personnes interrogées, nous leur demandons de choisir à partir d'un arrangement de formes identiques à celles-ci. Ce qu'ils y voient ressemble-t-il plus à un triangle fait de triangles plus petits, ou à un carré fait de carrés plus petits ?
En dirigeant des expériences de ce type, nous avons découvert qu'une vue d'ensemble (permettant de discerner, dans ce cas, un triangle) dépend de notre

état émotionnel du moment. Lorsque nous induisons un état positif chez les gens, leur regard sur le monde s'agrandit. Ils possèdent cette vue d'ensemble. Lorsque nous induisons un climat neutre ou négatif, leur vision périphérique se rétrécit. L'essentiel n'est plus visible, les connections entre les différents points de l'image ne se font plus.

Pensée positive et acuité visuelle

De telles expériences nous ont appris que nous pouvions augmenter l'attention visuelle des personnes testées en favorisant simplement leur bien-être. Nos émotions sont connectées à notre regard sur le monde, via une simple relation de cause à effet. En circulant dans notre cœur, la pensée positive ouvre simultanément nos perspectives, nous permettant de discerner à la fois la forêt et les arbres.

L'effet est des plus subtils. Certaines de nos expériences tentent d'évaluer cette pensée positive à travers les signaux électriques émis par des muscles faciaux spécifiques. Souvenez-vous, lorsque votre sentiment est sincère, vos yeux sourient autant que votre bouche. Des capteurs placés aux points stratégiques peuvent recueillir d'infimes signaux électriques émis par le grand zygomatique, le muscle releveur des commissures de nos lèvres, et par les muscles orbiculaires, qui entourent les yeux, bien avant qu'ils ne se traduisent par une expression faciale visible et reconnaissable.

Mes étudiants et moi-même avons découvert que, lorsqu'ils bougent simultanément, ces deux muscles faciaux sont annonciateurs chez le sujet d'une flexibilité et d'une ouverture mentale que confirment des tests traités informatiquement et mesurant ses réponses à la milliseconde. Votre sourire a, pour ainsi dire, le pouvoir d'ouvrir votre mental.

> À l'instant même où vous souriez, vous êtes plus réceptif et plus apte à voir l'essentiel.

Des chercheurs de l'université Brandeis, à l'aide d'une technologie sophistiquée détectrice du mouvement oculaire, ont reproduit cette expérience et obtenu des résultats identiques. Des volontaires étaient invités à regarder des images sur un écran d'ordinateur, tandis qu'une caméra enregistrait les mouvements de leurs yeux, soixante fois par seconde. Certains étant exposés de façon aléatoire à des messages positifs. Les groupes de photos se présentaient toujours par trois, une au centre et deux à la périphérie.
Les sujets regardaient le diaporama naturellement, en portant leur attention sur ce qui les intéressait, comme s'ils étaient devant la télévision. En repérant leurs mouvements oculaires, ces chercheurs ont confirmé que, sous influence d'une émotion positive, leur regard balayait de façon plus vaste et qu'ils posaient plus fréquemment leurs yeux sur les images périphériques.
Ainsi la pensée positive modifie-t-elle littéralement notre vision de la vie. Elle élargit notre regard sur le monde. Nous voyons plus de choses. Seule exception à relever dans cette expérience : celle des images provoquant l'aversion. Leur effet pouvait inhiber, d'un coup, les capacités d'attention des participants. Pour revenir à l'image du nénuphar, si le ciel s'obscurcit, celui-ci se referme. Je suspecte nos schémas mentaux de se rétracter encore plus vite – ce qui démontre,

une fois encore, que l'état d'esprit positif est fragile. Mais tant que notre environnement est bienfaisant, et que la pensée positive nous envahit, nos perspectives ne sont pas limitées.

VOIR PLUS GRAND, ÇA CHANGE QUOI ?

Une plus grande créativité est une des conséquences pratiques de la pensée positive. Avoir un esprit plus ouvert change votre façon de penser et d'agir. Lorsque votre point de vue s'élargit, les idées affluent en plus grand nombre.

Une plus grande inventivité

Ce fait a pu être démontré par une équipe de chercheurs de l'université de Toronto qui ont soumis un groupe de volontaires à des influences positives, négatives et complètement neutres, avant d'en tester le comportement dans une série de tâches différentes. L'une d'entre elles mesurait l'étendue de l'attention visuelle en repérant l'influence des informations périphériques au champ visuel.

L'autre exercice permettait de tester la créativité verbale en demandant aux participants de trouver un mot qui puisse être relié à trois autres (par exemple, tondeuse, atomique et étranger).

Les chercheurs se sont aperçus que lorsque les gens se sentaient dans un état d'esprit positif, leurs performances sur les deux tâches évoluaient en tandem : plus vaste était leur champ d'attention visuel, plus leur créativité verbale augmentait. La mise en évidence de ce lien est tout à fait importante, dans la mesure où elle décrit comment la pensée positive ouvre nos esprits dans des directions multiples et interactives. La pensée positive modifie, en effet, nos ressources mentales à un niveau fondamental, et change, également, la façon dont nous interagissons avec le monde. C'est un investissement particulièrement efficace lorsqu'on a besoin de solutions rapidement. Et, en effet, les étudiants obtiennent de meilleurs résultats à des tests standards lorsqu'ils les abordent avec des émotions positives.

Mais supposons que vous ayez fini vos études et que vous ne passiez plus d'examens. Il est fort probable que ces scientifiques aient également travaillé sur des gens comme vous. Or, nous avons la preuve que la simple évocation d'un souvenir agréable ou le fait de recevoir une simple marque de gentillesse peut améliorer la manière dont les gens trouvent des solutions créatives et efficaces aux problèmes rencontrés au quotidien.

POUR INFO

Un diagnostic médical + un cadeau ?

Des chercheurs de l'université de Cornell se sont penchés sur la façon dont des médecins généralistes posent un diagnostic en les faisant penser à haute voix tandis qu'ils devaient se prononcer sur le cas d'un patient, atteint d'une maladie du foie. Chose très étonnante, l'expérience a montré que lorsqu'ils étaient gratifiés d'un petit cadeau - un simple paquet de bonbons, par exemple - ces médecins parvenaient bien mieux à intégrer les paramètres du cas à traiter et étaient moins enclins à s'attacher à leur idée de départ, donnant lieu à une conclusion prématurée.

Que vous soyez le médecin ou le patient, je pense que vous conviendrez du fait qu'un meilleur raisonnement clinique est préférable. Peut-être devrions-nous, lors d'une prochaine visite médicale, penser à ajouter à la liste de nos maux quelques menus présents... ?

Pensée positive, management et négociation

Dans le même esprit, des scientifiques ont observé comment la pensée positive influençait les cadres dirigeants. Ils ont découvert que ceux, dotés d'un état d'esprit positif, se montraient à la fois plus précis et plus prudents dans le processus décisionnel, et plus efficaces dans leurs échanges. **D'autres travaux démontrent que des leaders optimistes « contaminent » efficacement leurs équipes, ce qui produit, en retour, une meilleure coordination entre les membres de ces équipes et réduit l'effort nécessaire pour accomplir leurs tâches.**

Une autre équipe de chercheurs a découvert que dans le cadre de négociations complexes, la psychologie positive faisait, là encore, la différence. Les participants à l'expérience étaient des étudiants en MBA recrutés pour des cours de négociation. On peut supposer qu'il s'agissait là de sujets mus par le désir de réussir et extrêmement investis dans la négociation de contrats avantageux.

L'équipe de recherche a demandé de façon aléatoire à des négociateurs d'afficher leur optimisme, leur pessimisme ou leur neutralité. Dans chaque cas, un « avis d'expert » les avait expressément convaincus que telle ou telle de ces émotions (ou de non-émotion, traduite par le visage impassible du joueur de poker) améliorerait leur mode de transaction.

Ces entrepreneurs en devenir furent ensuite laissés en roue libre face à un partenaire en affaire et un accord à trouver. Les négociateurs ayant stratégiquement affiché leur état d'esprit positif se montrèrent plus enclins à obtenir des concessions, conclure des accords et intégrer leurs interlocuteurs dans leurs futures relations d'affaires.

Le sens commun voudrait que des négociateurs se montrent rationnels, de tempérament égal – impassibles et neutres – ou éventuellement durs, impliqués, voire impétueux – bouillonnant d'émotion négative. Ce sont là des mythes.

Les expériences scientifiques confirment que les individus arrivant à la table de négociation avec un esprit coopératif et amical – misant sur le positif – décrochent les accords les meilleurs.

Ainsi, que vous soyez dans le business ou que vous soyez dans un processus de négociation, les résultats de ces recherches nous rappellent que la pensée positive ne se réduit pas à la gentillesse, pas plus qu'à l'abandon de ses intérêts.

La pensée positive est plutôt un facteur d'élargissement de nos perspectives, de mise en valeur de toutes les solutions. Avec elle, vos pensées, vos actes sont plus spontanés. Vous êtes plus à même d'envisager des solutions gagnantes. Et vous devenez capable de construire des relations durables, en vous fondant sur la loyauté et non sur l'amertume.

AMORÇER SA PROPRE SPIRALE ASCENDANTE

Comme vous avez pu le constater, la plupart des recherches sur cet « effet d'ouverture » se déroulent en laboratoire.

Leurs dispositifs de contrôle permettent aux scientifiques de se focaliser sur les effets immédiats de la pensée positive sur la vision, l'attention, la pensée, les choix et le comportement de leurs sujets. Et c'est en partant de ces bases que ces chercheurs ont pu élargir leur champ d'investigation à la vie réelle, illustrant les répercussions en aval de la psychologie positive. Mon travail s'attache, précisément, à révéler toutes les répercussions de la pensée positive dans notre vie quotidienne.

Permettez-moi de vous décrire une étude sur l'ouverture d'esprit qui s'est déroulée sur une plus vaste période

Il s'agit d'un travail que j'ai accompli en collaboration avec Thomas Joiner, un spécialiste reconnu des troubles de l'humeur et directeur de la clinique de psychologie de l'université d'État de Floride. Nous avons enquêté, une première fois, sur un groupe d'étudiants de l'université, puis nous avons repris l'étude cinq semaines plus tard. À chaque fois nous avons mesuré leur degré de positivité ainsi que leur aptitude à gérer le stress en « ouverture ».

Nous cherchions à savoir si, confrontés à un problème, ils prenaient du recul afin de reconsidérer la situation et envisager un vaste éventail de réponses possibles.

Une spirale ascendante

Nous avons mis en évidence que les plus optimistes parmi eux étaient mieux à même d'envisager l'adversité avec un esprit ouvert. Ils trouvaient un plus grand nombre de solutions. Mais la suite de l'enquête se révéla plus pertinente, dans la mesure où elle révélait une évolution du phénomène dans le temps. Les étudiants les plus positifs de l'échantillon avaient encore gagné en optimisme, cinq semaines plus tard, parce

que leur approche des problèmes n'avait cessé de s'élargir. Leur ouverture leur avait permis de trouver des solutions qui, non seulement, les aidaient à faire face aux problèmes mais renforçait leur optimisme initial.
En ventilant différemment les données de l'étude, nous avons trouvé que les sujets à l'esprit ouverts avaient encore progressé cinq semaines plus tard, précisément parce qu'ils faisaient l'expérience de sensations positives toujours plus fortes.

Imaginez seulement toutes les possibilités que pourrait susciter la pensée positive dans votre vie...

Pour le dire autrement, l'esprit positif et l'esprit d'ouverture se nourrissent l'un l'autre, chacun renforçant l'autre et jouant un rôle de catalyseur. **Ainsi opère cette spirale ascendante que déclenche en nous la pensée positive et qui nous ouvre des voies vers l'épanouissement personnel.**
Dans des travaux plus récents, les étudiants de Joiner et moi-même avons examiné à nouveau la spirale ascendante alimentée par les émotions positives, et l'avons corrélée non pas seulement à une évolution des réponses « ouvertes » face aux difficultés, mais également à une évolution des réponses appropriées aux passages éprouvants de la vie.
Qui plus est, nous avons découvert qu'une autre forme de sentiment – la confiance en l'autre – fonctionne en binôme.

Pensée positive et confiance s'alimentent l'une l'autre.
À mesure que notre optimisme se développe, notre confiance grandit, et vice versa. Et ce n'est qu'un début. Les répercussions sociales de la psychologie positive s'inscrivent à un niveau encore plus profond. Nous allons voir comment.

PASSER DE MOI À NOUS

En s'appuyant sur une grande variété d'expériences, nous savons maintenant que la psychologie positive nous ouvre un bien plus vaste champ de perspectives. Bien que cet effet soit subtil – parfois même totalement imperceptible – l'impact sur la relation à l'autre est très fort.
Nous avons découvert, avec mes étudiants, que la pensée positive avait pour vertu d'améliorer le regard que les gens portent sur eux-mêmes. Ce qui est capital en matière relationnelle. La frontière, toujours bien définie séparant, le « moi » du « vous » commence à s'estomper. Et ce faisant, de nouvelles opportunités de connexions apparaissent.

EXERCICE

Regardez rapidement la série de cercles ci-dessous.

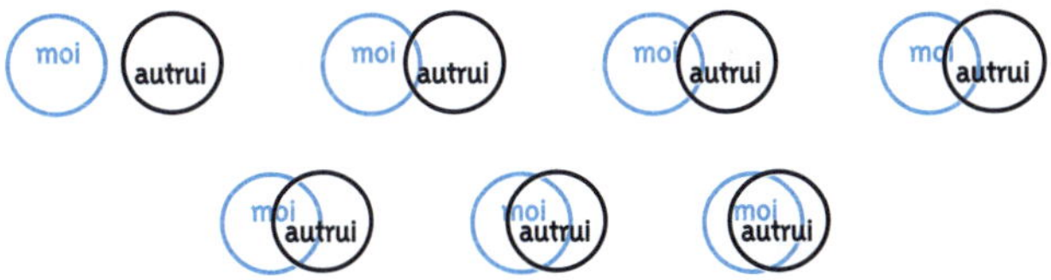

À présent, pour un court instant, remettez-vous en mémoire la dispute la plus récente que vous ayez eu avec votre conjoint, votre amoureux(se) ou votre meilleur(e) ami(e). Où étiez-vous, quel était l'objet de votre dispute ? Qui disait quoi ? Que ressentiez-vous à ce moment-là ? En gardant cette scène bien vivace en tête, quelle paire de cercles vous semble illustrer le mieux votre perception de la relation ? Maintenant, laissez de côté cette querelle désagréable. Souvenez-vous des moments les plus tendres et les plus chaleureux de cette même relation. Où étiez-vous ? Que se passait-il ? Que faisiez ou disiez-vous ? À présent, envahi par cette évocation, quelle paire de cercles vous semble décrire le mieux votre perception de la relation ? Les cercles se sont-ils rapprochés ?

Explication

Cette manière de représenter la qualité d'une relation a été proposée pour la première fois par Art Aron, l'un des plus grands spécialistes scientifiques en la matière. Aron et ses collaborateurs ont demandé à des milliers de personnes engagées dans une relation amoureuse, d'utiliser cette série de cercles distincts ou confondus pour illustrer leur ressenti de la relation. Cette simple représentation graphique est si efficace qu'elle surpasse absolument toutes les enquêtes et les entretiens de longue haleine quand il s'agit de prévoir la durabilité ou la fragilité d'un couple. **Plus vos choix se portent sur des cercles confondus, plus votre relation a de chances de tenir la distance.**

L'« expansion de soi »

Aron et ses collègues ont appelé ce concept l'« expansion de soi », et le définissent comme une incorporation des talents, des traits de personnalité et des ressources du partenaire dans sa propre vie. Il est intéressant de noter qu'ils identifient cette expansion de soi comme un concept précurseur de la psychologie positive. D'après ces chercheurs, c'est cette expansion de soi extrêmement rapide qui fait de la rencontre amoureuse une expérience si exaltante.

Mes étudiants et moi-même, avons retourné la logique d'Aron à l'envers. Sortant du schéma précédent selon lequel la psychologie positive est facteur d'ouverture mentale, nous avons donc supposé que celle-ci était susceptible d'améliorer le regard des gens sur eux-mêmes.

La pensée positive et l'amitié

Nous avons d'abord demandé à des étudiants à l'université de se servir des cercles pour représenter ce qu'ils ressentaient pour leur meilleur ami. Puis, nous avons fait entrer en jeu des émotions positives, des émotions négatives et de l'apparente neutralité. Nous leur avons alors soumis une nouvelle série de cercles et leur avons demandé de choisir, à nouveau, une paire de cercles reflétant l'état de cette relation amicale.
En mettant en place de telles expériences, nous avons découvert qu'une stimulation positive temporaire amenait les participants à choisir, plus souvent, des cercles se chevauchant.

> La pensée positive favorise la proximité avec nos amis.

Ces changements interviennent en nous à un niveau de perception très simple. Nous l'avons constaté parce que les sujets de notre étude n'étaient pas actuellement en présence de leurs meilleurs amis, en train de vivre des moments chaleureux et sympathiques en leur compagnie. Ils étaient simplement amenés à penser à leurs meilleurs amis, et à leur proximité avec eux.

Lorsque la pensée positive ouvre vos esprits, elle fait évoluer la vision intime que vous avez des gens et de vos relations, en les rapprochant de votre cœur, du centre de votre être. Avec elle, vous passez d'une classification du « moi » et de l'« autre » à une vision plus fondée sur le sentiment du « nous », du « on ».

L'effet est si puissant qu'il transcende les différences de culture

Toutes ces idées et expériences ont éveillé la curiosité scientifique à travers le monde, certains ayant même décidé de prendre résidence dans mon laboratoire en tant que chercheur invité. La curiosité d'esprit de ces scientifiques, prêts à voyager pour explorer de nouvelles idées a été pour moi un vrai cadeau. Ils sont devenus des collaborateurs hors pair qui ont rendu possible le développement de ces idées, leur influence comme leur reconnaissance à l'extérieur. Encore un exemple de la manière dont la pensée positive – prenant ici la forme d'une curiosité intellectuelle – élargit les perspectives et fonde à la fois des alliances stratégiques et des amitiés internationales. L'année où mes étudiants et moi-même commencions à travailler sur les effets de l'optimisme dans la relation avec autrui, nous étions doublement favorisés. Ahalya Hejmadi, un scientifique indien (formé aux États-Unis), s'est joint à la conversation en cours sur cette ligne de recherche. Un peu plus tard cette année-là, une scientifique japonaise, Keiko Otake venait aussi nous rejoindre. Chacun d'entre eux, de manière indépendante, décida de tester notre hypothèse dans leurs pays respectifs, et leurs résultats recoupèrent les nôtres de façon spectaculaire.

De la ville de Pune, ville indienne de l'état du Mahshtra, à celle de Kobe ou de Nishinomiya, au Japon, en passant par Ann Arbor dans le Michigan, la pensée positive amenait les gens à ressentir une plus grande proximité avec leurs meilleurs amis.

Je suis particulièrement fascinée par ces résultats transculturels dans la mesure où l'Inde et le Japon sont des pays très différents des États-Unis. Les chercheurs ont en effet identifié ces cultures comme favorisant tout particulièrement, par comparaison avec la culture américaine, une vision de soi plus connectée aux autres et plus interdépendante. En comparaison des Nord-Américains, les Japonais ou les Indiens se sentent, pour ainsi dire, naturellement plus proches et plus reliés aux autres.

La pensée positive pourrait-elle développer un sentiment de plus grande communion avec l'autre, même dans une société ou l'interdépendance est la norme culturelle ? Eh bien, oui.

Les résultats laissent penser que, quelle que soit votre appartenance culturelle, le sentiment d'ouverture et de connexion avec les autres est fluctuant. Et ils ne sont pas le fruit du hasard. La pensée positive en est la cause directe. Elle nous ouvre les yeux et nous permet de percevoir que les autres et nous ne faisons qu'UN.

NOUS NOUS RESSEMBLONS TOUS

Cette série d'expérience nous apprend que la pensée positive authentique nous permet d'appréhender un sentiment de solidarité avec ceux qui nous sont proches. Ils vont et viennent, non, au gré du hasard mais en fonction de nos sentiments de gratitude, de joie, d'amour.
Mais qu'en est-il des étrangers ? La pensée positive peut-elle modifier notre regard sur des êtres que nous ne connaissons pas ? La réponse est OUI, absolument !

Je parie que vous en serez aussi étonné que moi (et le suis encore), lorsque vous comprendrez à quel point la psychologie positive, de ce point de vue, est déterminante.
Mon but, à travers ce livre, est de vous faire partager mes découvertes scientifiques. Chacune de ces découvertes avait été anticipée... sauf celle-ci. Sur le ton de la plaisanterie, j'en parle comme de « la trouvaille qui nous a trouvés ».

« La trouvaille qui nous a trouvés ».

Tout a commencé lorsque Kareem Johnson, alors doctorant dans mon laboratoire (et désormais maître-assistant à l'université Temple) s'est demandé si les émotions positives étaient capables d'ouvrir le champ de notre attention visuelle de manière à nous faire voir la situation en grand.
Cette hypothèse de recherche faisait suite à une longue série d'expériences ayant déjà démontré que les gens différenciaient et reconnaissaient bien mieux les visages que les objets communs.
Lorsque vous devez décider si vous avez déjà vu ou non tel ou tel objet, vous en examinez les caractéristiques. Vous vous demandez : « Est-ce que la grande tasse à café que j'ai utilisée hier comportait une anse de cette forme ? » ; « Était-elle

légèrement fêlée ? « Était-elle plus fine que celle-ci ? »
Par contraste, les études suggèrent que lorsque vous devez décider si, oui ou non, vous avez déjà rencontré tel ou tel visage, vous n'en examinez pas les traits. Vous ne vous dites pas : « ai-je déjà vu ce nez auparavant ? » « La couleur des yeux est-elle bien la même ? » « Ses lèvres étaient-elles plus minces que celles-ci ? » Non. Vous intégrez le visage de l'autre comme un tout. En une fraction de seconde, vous retrouvez l'entière configuration du visage de l'autre, stockée dans votre mémoire. Chacun est expert dans l'art de reconnaître un visage humain. Les scientifiques ont même identifié les zones spécifiques du cerveau dont dépend cette aptitude remarquable. Bien que nous ne soyons pas toujours capables de nous remémorer le nom d'une personne, ni dans quel lieu nous l'avons rencontrée, nous sommes généralement assez doués pour savoir si nous l'avons déjà croisée.

Reconnaître les visages des étrangers

Sur la base de ces précédentes études, Kareem a supposé que si nous soumettions les participants à une influence positive, leur mental temporairement ouvert leur permettrait de mémoriser un visage humain d'autant plus rapidement, les rendant encore plus experts pour reconnaître des étrangers. Kareem mena sa première enquête en exposant les participants, testés un par un, à des influences positives, négatives ou neutres. Il leur présenta une série de vingt-huit visages, sur un laps de temps très court d'une demi-seconde, avec un délai de deux secondes entre chaque photo.
Il testa ensuite leur capacité de reconnaissance de ces visages en leur présentant un panel de cinquante-six visages classés au hasard. La moitié d'entre eux avaient déjà été montrés, l'autre moitié, non. Les participants pouvaient examiner les photos aussi longtemps qu'ils le souhaitaient. Leur tâche consistait à déterminer s'ils avaient (ou non) déjà vu tel visage.

Lorsque Kareem arriva au labo avec ses données dépouillées, il n'avait pas l'air très satisfait. Ses graphiques des taux de reconnaissance faciale dans des conditions expérimentales paraissaient avoisiner ses prévisions. Cependant, la lecture statistique des résultats n'était pas significative, laissant penser que le schéma que nous avions déterminé pouvait tout aussi bien être le fruit du hasard. Nous nous penchâmes attentivement sur la question, en reventilant les données différemment. Nous entrâmes dans le détail en séparant les visages de femmes et d'hommes et les participants féminins et masculins séparément.

Fort heureusement, Kareem s'était servi d'un jeu de photos incluant des visages de types caucasiens et asiatiques – une moitié de chaque. Nous utilisâmes aussi ce critère de lecture. Et c'est là que nous avons compris : la pensée positive améliorait seulement la reconnaissance faciale des visages de type asiatique. Nous constatâmes l'amplification du résultat en annulant l'impact des participants de type caucasien qui constituaient la majorité de notre échantillon.

De façon imprévu, nous avions contribué au débat sur le facteur racial

Une longue cohorte d'expériences antérieures avait déjà confirmé que les gens sont notoirement peu doués pour reconnaître leurs semblables, lorsqu'ils appartiennent à une autre race. Là où l'individu intolérant conclurait « qu'ils se ressemblent tous », le discours scientifique introduit la catégorie du « biais racial dans la reconnaissance faciale ». Peu de choses semble pouvoir faire évoluer ce facteur profondément enfoui – pas même les années passées sur les bancs d'écoles ou dans les lieux de travail où règne la diversité ethnique.

Une des hypothèses – dont les implications sont fort dérangeantes – serait que, lorsque nous cherchons à savoir si nous avons déjà vu le visage d'une personne de race

différente, nous avons recours à la stratégie opérant dans la reconnaissance d'objets : nous en examinons les traits. Ai-je vu ces yeux auparavant ? Ce nez est-il de forme identique ?
Une autre hypothèse est que les gens sont si absorbés par la classification raciale qu'ils ne parviennent pas à aller au-delà de cette étiquette. Et de fait, les scientifiques ont découvert que la première chose que nous remarquions chez une autre personne est son appartenance raciale. Nous la remarquons en l'espace de 100 millisecondes. Par comparaison, il nous faut 150 millisecondes pour identifier son genre.
Lorsque vous rencontrez une personne de la même race que vous, ce facteur devient invisible à vos propres yeux. Vous savez à l'instant même qu'il est l'« un des vôtres » ce qui laisse de l'espace pour en apprécier le caractère unique.
En raison de son caractère inattendu, il était crucial de pouvoir répliquer l'expérience de Kareem.
Nous avions besoin de savoir qu'il ne s'agissait pas d'un effet du hasard. Kareem revient au labo et entreprit de tester notre nouvelle hypothèse, stipulant que la pensée positive influait sur la reconnaissance faciale interraciale.

Afin de faire preuve d'une rigueur plus grande, il s'y prit de plusieurs manières. Il eut recours à des visages de type afro-américain, au lieu de visages de type asiatique. Il instilla des émotions immédiatement avant le test de reconnaissance au lieu de le faire au moment où les participants découvraient les visages pour la première fois. Chaque fois, le même résultat réapparaissait. Ce qui rendait l'effet plausible et digne d'être considéré comme vrai. L'effet était également tout à fait complet. La pensée positive ne diminuait pas seulement le facteur racial dans la reconnaissance faciale, elle l'éliminait carrément. Sous son influence, les gens se montraient tout aussi doués pour reconnaître des visages d'individus d'une autre race que la leur. Ainsi, même les choses qui tendent à diviser les gens – telles que la différence raciale – semblent fondre au contact de nos cœurs réchauffés par la pensée positive. Comme je le disais, cette découverte nous a trouvés, nous ne l'avons pas recherchée.

Pensée positive et communion avec les autres

Par hasard, nous avons mis en évidence que notre sentiment de communion avec les autres s'étend à ceux qui nous sont étrangers – alors même que nous devrions les percevoir comme très différents de nous -, lorsque nous sommes sous l'influence de la pensée positive. Sous son influence, nous évitons le sectarisme : « pour moi ils se ressemblent tous », et reconnaissons « qu'à mes yeux, nous nous ressemblons tous ». Nous sommes tous humains, nous sommes tous « l'un des nôtres ».

Les recherches menées par Kareem ont une valeur extraordinaire. Son travail est une confirmation de la psychologie positive comme facteur d'ouverture. Tout comme elle élargit notre vision du moi pour y inclure les autres, elle élargit notre conception du nous pour y faire entrer la diversité des autres.

Cette idée est compatible avec le travail d'autres chercheurs ayant découvert que lorsque les gens se retrouvent au sein de groupes différents, la psychologie positive leur inspire de ne pas s'enfermer dans des identités trop clivantes (« Nous sommes l'équipe universitaire des Loups du Michigan, et nous haïssons l'équipe de Buckeye de l'université d'Ohio... ») et de forger au contraire des identités de groupe inclusives (« Nous sommes tous des étudiants, travaillons ensemble »).

SUSCITER UNE SPIRALE ASCENDANTE

Si les instants de pensée positive authentique vous amènent à ressentir tout particulièrement la force du lien avec autrui – qu'il s'agisse de gens dont vous êtes proche ou de parfaits

inconnus – il y a donc quelque raison de croire qu'elle modifie également la manière dont vous interagissez avec eux. Une multitude de preuves en attestent.

> Il y a plus de trente-cinq ans, Alice Isen, chercheuse en psychologie, a montré que si l'on se sent bien, on est plus enclin à s'ouvrir aux autres et à offrir son aide à des inconnus.

Au cours de ses expériences, Alice Isen favorisait le bien-être de son groupe de participants en leur offrant de petits cadeaux inattendus – des cookies, des articles de papeterie, ou faisant en sorte qu'ils bénéficient d'un effet d'aubaine. Par la suite, comparés aux participants qui n'avaient pas bénéficié de ces menues faveurs, les membres de son groupe se montraient plus enclins à venir spontanément en aide à un inconnu qui avait fait tomber par terre une pile de feuilles, à vouloir donner de leur temps à leur communauté, ou à passer un coup de fil pour quelqu'un d'autre.

Pensée positive, empathie, solidarité

Des expériences plus récentes confirment que notre sentiment d'unité est moteur dans notre désir de venir en aide à ceux qui en ont besoin. Lorsque vous agissez pour autrui sous l'influence de ce sentiment et que vous leur venez en aide, vous extériorisez vos ondes positives.

Elles se déplacent de l'intimité de votre cœur et de votre esprit à l'espace existant entre vous et l'autre. Et, tout comme les ondes négatives, les ondes positives sont remarquablement contagieuses. Elles se propagent, en quelque sorte. Dans une moindre mesure, elles se diffusent parce que les gens reproduisent inconsciemment les gestes et expressions faciales de ceux qui les entourent. Mais cela n'est qu'une partie de l'explication.

La pensée positive se répand, surtout, parce qu'elle crée une cascade d'événements bénéfiques pour nous et notre environnement. L'expérience d'Isen nous apprend qu'une pensée positive génère de l'empathie.

Malheureusement, la plupart des scientifiques en sont restés là. Les premières contributions n'ont pas relevé que ces actes serviables engendrent eux-mêmes d'autres actes serviables. Lorsque vous aidez véritablement quelqu'un, il y a de fortes chances pour que vous en tiriez quelque satisfaction, et qu'au fond de vous-même, vous soyez fier d'avoir accompli un acte généreux en faveur d'un autre individu.

Comme nous l'avons noté au chapitre 3, la fierté ouvre notre espace mental. L'idéal élevé qu'elle inspire peut parfois sembler déplacé, mais il est fort probable que cela vous poussera à offrir votre aide à nouveau, lorsque les circonstances s'y prêteront, parce que vous vous percevrez désormais comme quelqu'un de serviable et d'utile.

Placez-vous à présent du côté de la personne que vous avez aidée. Il y a de fortes chances qu'elle se sente bien à son tour. Elle est probablement pleine de reconnaissance pour la sympathie inattendue dont vous l'avez gratifiée. Et la gratitude, comme nous l'avons vu, élargit son mental tandis que cette

personne imagine comment vous rendre la pareille, ou rendre la pareille à son entourage. D'une manière ou d'une autre, la personne que vous avez aidée sera incitée à extérioriser ses sentiments positifs, ajoutant toujours plus de bienveillance dans la sphère sociale.

Un cycle bénéfique et réciproque

Au-delà de cette chorégraphie positive réciproque vous reliant, à vos bénéficiaires, les témoins de votre générosité peuvent, eux aussi, s'inspirer de cet élan du cœur. Ce climat positif donne envie aux autres de faire de même. Il ne peut y avoir ici de badauds passifs. L'entourage est concerné. Et lorsque cet entourage réagit, à son tour, sur la base d'un tel sentiment, la bonté s'ajoute à la bonté.

En conséquence, la psychologie positive se nourrit d'une spirale vertueuse qui vous remonte le moral et s'étend à votre entourage.

Une fois que vous l'avez extériorisée, qu'elle modifie vos interactions avec les autres, votre pensée positive crée de nouvelles spirales, à la fois, interactives et intimes. Et tandis que ce cycle vertueux se perpétue, vous et les autres aspirez à agir toujours mieux, en vous fondant sur ces sentiments altruistes. C'est ainsi que la pensée positive peut transformer des communautés entières, créer de la compassion et de l'harmonie, là où c'est le plus nécessaire.

SE RELIER À QUELQUE CHOSE DE PLUS GRAND

Dans ces moments-là, on réalise que les autres et soi-même ne font qu'un. C'est une prise de conscience majeure. La survie est la seconde loi de la vie. La première est que nous ne faisons qu'un avec le monde. Joseph Campbell

Ces résultats scientifiques, partagés avec vous jusqu'ici, suggèrent que les moments, où le mythologue et anthropologue américain Joseph Campbell a écrit ces lignes, étaient chargés d'émotions positives – des moments de profonde reconnaissance, d'authentique inspiration, de joie sincère ou d'admiration respectueuse. Dans ces moments-là, notre esprit est grand ouvert – avec cette impression d'avoir relevé le toit ouvrant de la décapotable qu'on vient de louer. On voit beaucoup plus grand. On prend conscience des grands mystères de la vie. On développe une nouvelle perspective sur son appartenance au monde, comme un Tout, bien plus grand que soi.

Laissez-moi vous faire part d'une expérience déterminante...

Le sentiment de communion est souvent projeté sur nos semblables, on peut également l'éprouver vis-à-vis de la nature.

Laissez-moi vous faire part d'une expérience déterminante que j'ai pu faire dans ce domaine. **Elle s'est produite durant la semaine la plus marquante de ma vie, alors que je participais à une retraite de sept jours, exclusivement organisée pour des scientifiques pratiquant la méditation aux fins de leurs recherches sur l'esprit et la conscience humaine.**

Presque toute la session se passait en silence. Toutes les activités se déroulaient sans un mot, pas seulement les méditations (à la fois immobiles et en mouvement) mais également les repas, le travail et les rassemblements.

Tout en silence. Je fus frappée par le plaisir procuré par ce silence. En l'absence de distractions, mes sens étaient plus aiguisés. Je pouvais entendre voler de petits oiseaux que je n'entendais pas en d'autres circonstances.

J'ai trouvé la beauté dans les endroits les plus inattendus.

Chaque matin, je partais marcher dans les bois. C'était au mois de janvier dans le Massachussetts, dans la neige et le froid. Mes plus stupéfiantes expériences de communion avec la nature se manifestèrent au cours de ces marches.
Un matin, je tombai sur un énorme arbre déraciné. Sa base inférieure exposée n'était qu'un enchevêtrement noueux de racines, de boue, de pierres et de plantes parasites d'environ deux à trois mètres de large. Je réalisai brusquement combien ma vision de ce qu'étaient « un arbre » et « la terre » avait été rigide. La terre était une chose, et les arbres en étaient une autre. Ce matin-là, je pus constater à quel point cette conception était fausse. La terre était arbre, et l'arbre était la terre. Cette terre qui, quelques instants auparavant, m'avait semblé solide et distincte – pour ainsi dire le sol sous mes pieds – était en fait cet improbable mélange de pierres, de végétaux décomposés et déracinés. Cet arbre à terre en ferait bientôt partie intégrante. Et la terre n'était pas solide. Elle fourmillait d'une vie présente et passée, en perpétuelle évolution.

Plus tard, cette semaine-là, j'ai moi-même perçu que j'appartenais à ce grand Tout

Pratiquement tous les arbres étaient dénudés et les sentiers que je suivais étaient recouverts d'une fraîche couche de neige. En pleine forêt, je débouchai sur un carré de mousse d'un vert incroyablement vif, presque entièrement enfoui sous un manteau de neige éclatant. Avant même que j'aie eu le temps de comprendre ce que j'avais sous les yeux, je fus traversée par cette pensée : « Nous sommes partout ! » Je sus, à ce même instant, que ce nous était la vie elle-même. La vie est

partout. J'en fais partie. Ce carré de mousse et moi-même ne faisions qu'un. Cette intuition profonde continue à me réjouir. Je ne suis plus l'observatrice scientifique et détachée qu'il me plaisait d'être autrefois. **Je suis la vie. Vous l'êtes aussi, tout comme le parterre de mousse. Nous sommes un Tout.**
Cette semaine-là, j'en vins à croire que ce sentiment d'unité ne résultait pas d'une simple perception, mais d'une vérité. La pensée positive ouvre votre esprit et vous autorise à prendre conscience de ce qui est. D'autres circonstances neutres et surtout, négatives, nous empêchent de le voir. Les priorités qu'elles nous imposent, nous éloignent de ce sentiment de communion. Le négatif, par essence, nous commande de nous protéger, ce qui revient souvent à repousser les autres et nous en éloigner.

La pensée positive, nous conduit à reconnaître qu'en fin de compte, nous ne sommes pas séparés du monde.

EN CONCLUSION

- Vous avez à présent fait le tour des fondements scientifiques de la psychologie positive. La première vérité essentielle que j'ai partagée avec vous est qu'elle est facteur d'ouverture. Vous savez désormais, en dépit du langage souvent imagé propre à décrire les émotions, qu'il ne s'agit pas d'une simple métaphore.

- Les résultats collectés dans le cadre d'un vaste éventail d'expériences démontrent de nettes relations causales entre nos états émotionnels et notre point de vue sur la vie. **Plus les émotions positives circulent à travers nos vaisseaux sanguins et circuits neuronaux, plus vaste est notre intelligence de la vie.** La pensée positive dilate littéralement votre vision périphérique, vous permettant de voir bien plus loin que vous n'y parvenez habituellement.
- **Et comme la pensée positive développe l'acuité de votre attention visuelle, elle développe également vos connexions conceptuelles.** Vous avez de meilleures idées, et en plus grand nombre. Et lorsque vous rencontrez un problème, votre optimisme et votre ouverture d'esprit se nourrissant et se renforçant mutuellement, créent en vous une allègre spirale ascendante.
- **La psychologie positive modifie aussi votre manière de vous relier aux autres.** Vous passez du *je* au *nous*. Vous allez au-delà de ce qui pourrait vous séparer des autres pour apprécier le caractère unique de ceux qui vous sont étrangers, sur le plan culturel, social ou ethnique.
- **Le sentiment de communion du à la pensée positive vous incite à faire du bien aux autres.** Vous sortez de votre bulle pour contribuer au monde. Et, ce faisant, vous créez davantage de bienveillance, pour vous et pour ceux qui vous entourent, suscitant une spirale bénéfique toujours plus vaste autour de vous, capable d'influencer votre entourage.
- **La pensée positive vous connecte à votre humanité profonde comme à celle des autres,** ainsi qu'aux mystères même de la vie.
- **La pensée positive vous ouvre la route.** Doté d'une pleine connaissance des fondements scientifiques de cette audacieuse affirmation, vous ne pouvez qu'être confiant dans vos efforts pour cultiver des pensées optimistes vraies au cœur de votre vie.

5. SE CONSTRUIRE
UN AVENIR MEILLEUR

Nous vivons un perpétuel changement – je ne parle pas seulement de vêtements ou de coiffure, mais au plus intime de notre être. Le changement est la règle, et la constance l'exception. Considérez le changement à l'œuvre en vous-même, à ce moment précis. Ce que vous reconnaissez comme étant « vous » se compose en réalité de milliards de cellules vivant et travaillant de concert. La plupart d'entre elles ne vivent que quelques semaines ou quelques mois. Lorsqu'elles meurent, elles sont remplacées par de nouvelles cellules. Ce cycle se répète aussi longtemps que vous êtes en vie.

UN PERPÉTUEL CHANGEMENT

Le rythme de ce renouvellement varie en fonction des zones du corps. Les cellules de vos papilles ne vivent que quelques heures. Celles qui composent votre lymphe, à peu près dix jours. Les cellules de vos muscles vivent environ trois mois. Même vos os se régénèrent plusieurs fois. En prenant en compte toutes ces données, les scientifiques considèrent que nous renouvelons, chaque jour, environ 1 % de nos cellules. Cela fait 1 % aujourd'hui, 1 % demain, ce qui nous amène en gros à 30 % au bout d'un mois, et à 100 % à la saison prochaine. En voyant les choses sous cet angle, vous vous renouvelez entièrement tous les trois mois.

Peut-être n'est-ce pas un hasard s'il nous faut trois mois pour adopter un nouveau comportement ou mettre en place un nouveau style de vie. Peut-être ne pouvons-nous pas apprendre de nouvelles choses à une cellule âgée. Tous nos espoirs résident peut-être dans la capacité d'apprentissage de nos nouvelles cellules.

Il fut un temps où les chercheurs estimaient qu'il en allait différemment de nos cellules cérébrales. Qu'elles ne se renouvelaient pas. Peut-être, étaient-elles même chargées d'orchestrer le cycle de renouvellement de toutes les autres parties de notre corps. Eh bien non ! Même les plus essentielles de nos cellules nerveuses disparaissent pour renaître. Chaque partie de vous-même peut changer, et votre cerveau ne fait pas exception.
Plus fascinante encore est cette découverte : le schéma du renouvellement cellulaire ne se contente pas de suivre un scénario prédéterminé. Il varie en fonction de ce que vous faites et ressentez. De ce point de vue, un signal-clé de déclin ou de développement envoyé à vos cellules est le mouvement. Un style de vie sédentaire accélère le déclin cellulaire.

Un style de vie actif accélère le renouvellement des cellules. Ceci est vrai de votre corps comme de votre vie cérébrale.

Vos émotions représentent un autre signal-clé. Les émotions négatives sont peut-être à l'origine d'un déclin cellulaire.
Les émotions positives peuvent au contraire déclencher un renouvellement. À un niveau biologique de base, donc, elles pourraient constituer un facteur vital.
Ces découvertes scientifiques sur la nature perpétuellement changeante de notre corps et de notre cerveau entrent complètement en résonance avec une deuxième vérité fondamentale relative à la psychologie positive : celle-ci nous transforme pour le mieux. Voyons comment.

LA TRANSFORMATION DE NINA

J'ai fait la connaissance de Nina lorsqu'elle avait 35 ans environ. Elle était alors mariée depuis quinze ans et mère d'une enfant de sept ans. Elle exerce le métier d'analyste technique dans une importante société informatique de Detroit – un travail à plein-temps. Lorsque je la rencontrais pour la première fois, elle trouvait sa vie franchement stressante. Son travail était particulièrement exigeant. Lorsque quelqu'un dans l'entreprise avait un problème d'ordinateur, il faisait appel au service de maintenance informatique. Si personne dans le service n'était disponible, on sollicitait l'aide de Nina.
Son travail consistait à travailler sur les problèmes non résolus. Elle me confia que le stress qu'elle éprouvait au travail pouvait devenir si intense qu'elle avait parfois envie de rentrer chez elle

et de se taper la tête contre le mur. Et puis il y avait sa mère. On lui avait récemment diagnostiqué une tumeur au cerveau. La situation était angoissante car les médecins ne parvenaient pas à savoir ce qu'il se passait, si cette tumeur était agressive, et ce qui pouvait se produire par la suite.

Pour couronner le tout, Nina cherchait depuis des années à concevoir un autre enfant. Elle et son mari souhaitaient désespérément une famille plus nombreuse, mais, mois après mois, elle avait constaté l'inanité de ses efforts. Elle s'en voulait. Elle manquait de confiance en elle. Elle se sentait seule et déprimée, la plupart du temps. Elle pleurait beaucoup. Elle souffrait de terribles maux de tête qui lui donnaient l'impression, me disait-elle, d'avoir été frappée derrière la tête avec une batte de base-ball. Enfin, elle souffrait régulièrement de maux d'estomac.

Voici où en était Nina lorsque je fis sa connaissance. Comme des milliers d'autres, elle voyait sa vie dans une ornière. Ainsi qu'elle le formulait, elle ressentait « que sa vie était vide, qu'elle se contentait d'exister, d'exister avec le reste du monde, qu'elle ne faisait que lutter, mais sans espoir de se sentir progresser... ». Au mieux, elle n'allait pas bien, et essayait juste de tenir. Au pire, elle était déprimée. Elle avait en effet dû lutter contre des épisodes dépressifs depuis des années.

Je suis presque sûre que la situation de Nina peut trouver un écho en vous. Vous êtes, vous aussi passé(e) par là : trop de stress, trop de choses à faire, plus assez de ressource. Comme elle, il vous est peut-être arrivé de vous sentir coincé, de vous demander si votre existence se résumait à un présent morne et vide.

Peut-être souhaitez-vous vivre quelque chose de mieux.

L'atelier de méditation

J'ai rencontré Nina parce qu'elle s'était portée volontaire pour participer à une de mes études, organisée par son employeur. En août 2005, Nina et tous les membres de son entreprise, ont reçu un courrier électronique leur annonçant que leur programme de bien-être parrainait un atelier de méditation de sept semaines afin d'aider les employés à gérer leur stress. L'atelier était même gratuit. Nina sauta sur cette opportunité.

Cet atelier gratuit faisait partie du programme de recherche conduit par mon équipe. Avec l'aide d'un de mes anciens doctorants, Michael Cohn, nous voulions tester ma théorie d'ouverture dans le cadre d'une expérience contrôlée. De manière aléatoire, nous avons demandé à un groupe de volontaires d'adopter une habitude quotidienne susceptible d'accroître leur pensée positive. Un autre groupe, dit de comparaison, continuait de vivre comme d'habitude. Les deux groupes remplissaient leurs questionnaires sur le Web. Nous voulions savoir si une forme particulière de méditation – spécifiquement conçue pour développer un état d'esprit positif sincère – était capable d'améliorer la vie des gens.

Nous avons collecté une quantité impressionnante de données auprès de Nina et de ses collègues. Pourtant, même perdues parmi ces monceaux de chiffres, ses réponses à elle se détachaient nettement des autres. Sa transformation était particulièrement stimulante – à tel point que lorsque l'étude prit fin, je lui écrivis et lui demandai un entretien. Je n'avais jamais fait une chose pareille. Je savais intimement que le fait de l'écouter me raconter son histoire en face à face aurait tellement plus de sens.

J'ai demandé à rencontrer Nina parce que je voulais partager son aventure avec vous. J'ai compris que ses mots à elle m'aideraient à mieux restituer ce qui est important pour vous, et les motifs pour lesquels vous seriez prêts à faire l'expérience de la psychologie positive dans votre propre vie.

En effet, la transformation de Nina pourrait bien préfigurer celle qui compte le plus pour vous : votre transformation.

Étant donné la situation de Nina, au début de notre enquête, il n'est pas surprenant d'apprendre que son ratio positif était sérieusement bas, de l'ordre de 1 pour 1. Nous avons vu qu'il s'agit du ratio typique des gens qui luttent contre la dépression. Heureusement pour elle – et complètement par hasard – Nina s'est retrouvée dans notre groupe expérimental. Elle était transportée à l'idée d'en faire partie. Cela signifiait qu'en plus de se contenter de rentrer des réponses sur son ordinateur, elle aurait à prendre part à un cours de méditation qui se tiendrait à l'heure du déjeuner, sur son lieu de travail.

Lors de la première session...

Elle avait pensé : « Bon, c'est idiot. » Une de ses collègues qui s'était rendue à cette première séance avec elle se montra plus cynique, lui disant, « Pour moi, c'est une heure de sieste gratuite ! ». Nina était plus ouverte. Elle exhorta sa collègue. « Il faut vraiment écouter ce que dit le professeur – vraiment écouter – et te laisser un petit peu aller, juste te laisser aller ». Son amie persista à voir la leçon comme une heure de sieste. Nina avait plutôt pensé : « Bon, peu importe. Je vais le faire, chacun fait ce qu'il veut. Je suis là pour moi. »
Le professeur de méditation de Nina était Sandra Finkel, diplômée de santé publique, avec une expérience de plus de vingt ans. Sandra leur avait présenté les rudiments de cette pratique et guidé les participants durant les sessions. Elle avait

également répondu à toutes les questions posées par Nina et les autres membres du groupe. Et pour les aider à organiser leur propre méditation quotidienne, elle avait donné à tous les participants un CD comportant des sessions enregistrées à suivre à la maison. Les médiations guidées duraient environ vingt minutes. Elles n'exigeaient pas un investissement énorme, mais Nina ne servait pas toujours du CD pour méditer. Elle trouvait trop abrupt ce mélange de silence et de paroles. Elle pratiquait toute seule, sur son air favori de musique relaxante. Les exercices de méditation enseignée dans ce cadre étaient différents de ceux que Nina avait pu expérimenter auparavant, dans la mesure où ils favorisaient les sentiments d'amour et de bienveillance. Elle découvrit que son corps se relaxait sous leur influence. Elle éprouvait un sentiment de douceur stimulante. Il lui semblait merveilleux de pouvoir atteindre cet endroit paisible en elle-même.

Avant de démarrer le programme, si en rentrant du travail elle retrouvait son mari assis dans le salon, elle avait coutume de lui demander comment il pouvait demeurer ainsi alors qu'il y avait tant à faire. Elle passait son temps à « courir comme une dératée », disait-elle.

Au cours de l'étude, Nina eut cette prise de conscience :

Vous savez, il y aura toujours des tâches ménagères en retard. Pourquoi devrais-je les faire maintenant ? Non, là, je vais m'asseoir et me relaxer, parce que j'adore la sensation de détente de mes jambes. Je me sens bien mieux physiquement, à présent. J'ai moins de maux de tête qu'avant. Je ne souffre plus de maux d'estomac. J'ai appris à me laisser aller... Ça fait un bien fou. Je ne savais jamais comment faire avant, et maintenant je peux vraiment lâcher prise.

Son expérience de la méditation fut l'équivalent d'un « retour à elle-même »

Ainsi décrivait-elle cette expérience. Mais elle en venait à reconnaître simultanément que la vie « ne tournait plus autour d'elle-même désormais ». Elle avait pris conscience que la vie consistait à travailler ensemble, à être en relation avec les autres : « Nous recherchons tous les mêmes choses » me confia-t-elle. « Tout le monde veut être heureux. Tout le monde veut être aimé. » Bien évidemment, la minute quotidienne consacrée à répondre à notre étude à la fin de sa journée de travail reflétait complètement ces changements émotionnels et ce nouveau regard sur la vie.

Peu à peu, tandis qu'elle avait commencé à méditer sur une base plus régulière, le ratio positif de Nina s'envola, et finit par monter à 6 pour 1. Nous fîmes une nouvelle vérification auprès de Nina, trois mois plus tard, pour voir quel impact ce surcroît positif avait sur sa vie. Ce n'était que bonnes nouvelles : elle se sentait à présent très rarement déprimée ou au bord des larmes. Elle ne souffrait plus de migraines ni de maux d'estomac.

En outre, bien au-delà d'une diminution significative de sa détresse et de sa douleur, Nina avait progressé. Elle se montrait bien plus optimiste et plus confiante qu'elle ne l'était, trois mois auparavant. Elle parvenait beacoup mieux à se concentrer sur ce qu'elle était en train de faire.,

> Confrontée à un revers,
> Nina rebondissait plus rapidement.
> Elle était devenue résiliente.

En l'espace de trois mois, Nina était véritablement passée de la déprime à un certain épanouissement personnel. C'est vrai, elle allait mieux sur le plan émotionnel et posait un regard bien positif sur la vie. Mais sa transformation ne s'arrêtait pas là. Sa nouvelle manière de voir stimulait le renouvellement de ses aspirations et le sens qu'elle donnait à sa vie. À présent, et pour la première fois, elle se vivait comme un membre important de sa communauté. Elle percevait sa contribution positive au monde.

Ces changements positifs apparaissaient très clairement dans ses réponses à l'enquête. Lorsque nous comparions celles de la fin du programme avec celles du début, communiquées trois mois plus tôt, il était évident pour nous qu'elle avait évolué de manière significative selon différents axes.

Lorsque nous terminons un protocole de ce type, nous avons coutume de demander aux participants de nous faire part de leurs observations.

Dans nos questionnaires finals, nous leur demandons de témoigner des changements observés les derniers mois.

Voici ce que Nina avait écrit :

J'ai une plus grande confiance en moi et en mon entourage. Je suis moins dure avec moi-même. Je suis capable de pardonner plus facilement qu'avant. Je suis moins dure ave les autres également. Il y a certaines choses que, désormais, je laisse passer sans m'alarmer, au lieu d'être perturbée toute la journée. Je suis capable de trouver la paix en moi-même, et de partager des pensées positives avec ceux qui m'entourent. Merci d'avoir mis en place cette étude sur mon lieu de travail. Je suis vraiment contente d'avoir eu l'opportunité d'y participer. Je sens que j'ai beaucoup appris au cours de cette session avec votre équipe. Je ne vais pas arrêter la méditation. Cela m'apporte un merveilleux et profond sentiment de calme et d'apaisement.

Nina reconnaissait et appréciait une grande partie des évolutions que nous avions nous-mêmes relevées. Et elle y accordait une valeur extrême. Dans notre enquête de suivi, elle qualifiait ces changements de significatifs et de « contagieux », affectant de nombreux aspects de son existence. Elle voyait sa transformation, à la fois, sous son aspect mental – influençant son image d'elle-même et des autres – et pratique, jouant sur sa manière d'agir et d'interagir au quotidien.
Lorsque nous avons pris des nouvelles de Nina, une année plus tard, elle nous rapporta que ces profonds changements avaient perduré. En fait, elle les considérait comme pérennes. Elle continuait à méditer régulièrement. Lorsque nous lui avons demandé pourquoi elle jugeait ces évolutions permanentes, voici ce qu'elle nous écrivit :

« Je sens que j'ai grandi spirituellement. Je me sens plus en paix avec moi-même. Je ne suis plus stressée comme je l'étais avant le début de l'étude. J'observe la personnalité des gens différemment et je suis plus en empathie avec eux. Mon mari et moi, avions essayé d'avoir un autre bébé pendant deux ans. À l'issue de l'étude, j'ai continué à méditer. Mes sentiments d'amour et de sympathie envers moi-même et le monde autour de moi n'ont pas cessé de se développer, et nous avons pu concevoir un enfant. Je suis convaincue que ce programme n'a pas seulement soutenu ma vie, il a également aidé mon âme à grandir. Je ressens tant d'affection pour ma famille et mes amis. J'apprécie mieux les petits riens de la vie aujourd'hui. Je suis attentive aux choses que la plupart des gens ne remarquent pas : la beauté d'un lever ou d'un coucher de soleil, la grâce d'un flocon de neige.

La méditation a eu un très grand impact sur mon cœur et ma vie. J'ai repris contact avec de vieux amis, j'ai pardonné à ceux qui m'avaient blessée et fait la paix avec eux. À présent, j'apprécie mieux ma vie avec mon mari, ma fille et mes jumeaux. J'envisage avec bonheur notre avenir familial, j'attends de voir mes enfants grandir et apprendre.
Paix et affectueuses pensées.
Nina. »

Pensée positive et fécondité

Je pleurai de joie en relatant à mon mari les efforts de Nina pour concevoir un enfant, et l'arrivée de ses jumeaux, fruits de sa pensée positive. Mon mari savait ce que son histoire signifiait pour moi. Des années auparavant, nous avions, lui et moi, dû batailler pour concevoir un enfant. En scientifique convaincue, j'avais adopté une démarche ultra-rationnelle de la conception. Je faisais des courbes de température. Je lisais des ouvrages consacrés à la fertilité. En adoptant cette méthode, j'étais passée, sur le plan émotionnel, par les mêmes montagnes russes que Nina. Chaque mois, le constat de mon échec à concevoir me laissait anéantie.
Et puis je fus frappée d'évidence. Si la pensée positive avait le pouvoir d'élargir et développer nos vies, nous nous y prenions mal. Je n'avais pas besoin des courbes de températures ni de retenir des données. J'avais juste besoin de cultiver cet amour et d'apprécier ma relation avec mon mari.

Les émotions positives modifient notre propre cocktail hormonal.

Avaient-elles le pouvoir de le changer assez pour rendre un ovule plus perméable à un spermatozoïde, en augmentant nos chances de concevoir ?

Le sentiment de communion que les émotions positives créent entre deux personnes avait-il une traduction physique qui puisse littéralement « construire » une nouvelle vie ?
Un jour, je ferai équipe avec un spécialiste de la conception pour tester concrètement cette hypothèse. Mais je n'allais pas attendre dix ans pour en vérifier la valeur, j'étais prête à en faire l'expérience dans ma propre vie. Après tout, je n'avais rien à perdre. Et, bien entendu, le mois précis au cours duquel mon mari et moi avons décidé de laisser tomber les chiffres et de nous replonger dans notre amour mutuel, nous avons pu concevoir.

Stress et infertilité

Je sais exactement quel jour chacun de mes fils a été conçu, à chaque fois, mon mari et moi étions embarqués sur les ailes de l'amour et en savourions chaque minute. Bien entendu, mon expérience ici ne présente aucune rigueur scientifique. Cependant, les spécialistes de la fécondité conseillent depuis déjà longtemps aux couples infertiles de réduire leur niveau de stress. Des piles d'études scientifiques suggèrent que le stress et le pessimisme réduisent les chances par une femme de concevoir. Mais suffit-il vraiment d'éliminer le négatif ? Il est bien possible que cela fasse toute la différence. Après tout, ma première approche de la fécondité n'était pas particulièrement négative. Mais pas particulièrement joyeuse non plus...
Avec mes deux adorables bébés nés grâce à la psychologie positive, je me suis retrouvée à conseiller des amis, confrontés aux mêmes problèmes, leur suggérant de cultiver joie et amour au contact de leur partenaire. Chacun d'entre eux a rapidement pu concevoir. Encore une fois, cela ne constitue pas une preuve scientifique. Peut-être ces couples auraient-ils conçu sans mon conseil avisé.

Lâcher prise

L'histoire de Nina illustre comment l'acceptation – c'est-à-dire l'ouverture – déclenche une spirale ascendante. Lorsque je l'ai interviewée un peu plus tard, elle me confia qu'avant le début de l'étude, elle avait essayé de tout contrôler. Et elle était très sévère avec elle-même lorsque les choses ne marchaient pas. « Lorsque cette période critique du mois revenait, je me retrouvais à pleurer dans la salle de bain. Je me disais c'est affreux. J'en revenais toujours à la question de ce que je n'avais pas bien fait ou mal fait. »
Sa participation à notre programme lui a permis de mieux se connaître. Elle me confia ce qu'elle s'était dit au moment où le protocole prenait fin, c'était le mois de novembre :
« J'ai juste décidé qu'il ne devait pas en être ainsi. Nous sommes voués à former une famille de trois, d'accord je lâche prise, je laisse filer... « Avec la méditation, j'ai une place où aller, où retrouver la paix... À la fin du mois de décembre, nous attendions un nouvel enfant ».
Au-delà du bonheur ressenti avec la naissance de ses jumeaux, Nina faisait état des changements déterminants intervenus dans sa vie professionnelle.

Changements positifs d'ordre professionnel

Au travail, elle avait pris l'habitude d'éviter certains appels, soit parce que le problème était trop difficile à résoudre, soit parce que la personne impliquée la poussait dans ses derniers retranchements. Toute sa vie elle était demeurée « la timide ». Mais à l'issue de l'étude, elle se mit à accepter des appels plus éprouvants et s'ouvrir davantage aux problèmes ardus et aux gens difficiles.
Désormais, elle parle de plus en plus aux gens et se rend plus présente.
Au lieu de se connecter de loin aux ordinateurs de ses collègues, elle va les rencontrer et s'assoit à leur bureau. Elle

se connecte avec une personne, pas seulement avec une machine. C'est totalement nouveau pour elle.

> « Je venais voir mes collègues en coup de vent en leur disant : " bon, c'est réparé, j'ai fini. " Maintenant, je prends le temps. Je rencontre beaucoup plus les gens que je ne le faisais auparavant. »

Nina se sentait aussi plus proche des membres de sa famille

Bien sûr, il y avait toujours entre eux des désaccords mais elle avait appris à se montrer moins réactive et autocentrée. Elle se sentait plus à même de voir les choses de leur point de vue. Elle avait même sauvé une amitié brisée avec une femme qu'elle connaissait depuis toujours, et qui avait été demoiselle d'honneur à son mariage. Neuf ans plus tôt, elles avaient eu, un jour, on ne sait comment une terrible dispute, et avaient cesser de se parler. Elle précisa : « C'était presque comme si elle était morte » mais peu de temps après le début du programme, sa vieille amie lui avait envoyé un courriel.

Dans un premier temps, Nina eut des doutes. Devant un café, elle me raconta sa première réaction à l'initiative de son amie :

« Mais pourquoi me recontacte-t-elle ? Je croyais qu'elle était morte ! » Au début, je me sentais très réticente en raison de ce qui s'était passé si longtemps auparavant. Puis je me suis dit : « Tu sais quoi, tu vas la rencontrer. Si cela ne doit pas se faire, si nous n'avons plus rien à nous dire, eh bien ! On le saura. Oh mon Dieu ! Ça a été génial ! Je suis allée au rendez-vous et toutes les deux, on a pleuré sur l'aire de stationnement !

Nous avions plein de choses en commun. Elle a trois enfants, j'en ai trois. Et on a renoué l'une avec l'autre. C'est presque comme si nous avions grandi l'une et l'autre, chacune de son côté. Je me suis sentie soulagée et capable de lui tendre la main. Je regrette de ne pas avoir eu ces outils plus tôt à ma disposition. Peut-être n'aurions-nous pas passé neuf ans sans nous voir. Mais, c'est une autre conséquence de cette étude. J'ai retrouvé ma grande amie ! Je suis tellement contente que nous nous soyons retrouvées. »

Comme les réponses de Nina laissaient entendre que ce programme lui avait permis de mieux cerner ses buts dans la vie, je lui ai demandé de m'en dire plus.

Comment s'était-elle formulée cet objectif ? Elle marqua une pause. Puis calmement, elle me répondit : « J'ai tenté de répandre l'amour, de répandre la paix. J'essaie de réconforter les gens. » Qu'il s'agisse de la caissière de l'épicerie, des clients au travail, de sa famille ou de ses amis, Nina avait des choses à dire sur la manière dont elle se rapprochait des autres à travers des rencontres ordinaires et essayait de leur remonter le moral, de les aider, même de la façon la plus anodine.

Grâce à ce programme, elle essaie désormais de vivre chaque jour de sa vie avec optimisme, de vivre le moment présent. « Je

crois très sincèrement que ces méditations ont eu une influence décisive sur ma vie. J'ai grandi spirituellement. Je me sens plus en paix. Je crois que c'est ainsi que l'on développe son cœur – en se sentant plus en paix.
J'aimerais que les guerres cessent, mais les gens ont besoin d'éprouver cette paix en eux-mêmes avant de pouvoir la partager avec les autres. »

Il est pour moi gratifiant,
au-delà des mots,
de recevoir un tel témoignage,
d'apprendre qu'en ayant
recours aux outils
que nous lui avions donné
pour accroître
sa pensée positive,
Nina a transformé sa vie.

Nina a évolué, en passant d'un état de déprime attristant à un exaltant épanouissement. Elle s'est accrochée, a investi son temps et son énergie dans la pensée positive. Et ses efforts ont été magnifiquement récompensés.
En l'espace de trois mois, elle a littéralement changé de vie, devenant un phare lumineux pour les autres. Sa métamorphose ne fut rien moins qu'époustouflante.
Si vous ressemblez à la majorité des gens, vous pouvez vous représenter le sentiment de vide qu'éprouvait Nina au début de notre enquête. Vous pouvez comprendre son stress, ses luttes, ses impasses, ce sentiment de stagnation et de déclin.

Peut-être êtes-vous aux prises avec de telles épreuves, avançant avec le flot de la vie, mais sans vous sentir vraiment vivant.

Que peut-on penser de l'histoire de Nina ?

À présent, imaginez votre propre histoire, dans trois mois. Supposez que, comme Nina, vous décidiez de faire l'expérience de la psychologie positive. Imaginez que vous vous engagiez à modifier votre routine quotidienne de manière à y semer plus de joie, plus de sérénité, et plus d'amour.

La méditation n'est pas le seul moyen. De nombreux chemins vous mèneront au même résultat. Pour tout dire, la deuxième partie de ce livre vous propose des douzaines de stratégies pour améliorer votre ratio positif.

> Supposez que, durant les trois prochains mois, vous tentiez l'expérience ? Dans quelle mesure votre destin évoluera-t-il comme celui de Nina ?

En quoi sera-t-il unique ? Comment pourriez-vous vous inspirer de la métamorphose de Nina pour réaliser vers votre propre métamorphose ?

L'histoire de Nina est d'autant plus stimulante qu'elle ne représente qu'une personne parmi des quantités d'autres que nous avons aidées. Comme Nina, des centaines d'individus ont pris part à nos études de développement positif, des hommes et des femmes jonglant avec des exigences professionnelles et familiales, certains plus jeunes, d'autres plus âgés, certains en retirant de grands bénéfices, d'autres moins, certains investissant autant, voire plus de temps qu'elle dans l'apprentissage de la pensée positive, d'autres beaucoup moins. Mais les réussites sont légions.

L'ÉTUDE DE L'« OUVERTURE DU CŒUR »

Les 200 collègues de Nina se portèrent volontaires pour la même enquête à grande échelle. Et bien qu'au tout début, elle ait été présentée comme une enquête sur le lien établi entre la pratique de la méditation et la réduction du stress, nous en sommes arrivés à la baptiser l'étude de l'« ouverture du cœur ». En l'occurrence, nous n'avons pas opéré comme des chirurgiens, mais à l'aide des instruments de la psychologie positive. À partir des données que nous avons collectées sur le lieu de travail de Nina, nous avons appris que notre intervention « non chirurgicale » était une manière extrêmement efficace et probante de déclencher des changements de vie positifs.

L'analyse de ces données à grande échelle

Cette enquête nous a réservé bien des moments « Eureka ! » où nous trouvions confirmation de nos hypothèses. Nous avions, depuis des années déjà, la preuve que la psychologie positive et le développement personnel allaient de pair, mais nos données passées ne nous permettaient pas de corréler causes et effets. Pour y parvenir, nous avions besoin d'une expérience de terrain – une étude d'intervention dans laquelle un groupe de sujets recevrait de façon aléatoire des influx positifs tandis qu'un autre en serait privé. J'insiste sur l'importance de l'affectation aléatoire. Sans cela, nous ne pourrions savoir dans quelle mesure

certains traits de caractère de nos sujets voyant augmenter leur pensée positive, entrent en jeu dans leurs bons résultats.
Il est possible que les gens qui démarrent une pratique méditative sont plus consciencieux, ou d'esprit plus curieux que ceux qui s'en abstiennent. Peut-être sont-ils plus enclins à la spiritualité. En affectant des sujets à ces groupes de façon aléatoire, nous sommes sûrs que ces différences initiales sont éliminées – c'est-à-dire que chaque groupe se compose d'une même proportion de profils différents.
La méthode aléatoire est un point clé de l'objectivité des études scientifiques. Avec elle, les chances qu'un taux plus élevé de pensée positive soit à l'origine de ces bons résultats grimpent en flèche.
Un des autres moyens à notre disposition pour valider les conclusions d'une telle enquête est de collecter des monceaux de données.

VÉCU

Comme vous le savez à présent, je suis une droguée des chiffres. Là où une autre épouse demanderait à son mari : « Chéri, comment te sens-tu aujourd'hui ? », lorsque je veux savoir à quel point mon mari se sent mal, je lui demande simplement « De zéro à dix ? ». Il s'agit d'une échelle de mesure éprouvée développée par les chercheurs depuis bien longtemps : zéro signifiant l'absence de souffrance, et dix, la pire souffrance que vous ayez jamais ressentie. Dans ce contexte, le chiffre six m'en dit plus qu'un « Pas trop bien » marmonné de manière inaudible.

Ainsi, Nina et tous les autres employés qui prenaient part à notre étude, étaient invités à communiquer chaque jour des informations quantifiées sur leurs émotions, via une échelle de mesure que je vous présenterai au chapitre 8. Ils répondaient aussi à de plus longues enquêtes évaluant l'étendue de leurs ressources personnelles – de celles sur lesquelles nous pouvons nous appuyer pour gérer les hauts et les bas de la vie quotidienne.

Grâce à ces échelles de mesure, nous avons en quelque sorte conservé un instantané de la situation dans laquelle se trouvait chaque sujet, au début de l'expérience. Quelques semaines après la fin de l'atelier de méditation, avec ces mêmes outils de mesure, nous avons pris un autre instantané, afin d'évaluer à quel point les gens avaient évolué, au cours des trois mois qu'avait duré l'étude.
Nous avons également recherché un « plan rapproché » des résultats, afin de saisir dans les moindres détails ce que chacun avait éprouvé au cours d'une journée de travail ordinaire. Nous avons procédé ici avec un outil de mesure appelé « méthode de reconstruction journalière ». (Je vous décrirai tout ceci, plus en détail, au chapitre 8.

Dans ce cadre, Nina et les autres participants devaient diviser leur journée en une série d'épisodes - un peu comme les scènes d'un film - dont la durée type allait de dix minutes à deux heures.
Un premier épisode pouvait s'intituler « rester au lit avant de se lever : vingt minutes » ; un second, « être prêt pour la journée : trente minutes », être suivi par « prendre le petit-déjeuner en famille : vingt minutes », puis « se rendre au travail : vingt-cinq minutes ».
Pour chacun de ces épisodes, nous demandions aux gens de répondre à une série de questions standard, comme par exemple : « Que faisiez-vous ? Agissiez-vous en interaction avec quelqu'un d'autre ? Que ressentiez-vous ? »

Les effets de la méditation

La collecte de toutes ces données nous permit de vérifier une hypothèse bien spécifique de chaîne causale d'événements.

> Nous avions prédit que la pratique de ce type de méditation en ouverture du cœur entraînerait davantage d'émotions positives quotidiennes chez nos sujets.

Ensuite, nous avons prédit que toute hausse de sentiment positif se traduirait par un épanouissement individuel – une construction d'acquis supplémentaires.
Et pour finir, nous avons posé comme hypothèse que le développement des ressources personnelles (les acquis) jouerait un rôle et permettrait à nos sujets de vivre une vie plus épanouissante et de réduire les signes de dépression.

En testant cette hypothèse – celle d'une réaction en chaîne psychologique – nous testions la validité de la deuxième caractéristique de la pensée positive, qui est de transformer nos vies pour le meilleur. J'appelle cette transformation « l'effet de construction des acquis ».
Bien que nous ayons anticipé ces résultats, je suis toujours impressionnée par la convergence des données avec l'hypothèse de départ. Je continue à me demander si tout cela est bien vrai. Le travail de mon équipe consiste à poursuivre les tests dans cette direction, en approfondissant différents aspects de la vie des participants.

Nous continuons également à imaginer et mettre en œuvre des études faisant jouer toutes les occasions de démentir cette théorie. Aucune n'y est parvenue. **Jusqu'ici, les chiffres persistent à nous raconter l'histoire de Nina.**

Une augmentation des ressources personnelles

Nina et ses collègues de travail volontaires se sont donc lancés dans la pratique de cette nouvelle forme de méditation.
En moyenne, ils ont passé chaque semaine, quatre-vingts à quatre-vingt-dix minutes de leur temps libre, soit à écouter notre méditation guidée, soit à la pratiquer de façon autonome.
Petit à petit, cette pratique leur a ouvert le cœur. Le changement fut subtil. Et il fut long à apparaître. Toujours en moyenne, les candidats ne firent pas état d'une amélioration notable de leurs émotions positives avant la troisième semaine de protocole.

Cependant, la pensée positive continuait à progresser de façon constante tout au long de l'étude. Je reste fascinée par ce modèle de changement. Tout d'abord, il se distingue de ce qu'on attendrait d'un effet placebo, qui tend à se montrer massif et immédiat. Deuxièmement, il nous laisse entendre que des changements, même petits, dans notre régime quotidien – s'ils s'inscrivent dans la durée – peuvent transformer nos vies. Nous avons appris que toutes les formes de psychologie positive avaient tendance à progresser de façon constante.

Bien que la méditation elle-même ait été focalisée sur le sentiment d'amour, les bénéfices de la psychologie positive n'étaient pas limités à ce sentiment.

> Nous avons constaté le même mouvement ascendant pour la joie, la reconnaissance, la sérénité, la curiosité, l'espoir, la fierté, l'amusement, le respect et l'amour.

Chose intrigante, nous n'avons pas remarqué la moindre évolution dans les réactions des participants concernant leur niveau de pessimisme. Celui-ci ne montait ni ne décroissait de façon significative. Ainsi cette intervention d'ouverture du cœur semblait-elle influencer la pensée positive de façon chirurgicale, en la faisant progresser de manière unilatérale.
Il s'agit ici d'une importante découverte. Les scientifiques enquêtant sur les émotions se demandent souvent si les effets corrélés à une hausse d'optimisme ne découlent pas seulement d'une baisse du pessimisme. N'ayant observé dans cette étude, aucune évolution des taux de pessimisme, nous pourrions raisonnablement en écarter l'hypothèse.

La pensée positive augmente avec le temps

Si vous n'êtes pas encore séduit par le cocktail particulier de recherche scientifique et de psychologie positive que je vous propose, voilà qui pourrait vous convaincre. Il s'agit d'un fait que nous n'aurions jamais mis en évidence, si nous n'avions pas demandé à Nina et ses collègues d'évaluer leurs émotions jour après jour, sur notre échelle numérique de cinq points.
Sur cette base, nous avons pu examiner la relation entre la quantité de temps consacrée chaque semaine à la méditation et l'accroissement du niveau d'optimisme de nos sujets. En l'espace de quelque neuf semaines seulement, cette relation « dose-effets » a tout bonnement triplé.

Pour reprendre cette analogie avec le temps, les sujets de notre étude sont devenus de plus en plus performants pour extraire la quintessence du fruit que constituait leur temps hebdomadaire de méditation – ici : le bien-être, la joie.

Cette découverte est particulièrement fascinante dans la mesure où par le passé, les chercheurs ont constaté qu'une grande partie des modifications émotionnelles que nous éprouvons ne sont pas pérennes : que l'on gagne à la loterie ou que l'on devienne paraplégique, il y a de fortes chances pour que notre vie émotionnelle redevienne terriblement vite identique à ce qu'elle était avant qu'un événement heureux (ou malheureux) n'intervienne. C'est-à-dire que les gens s'adaptent.

L'effet de surplace hédonique

Les gros changements émotionnels s'évaporent assez vite. Les scientifiques ont baptisé ce phénomène : « l'effet de surplace hédonique* ». C'est comme si vous marchiez sur un tapis roulant : vous pouvez constater une amélioration de votre bien-être, alors qu'en réalité, vous restez à l'endroit où vous étiez auparavant. Ce

*L'effet de surplace hédonique agit comme une autorégulation au plaisir et au bien-être. Une fois l'effet agréable passé, on s'habitue à une nouvelle situation et on se remet à chercher toujours plus de bonheur, de bien-être. Il semblerait également que notre seuil de bonheur individuel fonctionne un peu comme un thermostat, un régulateur qui, une fois le feu d'artifice passé, ramène notre perception à la normale, quelle que soit la situation. NDLT.

que les données de notre étude suggèrent est que le rythme lent et constant d'accroissement positif neutralise concrètement cet effet de surplace.

Comme si nous sortions du tapis roulant pour retrouver une véritable marche en avant qui nous fait progresser à chaque pas. La clé réside probablement dans le caractère à la fois routinier et changeant de cette pratique. Les gens peuvent y revenir volontairement maintes fois, mais ce faisant, ils ne retrouvent ou ne font jamais exactement la même chose. Ils ont le choix entre approfondir leur pratique, se lancer de nouveaux défis ou l'adapter à leurs besoins du moment.

La fraîcheur que la méditation apporte régénère tant et plus la pensée positive.

Méditation et pensée positive

Les comptes rendus émotionnels quotidiens que nous obtenions de Nina et ses collègues ont révélé que cette pratique méditative insufflait plus d'optimisme dans la vie des gens et qu'une pratique continue renforçait le bienfait reçu, comparé au temps consacré. Lorsque nous avons encore resséré le cadre de l'étude et demandé aux participants de nous communiquer un compte rendu épisode par épisode de leurs émotions, à l'échelle d'une matinée particulière, nous avons affiné nos résultats.

Lorsque nous avons analysé les quelques 900 épisodes collectivement décrits par Nina et ses collègues, nous avons découvert que la quantité de temps imparti à leur pratique de méditation, dans les trois mois qui avaient précédé ce relevé, continuait à être prédictif de leur niveau d'optimisme. Et ce n'était pas dû au fait que les gens aient ou non médité précisément le matin où nous avions effectué ces relevés, en fait, peu d'entre eux en avaient eu le temps. Bien certainement, leur pensée positive était plus élevée au cours de ces méditations et elle était plus élevée durant toute la matinée.

Cependant, même en prenant en compte ces variables particulières du jour J, ceux parmi nos sujets qui avaient consacré du temps à la méditation au cours des trois mois précédents, étaient plus positifs que tous ceux qui n'y avaient consacré que peu de temps, voire pas du tout.

Ainsi, même lors d'une matinée ordinaire, deux semaines environ, après la fin de notre atelier de méditation, ils allaient mieux sur le plan émotionnel. Voici à quel point ce changement de style de vie se révèle pérenne et décisif. À l'image d'une gélule à libération différée, celui-ci continue à produire de la pensée positive, même quand les gens ne méditent pas quotidiennement.

Nous nous sommes interrogés : à quel moment exactement les gens récoltaient-ils les bienfaits de la méditation ?

Que faisaient-ils à ce moment-là ? Nous savions déjà que la pensée positive se manifeste plus particulièrement en situation d'interaction avec les autres. Étant donné l'objectif initial d'améliorer la relation sociale à travers ces ateliers, nous nous sommes demandés si ces hausses d'émotions positives étaient ressenties en toutes circonstances ou seulement lorsque les sujets étaient en relation. Dans les deux cas la méditation générait plus d'optimisme, que les gens soient seuls ou au contact des autres, mais ses effets étaient particulièrement importants au cours de leurs interactions sociales. La méditation fait apparaître le meilleur en vous-même et chez les autres. Et, à tout le moins, vous aide à apprécier plus pleinement leur compagnie.

Ouvrir sa vie, c'est la construire

Après avoir établi que le fait d'entamer une pratique de méditation stimule véritablement le régime quotidien de pensée positive, mes étudiants et moi-même, nous nous sommes penchés sur les chiffres en nous posant la question que tous les chercheurs aiment à poser.

« Et alors ? » Que peut changer ce surcroît positif à la vie des gens ?

Nous avons donc observé en quoi les sujets de notre étude avaient pu changer au cours des trois mois d'enquête. Et, alors que je trouve stupéfiante la transformation de Nina, je trouve plus remarquable encore la stabilité des acquis que la pratique de la méditation entraîne. Le même schéma de développement personnel s'est révélé chez les collègues de Nina : une hausse lente et continue de pensée positive – suscitée par la pratique de la méditation – a conduit les gens à s'épanouir. Après avoir appris les rudiments de la méditation, ils avaient plus de ressources à leur disposition que trois mois auparavant.

Nous avons également pu mettre en évidence leurs progrès à travers une vaste gamme de ressources intérieures, concernant **quatre domaines distincts de fonctionnement.**

1. **Tout d'abord, les participants sont devenus plus aptes à vivre leur vie présente** et à savourer les bons moments à venir.
2. **Ils ont développé les ressources psychologiques leur permettant de mieux s'accepter eux-mêmes,** et trouvent beaucoup plus de sens à leurs vies.
3. **Ils ont acquis un meilleur réseau relationnel en nouant des liens sociaux à la fois plus profonds et plus confiants,** en bénéficiant plus du soutien de leurs proches.
4. Leurs forces physiques ont augmenté : ils sont en bonne santé.

Nous avons alors reposé notre question : « et alors ? »

Que pouvaient bien apporter tous ces progrès à notre panel témoin ? Eh bien, beaucoup de choses. Ces gens considéraient désormais que leur vie était plus satisfaisante et plus épanouissante, et ressentaient moins de syndromes dépressifs. N'oubliez pas que tous ces bienfaits provenaient initialement d'une pratique hebdomadaire de 80 à 90 minutes de méditation en ouverture de cœur.

> Plus remarquable encore, nous pouvions statistiquement constater que tous les bienfaits dus à la méditation étaient provoqués par un surcroît de pensée positive. Elle en était l'ingrédient actif, le moteur.

Autrement dit, si la méditation n'avait pas éveillé la pensée positive, elle n'aurait rien construit. Si les collègues de Nina avaient dormi au cours de leur séance de méditation, sans rien ressentir, celle-ci ne leur aurait été d'aucun bienfait.
La vie des participants n'évoluait qu'en fonction d'un surcroît de pensée positive. La bonne nouvelle ici, est que vous pouvez savoir si votre vie emprunte oui ou non la bonne route, si elle suit ou non un schéma de développement. Pour le dire simplement, si votre cœur est mû par une énergie positive, vous êtes dans la bonne direction. Vous vous construisez une vie meilleure.

QU'Y GAGNEZ-VOUS ?

Quels effets peuvent donc découler pour vous de cette vie meilleure ? Qu'est-ce qui se construit là ? Dans le cadre universitaire, j'ai recours au terme de « ressources » pour décrire ce que l'on gagne, ce qui en découle, ce qui se construit. J'entends par là : vos réserves, celles où vous pourrez puiser plus tard, lorsque vous aurez à faire face à des défis, des revers ou des opportunités nouvelles. Ces ressources intérieures représentent les instruments de votre boîte à outils, les forces dont vous disposez. Elles peuvent vous aider à grandir psychologiquement, mentalement, socialement et physiquement.

La pensée positive construit vos forces psychiques

On s'interroge beaucoup aujourd'hui sur le caractère. D'où vient-il ? Est-ce qu'on naît avec ? Vous a-t-il été transmis par vos parents ou par votre éducation ? L'inconvénient théorique de ce débat est qu'il suppose que vos atouts sont immuables, gravés dans la pierre. Et pourtant, étant donné la nature en perpétuelle évolution de nos cœurs et de nos esprits, je crois plus raisonnable de réfléchir en terme d'« habitudes mentales ». Alors que certaines peuvent nous suivre toute la vie, d'autres se modifient avec le temps.

Représentez-vous en train de modifier une de ces habitudes. Je parie que vous imaginerez devoir déployer des efforts concertés délibérés. Autrement dit, vous mettrez en place une sorte de protocole pour transformer votre mauvaise habitude en une bonne habitude. Or, elles peuvent également se modifier de façon incidente, sans effort, sans réflexion au préalable ni plan concerté.

Vos habitudes mentales peuvent se modifier en fonction d'une accumulation de pensée positive ou négative dans votre vie.

Revenons à la transformation de Nina

Toute sa vie, elle a été timide. Elle manquait de confiance en elle. Elle mettait l'accent sur ses échecs. Elle avait à peine le sentiment d'exister. À présent, c'est elle qui va au-devant des autres, et accepte de se charger des missions difficiles. Désormais, les difficultés n'ont pas de prise sur elle.

Pour la première fois, sa vie prend un sens. La pensée positive a construit en elle ces forces psychologiques. Elle n'a pas eu à suivre un stage d'affirmation de soi, ni des cours de résilience – elle est simplement devenue plus ouverte. Et au fil du temps, cette nouvelle ouverture a transformé ses conditions d'existence.

J'ai pu constater ce schéma de développement, bien des fois, dans mes données scientifiques. Les gens qui font l'expérience dans leur vie de sentiments positifs plus forts se développent psychologiquement. Ils deviennent plus optimistes, plus résilients, plus ouverts, et plus aptes à accepter les choses comme elles viennent. Ils sont également plus motivés.

Pourtant, notre étude de « l'ouverture du cœur » confirme que la flèche causale s'exerce aussi dans l'autre sens. La pensée positive peut générer toutes ces qualités, en chacun de nous.

VÉCU

Posez-vous ces questions ?

- Qu'en est-il de vos habitudes mentales ?
- Combien de fois vous retrouvez-vous en train d'accomplir une chose tout en pensant à une autre ?
- Vous arrive-t-il d'être si absorbé dans vos réflexions que vous ne parvenez plus à apprécier la beauté de la nature qui vous entoure, le rire de vos enfants ou l'odeur appétissante qui vient de la cuisine où votre conjoint est en train de préparer le dîner ?

Nous savons, à travers les recherches présentées dans ce chapitre, que la pensée positive nous permet de profiter davantage du moment présent et d'apprécier plus notre environnement.

La psychologie positive crée de bonnes habitudes mentales

Avec l'« étude de l'ouverture du cœur », nous savons aussi que la psychologie positive peut générer des habitudes mentales d'ouverture qui perdurent. Pour ainsi dire, lorsque nos participants cultivaient ces moments de disponibilité au monde à travers la méditation, ils élevaient, en même temps, leur ratio quotidien d'émotion positive.

En revenant trois mois en arrière, nous avons constaté que les participants avaient des habitudes mentales plus ouvertes et plus libres. Ils étaient devenus plus attentifs à leur environnement et plus attentionnés. Les participants étaient même devenus capables d'envisager différentes manières d'atteindre leurs objectifs. Ils pouvaient trouver de multiples passerelles pour résoudre leurs problèmes. Ces changements ne reflétaient pas simplement les effets momentanés de la psychologie positive, mais constituaient des changements durables de leur fonctionnement mental. Au fil du temps, et sur la base d'expériences répétées, la pensée positive peut créer en vous ces mêmes évolutions.

La psychologie positive étoffe vos relations sociales

L'ouverture que crée la psychologie positive comporte certaines implications interpersonnelles surprenantes. D'abord et avant tout, elle diffuse de l'énergie à votre entourage et contribue dans une large mesure à votre force d'attraction. Elle est également contagieuse.
En partageant votre joie, vous ranimez celle des autres – un phénomène propre à forger des liens sociaux durables. Plus vous partagez votre état d'esprit positif et sincère avec les autres, plus vos liens se renforcent. Cela s'est vérifié pour Nina. Après avoir participé à notre étude, elle a amélioré ses relations avec ses clients, sa famille, ses amis et même avec des étrangers.

Soyez dans la gratitude

La gratitude est une émotion qui illustre très bien cela. Tandis qu'elle ouvre votre cœur, la reconnaissance crée la nécessité de faire quelque chose de bienveillant pour la personne qui vous rend service. Les scientifiques ont étudié attentivement les effets en amont de l'expression de la reconnaissance. Les résultats montrent que lorsque nous témoignons de la gratitude – à travers les mots, un acte gentil ou un cadeau – nous intensifions nos liens amicaux. Ainsi, la reconnaissance dont se témoigne un couple en s'échangeant un présent attentionné pour la Saint-Valentin peut présager de la durée de leur relation amoureuse. Lorsque des colocataires, étudiants à l'université, expriment leur gratitude les uns pour les autres, leur amitié en sort renforcée.

La bonne humeur, c'est bon pour le couple

Même dans le cadre de relations conjugales de longue durée, l'influence de la psychologie positive est énorme. Les études scientifiques montrent que des moments partagés de rire et de bonne humeur approfondissent encore la relation et la rendent plus satisfaisante.
D'autres travaux révèlent que des couples se montrant particulièrement positifs l'un envers l'autre constituent une importante réserve d'énergie psychique où ils sauront puiser pour faire face, par la suite, aux inévitables difficultés qui se présenteront. Statistiquement, ces couples sont bien moins susceptibles de divorcer.

En montrant votre optimisme aux autres – que ce soit par la gaîté, la bonté, ou la franchise de votre sourire – vous transmettez l'injonction : « Construisons quelque chose ensemble ».

Et qu'il s'agisse d'établir un lien temporaire ou durable, ces liens viennent attester de votre présence au monde.

La pensée positive est bonne pour la santé

Considérez votre santé physique. Bien qu'il soit facile de voir que le fait d'être en meilleure santé peut être une cause de joie

– ou, à l'inverse, que tomber malade n'est pas bon pour notre moral – les scientifiques se mettent à établir des rapports entre optimisme et bonne santé.

Rappelez-vous les maux de tête et d'estomac de Nina ? Lorsqu'elle a fini par apprendre comment se relaxer profondément grâce à ses pensées positives, ses maux ont disparu. Nous avons pu constater les mêmes améliorations chez ses collègues de notre étude de l'« ouverture du cœur ». C'est en augmentant leur pensée positive quotidienne que les participants ont vu leur santé s'améliorer. Leurs maux de gorge, leurs nausées, ou même leur acné ont diminué.

Il ne s'agit pas là que d'un phénomène de perception. La psychologie positive est désormais corrélée à des marqueurs biologiques de santé solides et objectifs. Par exemple, l'état d'esprit positif des sujets dépend des niveaux d'hormones de stress, et des niveaux plus élevés d'hormones de croissance et d'attachement. Les émotions positives sécrètent également plus de dopamine et d'opioïdes, renforçant ainsi le fonctionnement du système immunitaire et diminuant les réponses cellulaires inflammatoires au stress. Grâce aux émotions positives, vous « baignez » littéralement dans un « bain » biochimique très différent.

Il n'est donc peut-être pas surprenant que la pensée positive induise une pression artérielle basse, de moindres bobos et rhumes, et améliore la qualité de votre sommeil. Les individus, manifestant un haut degré d'optimisme, ont un moindre risque de souffrir d'une maladie chronique. Ils sont moins susceptibles d'être atteints d'hypertension, de diabète, ou d'avoir un AVC.

> Les scientifiques ont déjà confirmé que nourrir des pensées positives est le présage d'une vie plus longue.

Révéler ses conséquences sur notre santé, c'est aussi commencer à raconter l'histoire de tous les changements que la psychologie positive entraîne.

EN CONCLUSION

J'imagine que vous subissez depuis des années des discours de marketing bien rodés, vous assurant que tel produit ou service allait changer votre vie. Moi, c'est mon cas. Et, si vous êtes comme moi, tout ce déploiement d'efforts pour influencer le choix du consommateur me semble parfaitement cynique. On en vient à ne plus accorder le moindre crédit à des affirmations aussi racoleuses.
Pourquoi y croire ? Où réside la preuve de ce changement ?
Je suis une scientifique et non une commerciale. Je choisis mes mots avec grand soin. Mes affirmations trouvent leur fondement dans la recherche et l'expérience. Cela fait plus de vingt ans que je travaille sur ce sujet, et que je peaufine mes expressions afin de ne pas tomber dans l'exagération.

Mais de mon point de vue, grâce à l'expertise des plus récentes preuves scientifiques, je peux l'affirmer sans luxe de précaution : **la psychologie positive peut changer votre vie.**

Le récit de Nina concernant sa propre transformation est fascinant. Certains d'entre vous n'auront pas besoin d'en savoir plus pour avoir envie de tenter l'expérience de la pensée positive.

Mais il ne s'agit que d'une personne. Peut-être n'êtes-vous pas du tout comme elle. Ou bien, vous en avez assez des témoignages. Si vous êtes dans ce cas, peut-être êtes-vous comme moi rassuré par les données chiffrées. C'est bien ce qu'offre cette étude de l'« ouverture du cœur » : plus de cent récits d'évolution personnelle numériquement classés avec une rigueur toute scientifique. Les résultats confirment que lorsque les gens augmentent leur régime quotidien de pensée positive, ils changent de vie.
Certains d'entre vous auront besoin de ce type de preuve pour en accepter l'augure, et s'en inspirer pour cultiver plus de pensées positives dans leur vie.

Dans les deux cas, vous savez que les résultats ne sont ni le fruit du hasard, ni un fait isolé. Ils sont prévisibles et s'inscrivent dans un large spectre. Notre vie est une tapisserie complexe faite de nos forces psychologiques, de nos habitudes mentales, de nos relations sociales, de notre condition physique, et plus encore. En l'espace de trois mois, la pensée positive peut faire évoluer ces différents aspects de votre personnalité dans une belle synchronie.

À un niveau plus profond, elle peut même changer votre être. Et ces modifications peuvent faire de votre vie une expérience d'autant plus enrichissante. Telle est la deuxième vérité profonde liée à la psychologie positive : elle nous transforme et nous améliore.

Et mieux,
vous vous sentez,
mieux vous êtes capable
d'affronter les défis de la vie.

Les épreuves sont inévitables et elles ne disparaîtront pas parce que vous élevez votre ratio positif. Mais elles peuvent devenir plus faciles à aborder. C'est l'objet du prochain chapitre.

6. LA RÉSILIENCE **FACE AUX DÉFIS DE LA VIE**

Pour émettre de la lumière,
il faut savoir en endurer la brûlure.

Victor Frankl

Tout le monde rencontre des épreuves. Et lorsqu'elles se présentent, nous sommes nombreux à nous effondrer ou à les ressasser, quand d'autres arrivent à rebondir et les surmonter. Vous est-il arrivé de vous demander ce qui les différencie ? D'après mes recherches, la pensée positive serait le secret le mieux gardé de ceux qui, contre toute attente, ne cessent de se réinventer face aux difficultés.
J'ai grandi en entendant les gens dire que chacun se souvenait de l'endroit où il se trouvait le jour où John Fitzgerald Kennedy a été assassiné. Tel n'était pas mon cas : à ce moment-là, j'étais seulement en train de passer de l'état d'embryon à celui de fœtus. Pour beaucoup d'Américains aujourd'hui, la date du 11 septembre joue le même rôle repère dans la mémoire collective que le jour de l'assassinat de Kennedy.

LE 11 SEPTEMBRE 2001

J'étais alors chez ma sœur à Minneapolis, j'avais pris l'avion, la nuit précédente pour pouvoir assister aux funérailles de mon cousin qui venait de mourir après avoir mené une longue bataille contre le cancer. Sa mort m'affectait beaucoup. Nous avions à peu près le même âge. Il était marié et père de deux jeunes enfants. C'était également un scientifique et un professeur. Étrangement, nous avions juste commencé à mieux nous connaître et à échanger des idées sur nos projets de recherche respectifs, à la faveur de rassemblements familiaux. La dernière fois que je l'avais vu, il m'avait donné quelques pistes intéressantes dans son propre domaine (la kinésiologie) qui entraient en résonance avec mon propre travail. C'était un homme généreux et il allait me manquer.

Et donc ce matin-là, alors que nous nous préparions à la cérémonie qui était prévue à midi, ma sœur reçoit un coup de fil de son mari en route vers son travail lui intimant d'allumer son poste de télévision. Ce que nous faisons. La première tour avait été touchée. Déjà affaiblis par notre propre chagrin, nous nous effondrons sur le canapé, en proie au désarroi. S'agissait-il d'un accident ? – nous demandions-nous alors. Puis la seconde tour est frappée. Il ne s'agissait pas d'un accident. En un battement de cil, tout ce qui faisait de mon monde un lieu sûr fut remis en cause.
Tandis que nous nous rendions vers le lieu des funérailles, à plusieurs agglomérations de là, ma sœur et moi étions anesthésiées. Cependant, au moment où j'entrai dans l'église pour cette cérémonie de deuil, je commençai à ressentir du réconfort. Le monde allait perdurer. Les gens continueraient à se rassembler autour de la disparition d'un être cher, à se réconforter les uns les autres, à se donner et recevoir de l'amour, en dépit du chagrin et du désarroi qu'engendrent les tragédies à plus grande échelle.

Mon cœur se tourna vers les deux jeunes fils de mon cousin. Si mon propre monde se trouvait menacé par l'ombre du terrorisme, je ne pouvais qu'imaginer la profondeur de leur sentiment d'insécurité. Nous allumons la radio sur le chemin qui nous menait de l'église au cimetière et apprenons que tous les vols avaient été annulés jusqu'à nouvel ordre. Mon cœur vacilla. J'étais censée rentrer en avion et retrouver ma propre famille le soir même. Tandis que nous marchions vers le lieu de sépulture, les cieux restaient étrangement silencieux. Bien qu'entourée de parents proches, je me sentais isolée. Je devais trouver un moyen de rentrer à la maison. Il me tardait de tenir mon bébé dans mes bras et de sentir l'étreinte réconfortante de mon mari.

De nombreuses heures pénibles s'écoulèrent. J'appelai tous les loueurs de voitures de la région mais aucun n'acceptait de location en aller simple. J'appelai finalement l'Amtrak (l'équivalent de la SNCF, Ndt.) et j'obtins le dernier billet du train du 12 septembre en partance de Minneapolis pour Ann Arbor. Avec le changement à Chicago, j'en avais pour 17 heures de train, mais cela en valait la peine !

Le train du 12 septembre était rempli de passagers qui n'avaient pu prendre leur avion. Et ce jour-là, ces inconnus se sont mis à converser. Les gens parlaient de leur expérience personnelle et immédiate du 11 septembre, s'inquiétaient pour leurs amis et les membres de leur famille travaillant dans les Twin Towers.

Tout le monde semblait en lien avec New York. Tous les cœurs étaient empreints d'une tendresse particulière, mêlée d'empathie, de vulnérabilité et de bien d'autres sentiments encore. Je confiais mes soucis pour des amis depuis longtemps perdus de vue à l'homme qui était assis en face de moi. À quoi allaient ressembler les États-Unis désormais ? Qu'est-ce que cela allait nous faire de prendre l'avion, la prochaine fois ? Au bout de longues heures de conversations amicales, il me demanda si je pensais que les gens seraient encore les

mêmes, après cela. Je réfléchis un moment. J'entendais le bourdonnement des conversations et des communications tout autour de nous dans le train.
De temps à autre, un éclat de rire fusait, quelque part dans le wagon. « Vous entendez ? », demandai-je à mon compagnon de route. « Les gens sont en train de rire. Je crois qu'ils sont d'ores et déjà les mêmes. »

À SAVOIR

Quand la psychologie emprunte à la physique

Le concept de résilience est emprunté à la physique : il est défini par le Petit Larousse comme la « caractéristique mécanique qui définit la résistance aux chocs d'un matériau ». Est considéré comme résilient ce qui présente une résistance aux chocs. Nombreux sont les objets actuels dits résilients (comme les matelas, les barres d'appui). Cette métaphore s'applique parfaitement aux situations extrêmes vécues par les individus ayant traversé des épreuves dramatiques de la vie. On doit son introduction en France à S. Vanistendael, B. Cyrulnik et S. Tomkiewicz.

Blessés, certes, mais toujours les mêmes

Les moments difficiles donnent presque inévitablement lieu au pessimisme. S'il n'est pas contrôlé, l'état d'esprit limité qui le caractérise peut vous entraîner dans une spirale négative et vous vider littéralement de votre force de vie. Car, même si des forces invisibles vous affaiblissent, vous pouvez choisir une voie différente. Il vous est possible de mettre un frein à ces énergies peu constructives, de reprendre pied.
La clé est de découvrir votre propre source intime de pensée positive. Elle peut desserrer les nœuds qui vous enserrent et

libérer votre regard. Ouvrir votre cœur et votre esprit à un plus large éventail d'opportunités. Et ce faisant, vous remettre dans l'orbite d'une énergie bienfaisante, sur une trajectoire positive dont le faisceau peut traverser les moments sombres, et vous conduire sur un terrain plus élevé, vous laissant plus fort que vous ne l'avez jamais été. Oui, nous pouvons tous faire preuve d'une surprenante résilience. Cela fait partie de nos attributs initiaux en tant qu'être humain.

Nous pouvons plier sans rompre. Et rebondir, au moment où nous le soupçonnons le moins.

La bonne nouvelle, c'est que nous possédons d'ores et déjà les ressources pour nous rétablir – des réserves inconnues, qui puisent à la source intime de notre psychologie. En vous aidant à retrouver l'espoir, les moments de joie, d'amour, de gratitude et d'inspiration vous débarrasseront des entraves du pessimisme et freineront ses élans funestes.
La pensée positive est bien au cœur de la résilience humaine.

UNE SCIENCE DE L'ADVERSITÉ

Je revins à Ann Arbor autour de minuit, ce 12 septembre 2001. Après avoir passé un jour ou deux à serrer contre moi mes enfants et mon mari, je retournai au travail. J'étais en congé sabbatique, et j'étais complètement plongée dans un travail d'écriture consacré à ce que je connais le mieux : les émotions positives. Les choses n'allaient pas de soi. J'étais rongée par le doute. Je m'interrogeais : « qui va désormais s'intéresser à cela ? » Je pensais sincèrement que la recherche scientifique en matière de psychologie positive n'avait plus vraiment sa place en cette nouvelle ère de terrorisme. Je remettais en question pour la première fois la pertinence du travail auquel j'avais consacré ma vie. Ma mission semblait se résumer au traitement d'un monceau de mots et de chiffres, terne et dépourvu de sens.

Au bout d'une journée à broyer du noir, je pris finalement conscience que ce pessimisme soudain à propos de mes recherches était un signe de dépression. Comme la plupart des Américains, je me sentais complètement dévastée par les événements survenus et par cette tragédie du 11 septembre. Comme je pouvais m'y attendre, ma détresse à la fois personnelle et collective était en train de m'entraîner dans des abîmes de désespoir.

C'est alors que je me suis souvenue de ces gens qui riaient dans le train, lors de mon trajet de retour quelques jours plus tôt. Leurs rires étaient-ils pertinents ? Tout mon travail passé en était la preuve. Les données issues des études que j'avais publiées suggéraient en effet que la pensée positive pouvait être une ligne de conduite – une manière de surmonter l'adversité. Je repris mes esprits, et commençai à me demander comment tester au mieux l'idée suivante : *même à présent*, au cœur de cette tragédie nationale, les émotions positives gardaient toute leur valeur. Je recouvris instantanément mon énergie. Et soudain, l'idée jaillit. Nous venions précisément de terminer une vaste étude où nous avions mesuré le niveau de résilience affichée par plus d'une centaine d'étudiants à l'université, à partir d'une simple enquête.

Peut-être pouvions-nous étudier la résilience à l'épreuve du 11 septembre ?

Il fallait retrouver tous ces étudiants et examiner si leur faculté de résilience passée allait préfigurer leurs comportements

à l'aune du traumatisme du 11 septembre ? Et si, tel était le cas, les émotions positives jouaient-elles un rôle clé dans leur capacité à la surmonter ? Il ne nous fallut que quelques jours pour obtenir tous les accords nécessaires pour reprendre contact avec ces étudiants. Nous les invitâmes alors à répondre à une nouvelle enquête.
Nous avions estimé leurs chances de se montrer résilients sur la base d'une étude menée par Jack Block, un pionnier de la recherche en psychologie à l'université de Berkeley et son étudiant chercheur d'alors, Adam Kremen.
Avec des affirmations telles que « J'aime goûter à des aliments que je ne connais pas », « J'aime essayer de nouveaux trajets pour gagner un endroit familier », ou encore « La plupart des gens que je rencontre sont sympathiques », il est difficile de discerner, à première vue, les signes annonciateurs d'une personnalité résiliente. Or, au cours de sa longue carrière, Jack Block avait amassé une montagne de données – récoltées sur une cinquantaine d'années – faisant état de la manière dont tout un chacun se débrouillait avec les hauts et les bas, les tours et détours de l'existence. Certains s'effondraient à la suite d'une épreuve, tandis que d'autres reprenaient le dessus.

Une échelle de l'« ego » résilient

À quel style de personnalité correspondaient ces conduites ? Quelles ressources intérieures permettaient de prédire la capacité de tel ou tel à rebondir face aux difficultés de la vie et à assumer des exigences toujours changeantes ? C'est en s'attachant à trouver des réponses que Block et Kremen avaient rassemblé la quintessence de leur savoir pour proposer une échelle de l'« ego résilient » en quatorze points. C'est de cet outil dont nous nous sommes servis pour prédire et déterminer quels sujets avaient un style de personnalité propre à rebondir après une épreuve. Nous ne savions pas à l'avance si ces étudiants allaient réellement faire preuve de résilience. Nous cherchions à savoir s'ils feraient preuve de résilience – et plus précisément, de quelle manière, ils le feraient. Lorsque nous reprîmes contact avec les sujets que nous avions testés à l'échelle de Block et Kremen, nous leur avons posé tout un tas de questions.

- Nous leur avons demandé de nous décrire la situation la plus stressante qu'ils aient connue depuis le 11 septembre et qui soit, peu ou prou, en lien avec l'événement.
- Nous leur avons aussi demandé combien de fois ils avaient éprouvé tel ou tel sentiment, positif ou négatif.
- Nous avons également mesuré leurs forces psychologiques, à savoir leur optimisme, leur tranquillité, et leur niveau de satisfaction dans la vie.
- Nous leur avons enfin demandé de faire état de tout symptôme dépressif ressenti dans les jours qui avaient suivi le 11 septembre.

Ces étudiants résidaient tous à Ann Arbor, dans le Michigan, bien à l'abri du lieu de *Ground Zero*. En dépit de cela, et comme la plupart des Américains, ils ont ressenti un stress considérable après les attentats. Ils s'inquiétaient pour leurs amis ou leur famille vivant ou travaillant à New York ou à Washington. Ils redoutaient de futures attaques terroristes et l'éventualité d'un conflit. Certains avaient peur de prendre l'avion. D'autres, d'assister à un match de football. Or, le stade du Michigan est le plus grand terrain de sport à ciel ouvert des États-Unis. Les jours de match, il est toujours rempli à sa pleine capacité, et peut accueillir jusqu'à 110 000 supporteurs. Certains d'entre eux craignaient que leur « Grande Maison » ne devienne une parfaite cible pour les terroristes. À ces occasions, des dizaines d'avions publicitaires volent autour du stade, ainsi que des dirigeables. Cette année-là, tous les vols de ce type ont été interdits.

Nous avons beaucoup appris de nos étudiants sur le fonctionnement de la résilience. Ceux qui avaient obtenu un score élevé dans la première enquête, laissant donc supposer un style de personnalité résiliente, ont effectivement fait preuve de cette aptitude psychologique à s'en sortir. Ils se sont remis plus vite que ceux dont les scores étaient bas, au cours de la première enquête. Après le 11 septembre, le sentiment de dépression était la norme. Mais ceux ayant une personnalité résiliente présentaient moins de symptômes de dépression. Ils en sont même ressortis plus forts sous certains aspects : par comparaison avec leurs réponses d'avant le 11 septembre, ils se montraient même plus optimistes, plus tranquilles et plus satisfaits de leur existence.

Clairement, les sujets dotés d'une personnalité résiliente s'en sortaient mieux que les autres.

Mais entre ces deux profils, la différence la plus cruciale, cependant, restait la psychologie positive. Elle était le secret de leur succès. Ce mécanisme expliquait pourquoi leurs symptômes dépressifs étaient moindres et pourquoi ils allaient mieux.

En bref, nous avions mis en évidence qu'optimisme et résilience n'allaient pas l'un sans l'autre. Sans pensée positive, pas de rebond possible.

À première vue, vous seriez en droit de vous demander : « Mais de quoi pouvaient-ils bien se réjouir, ces gens-là ? Faisaient-ils la politique de l'autruche ? ». Voilà une bonne question. Et si les gens qui s'en sortaient étaient dans le déni ? Ou ne se souciaient égoïstement que de leur bien-être ? Si tel était le cas, la résilience se ferait au prix de la vérité et de la compassion.

Nos résultats laissaient penser le contraire. En fait, ceux dont les personnalités étaient plus ou moins résilientes firent états de stress identiques, consécutifs au 11 septembre. D'après les sondages effectués à cette période, tout le monde éprouvait de la colère, de la tristesse et de l'effroi. Les participants à notre enquête ne disaient pas autre chose. Que leur taux de résilience soit bas ou élevé, que leurs réponses émotionnelles soient positives ou négatives, tous manifestaient leur solidarité pour ceux qui étaient frappés et leur compassion outrepassait toutes leurs autres émotions : la colère, la tristesse et la peur.

Ceux qui se remettaient de tout cela n'étaient ni dans le déni, ni dans l'égoïsme

Comme chacun d'entre nous, les profils-types résilents étaient en proie au pessimisme et envahis par la compassion. Mais ils éprouvaient également des émotions positives, conjuguées à leurs soucis et leurs peines.

> Peut-être qu'à l'image de mes compagnons de voyage dans mon train, ces étudiants résilients ressentaient-ils de la joie, de l'amour et de la gratitude dans le fait de communier avec les autres.

Peut-être étaient-ils émus et impressionnés par l'ampleur du sentiment de solidarité et de compassion qui régnait tant au niveau local que sur la planète tout entière. Peut-être éprouvaient-ils une profonde curiosité pour ce qu'il allait advenir après cet événement, et avaient foi en l'avenir, en dépit de la sombre réalité de ces temps difficiles.

Quelle qu'en soit la source, leurs pensées positives faisaient alors toute la différence. Leur optimisme a fait obstacle à la spirale négative de la dépression et les a placés sur la voie de la plénitude de vie.

Stress et résilience

Dans les années qui ont suivi la publication de ces résultats, d'autres chercheurs ont testé de façon indépendante notre hypothèse de la psychologie positive comme ingrédient actif de la résilience.

Alors que nous avions testé de jeunes adultes, une autre étude importante s'est penchée sur des sujets de plus de soixante ans. Nous avions suivi un groupe à l'issue d'une crise nationale majeure, ces enquêtes s'attachaient, elles, au comportement de personnes face à l'adversité, allant des petites contrariétés quotidiennes à des événements dramatiques comme la perte d'un conjoint.

L'une après l'autre, ces études ont confirmé ce que nous avions trouvé : les gens qui se remettent de situations difficiles témoignent d'une complexité émotionnelle supérieure lorsqu'ils sont placés face à une situation de stress.

Lorsque vous êtes stressé, vos pensées positives disparaissent-elles ? Dans la majorité des cas, oui. Sauf pour ceux qui obtiennent des scores élevés de résilience. Au lieu de se laisser aller à la délectation morose, ces gens conservent leurs émotions positives qui sont plus complexes parce qu'elles sont à égalité avec leurs pensées négatives. Ils ne sont pas dans le déni du négatif, mais ils ne s'y complaisent pas non plus.

Tout comme nous l'avons observé au cours de notre étude post-11 septembre, cette capacité à puiser dans sa propre réserve d'optimisme crée la différence entre une réaction au stress qui va aller en s'amplifiant et durer et celle qui se dissipe plus rapidement. Ainsi, que vous soyez jeune, déjà vieux ou dans la force de l'âge, la pensée positive semble bien demeurer votre meilleur allié face aux épreuves. C'est d'elle dont vous avez besoin pour renverser le cours d'une attraction négative et être en mesure de vous projeter dans l'avenir.

LE « CŒUR » DE LA RÉSILIENCE

Il est temps de se rapprocher de notre sujet et de faire un gros plan sur le « cœur » de la résilience. Et je ne prends pas le mot à la légère, mais littéralement. Comment réagissent physiquement les cœurs de sujets plus ou moins résilients lorsqu'ils sont soumis à un stress ?
Au sein de notre laboratoire, mes étudiants et moi-même avons étudié de près les mécanismes souterrains de la résilience en examinant les corrélations entre les hauts et les bas émotionnels de nos sujets et leur pression sanguine. Ce n'est pas une surprise, votre tension monte lorsque vous éprouvez de l'anxiété. Ce qui, en revanche, est surprenant, est que vous disposez d'une « touche secrète de réinitialisation » en cas de pics émotionnels, qui n'est autre que vos propres émotions positives. Ces sentiments agréables non seulement dissipent nos ressentis négatifs mais apaisent notre cœur, et ramènent rapidement à la normale notre taux de pression sanguine.

Les émotions positives apaisent notre cœur

Voici comment nous l'avons découvert. Des volontaires se rendaient à mon laboratoire pour participer à une étude sur les émotions et les réactions cardiovasculaires associées. Ils s'installaient sur une chaise confortable tandis que mes étudiants leur posaient de minuscules capteurs cutanés, de manière à saisir seconde par seconde, les changements intervenus dans leur fréquence cardiaque, leur tension, et le resserrement de leurs vaisseaux sanguins. Une fois les participants accoutumés à cette situation quelque peu inhabituelle, nous prenions leurs mesures cardiovasculaires au repos pendant quelques minutes. Nous cherchions à savoir comment le cœur de chaque personne fonctionnait lorsqu'elle ne ressentait rien de particulier.

Puis, nous demandions à ces volontaires de préparer un discours sur le thème : « Pourquoi je suis un ami de qualité… ». Pour aggraver le stress que nous exercions, nous leur précisions que nous allions filmer leur intervention en vidéo et qu'elle serait évaluée par les autres participants. Comme vous pouvez l'imaginer, cette injonction de prise de parole surprise en public rendait les gens anxieux. Absolument tous. Et nous avons pleinement atteint notre but ! D'après les informations recueillies plus tard grâce à la vérification des mesures cardiovasculaires, leur rythme cardiaque montait en flèche. Leur pression sanguine grimpait. Veines et artères rétrécissaient.

Ayant rendu les participants anxieux et sous pression, nous pouvions commencer la véritable expérience au niveau comportemental

À ce point-ci de stress, on proposa à nos participants de se concentrer plus sur une courte vidéo que sur la préparation du discours. Nous leur attribuâmes au hasard quatre films différents. Les deux premiers étaient d'ordres positifs : l'un évoquait la sérénité d'un rivage océanique et l'autre, l'amusement, montrant un chiot en train de jouer avec une fleur. Le troisième était de tonalité négative, figurant la tristesse d'un jeune garçon pleurant la mort d'un être cher. Le dernier était neutre, sous forme d'un économiseur d'écran d'ordinateur bien daté, montrant une combinaison abstraite de bâtonnets colorés. Il est intéressant de noter ici que les deux petits films « positifs » utilisés dans cette expérience étaient

empreints d'une douceur extraordinaire. Lorsqu'ils étaient visionnés dans des conditions « normales » – c'est-à-dire par des sujets non anxieux à l'idée de prononcer un prochain discours – ils ne provoquaient aucun changement dans les rythmes cardiovasculaires enregistrés par nos soins.
Vous devez aussi savoir que nous avions prévenu nos participants à l'avance que si « par hasard », on leur montrait une vidéo, cela signifiait que le hasard numérique de l'étude les exemptait de prononcer leur discours. Autrement dit, dès le lancement de la vidéo, ils se savaient libérés de l'épée de Damoclès suspendue au-dessus de leur tête depuis le début de l'expérience. À cet instant précis, nous pouvions commencer à enregistrer les effets de la psychologie positive.
Nous cherchions à déterminer au bout de combien de secondes le rythme cardiovasculaire de chacun retournait à sa fréquence individuelle normale. Certains cœurs, nous l'apprîmes à cette occasion, s'apaisaient en quelques secondes alors que d'autres mettaient plus d'une minute à retrouver leur rythme de base. Là encore, la pensée positive était la variable cruciale. Les participants sélectionnés au hasard pour visionner un des deux films agréables – les vagues de l'océan ou le chiot s'amusant – faisaient preuve d'une restauration plus rapide du rythme cardiovasculaire. Ceux amenés à visionner les deux autres films mettaient plus de temps pour y parvenir.
Je vois dans ce phénomène « l'effet réparateur » des émotions positives qui peuvent apaiser ou « réparer » les effets cardiovasculaires induits par le négatif. Votre « touche secrète de réinitialisation », la voici.
Il vous est difficile d'empêcher votre cœur de battre plus vite et plus fort lorsque vous affrontez une situation stressante ou déprimante. Mais, grâce à la pensée positive, vous pouvez retrouver un rythme cardiaque apaisé.
Souvenez-vous également que les films gais auxquels nous avons eu recours ne provoquaient pas l'ombre d'une modification du rythme cardiaque ou de la pression sanguine

dans des conditions normales de visionnage. Et donc, même si les émotions positives peuvent avoir un effet neutre sur votre cœur, elles peuvent aussi réparer ses divagations négatives.

> À ce niveau physiologique, la pensée positive vous dote des moyens de rebondir, à la fois corporellement et émotionnellement.

Sachant qu'une réactivité cardiaque prolongée au stress peut dégénérer en pathologie, cet effet réparateur constitue possiblement un point clé des bienfaits de la psychologie positive sur notre santé. Nous savons que lorsque le niveau de stress augmente, certains d'entre nous sont plus enclins que les autres à auto-générer de la pensée positive.
Dans l'étude du 11 septembre, les sujets dotés d'un type de personnalité résiliente ont fait le plus d'observations positives. C'est ce qui les a aidés à se projeter à nouveau dans l'avenir.

Nous avons cherché à savoir si la capacité à rebondir de ces profils résilients se traduisait également sur un plan physiologique

L'une de mes anciennes doctorantes, Michele Tugade a soulevé cette question dans sa thèse. Michele invita des gens dotés de profils plus ou moins résilients à venir dans notre laboratoire pour les tester un par un. Faisant appel au même système de mesures cardiovasculaires associées à la simulation d'un stress, elle faisait grimper le niveau d'anxiété puis suspendait brusquement la menace imaginaire. Nous relevions ensuite en

secondes le temps qu'il avait fallu à chaque participant pour revenir à un rythme cardiaque et vasculaire normal.
Et cette fois-ci, il y avait bien une différence spécifique parmi les sujets présentant le temps de rémission le plus rapide. Il s'agissait de ceux qui avaient obtenu les plus hauts scores au test de Block et Kremen. C'étaient aussi ceux qui se montraient les plus optimistes en arrivant au laboratoire. Ils nous confièrent même plus tard que, bien qu'angoissés à la perspective de parler en public, ils y avaient vu un effet stimulant, un défi intéressant. De nouveau, le rôle des sentiments positifs s'avérait déterminant. Ces sujets recouvraient vite leur calme dans la mesure où ils faisaient preuve d'un optimisme supérieur à la moyenne. En enquêtant au « cœur » de la résilience, nous avons observé que les individus dotés d'une personnalité résiliente sont en effet émotionnellement réactifs. Ils ne sont pas d'imperturbables robots déconnectés et plongés dans un déni de réalité.

Lorsque les circonstances se modifient brusquement dans le bon sens, les personnalités résilientes sont plus rapides à s'en relever. Ils lâchent prise.

La pensée positive les rend plus souples. Mieux que les autres, les personnalités résilientes profitent de son effet réparateur. Ils rebondissent – même à un niveau physiologique profond. La pensée positive est bien leur touche secrète de réinitialisation.

L'ESPRIT DE LA RÉSILIENCE

Un autre de mes anciens doctorants, Christian Waugh, est allé encore plus loin dans l'étude des effets internes de la résilience. Dans sa thèse, Christian s'est servi d'une technique d'imagerie cérébrale dite « à résonance magnétique », au service d'une expérience très intelligemment conçue. Son but était d'ouvrir une nouvelle brèche dans la compréhension des variations de niveau de résilience individuelle.
Depuis lors, ses découvertes ont fait grande impression dans les congrès de neurosciences. Elles mettent un coup de projecteur sur le mode de fonctionnement mental bien spécifique qui sous-tend la capacité à se remettre des épreuves de la vie.

La méthode de recherche mise en place

Elle consistait à faire savoir aux participants qu'ils pouvaient être exposés à des images pénibles – une menace modérée – et à enregistrer progressivement leurs réactions au cours de l'expérience. La menace se présentait sous la forme d'un simple signal visuel – soit un cercle, soit un triangle. Les participants comprirent qu'un des symboles signalait qu'une prochaine image serait ou non de nature choquante – comme la vue d'une victime de brûlures ou celle de toilettes répugnantes. C'était le cas environ une fois sur deux. Le reste du temps, ce même symbole était suivi d'une image complètement inoffensive, une chaise ou un interrupteur. Le deuxième symbole, quant à lui, signalait la venue d'images neutres. C'est ainsi qu'une simple forme géométrique – disons, le triangle – signifiait « menace », tandis qu'une autre – le cercle – voulait dire « sécurité ». L'objectif de Christian était d'examiner le niveau de résilience avant, pendant et après l'anticipation de l'événement négatif.

Le « portrait cérébral » de la résilience

On peut remarquer trois phénomènes.

1. D'abord, tout comme Michele Tugade avait démontré que les personnes dotées de profils résilients bénéficiaient d'un temps de rémission cardiovasculaire plus court en situation d'anticipation négative, Christian mit en évidence **la rémission plus rapide des résilients**, notamment à l'examen de l'insula, une zone cervicale liée aux états émotionnels conscients.
2. Ensuite, durant la phase des signaux visuels, au moment où les participants visualisaient le cercle ou le triangle, les **profils résilients manifestaient une moindre activité cérébrale dans la région dite du cortex orbito-frontal –** une zone que les scientifiques ont reliée au sentiment d'inquiétude.

En clair, plus vous vous inquiétez plus vos neurones s'enflamment.

3. Enfin, les scanners cérébraux de Christian semblaient montrer que **plus les gens se paniquaient face à une image négative, plus ils mettaient de temps à apprécier, qu'en fait, ils l'avaient échappé belle.** Pour ceux dont les profils étaient résilients, une moindre inquiétude signifiait une rémission rapide.

En matière d'activité cérébrale, telles étaient les différences les plus convaincantes entre les sujets dotés d'une personnalité résiliente et les autres. Un autre aspect frappant était l'absence de différences dans l'activité cérébrale des deux groupes. Par exemple, aucune différence d'activité neuronale n'était constatée à la vue des images choquantes. Comme dans nos études précédentes, chacun des participants était tout aussi

affecté par des événements négatifs factuels. Rien ne suggère ici que la résilience s'accompagne d'un désengagement émotionnel. Au contraire, la résilience s'accompagne d'une remarquable agilité émotionnelle.
En matière d'imagerie cérébrale, les résultats de l'étude de Christian éclairent sous un nouvel angle les habitudes mentales des sujets résilients. Ce portrait cérébral de la résilience entre en résonance avec le tableau comportemental qui a émergé au fil de décennies de recherche.

> En étudiant leur modèle de circulation sanguine cérébrale, confrontées à une menace, les personnalités résilientes s'inquiètent moins et sont plus rapides à recouvrer leurs forces.

La force du moment présent l'emporte chez les résilients sur les inquiétudes de l'avenir

Dans les deux cas, les profils résilients sont émotionnellement en mouvement. Ils réagissent à ce qui se produit maintenant, et non aux « Et-si... » les personnes résilientes ne perdent pas leur énergie à s'inquiéter pour l'avenir. Au contraire, elles adoptent l'attitude du *wait-and-see* (« attendons et voyons »). Elles sont également rapides à faire la différence entre le bien et le mal. Elles ne généralisent ni ne surréagissent aux faits. Elles réduisent leur angoisse ne pensant pas l'avance avec inquiétude et obsession aux conséquences des événements. Elles se concentrent, au contraire, sur la réalité du moment

présent. Ces fonctionnements mentaux sont généralement ceux de la méditation en pleine conscience, une forme de conscience en ouverture, attachée au moment présent et doublée d'une attitude exempte de préjugés.
Dans le chapitre 4, j'ai montré comment l'esprit d'ouverture et la pensée positive se nourrissent l'une l'autre, chacun entraînant l'autre dans une dynamique ascendante. Nous découvrons ici que l'esprit d'ouverture et la résilience vont de pair. Plus que les autres, les individus résilients se servent de ces facultés-là ; c'est ce qui leur permet de prendre de la hauteur, d'apprécier l'instant présent, de prendre la vie du bon côté et trouver du bon dans le mauvais.

COMMENT DÉVELOPPER SA CAPACITÉ DE RÉSILIENCE ?

Vous êtes inquiet de ne pas faire partie de ces heureux élus qui sont résilients de naissance ? Halte là ! Vous êtes en mesure de développer vous-même votre capacité de résilience. Peut-être avez-vous déjà deviné comment. En augmentant votre ratio positif. La résilience est une ressource intérieure qui augmente avec le temps. Les émotions positives fertilisent cette faculté de résilience.
Ces conclusions proviennent en partie d'une étude au cours de laquelle nous avons mesuré le niveau de résilience d'un groupe de sujets au début, puis un mois plus tard, à la fin de l'expérience. Entre-temps, nous avons étudié de très près les hauts et les bas de leur palette d'émotions. Là encore, nous avons remarqué que ceux qui obtenaient de hauts scores sur l'échelle de Block et Kemeny manifestaient un taux plus élevé d'émotions positives. En outre, plus les sujets éprouvaient d'émotions positives, plus leur niveau de résilience augmentait au cours du mois.

Oui, on peut développer sa capacité à être résilient

Nous avons donc soumis cette idée à l'épreuve du laboratoire. Nous avons, de nouveau, fait appel à ce test redouté de la prise de parole en public tandis que nous analysions les modifications induites, instant par instant, sur le rythme cardiaque et la pression sanguine des candidats. Cette fois-ci, nous avons testé ce qui arriverait si nous croisions les résultats des sujets résilients avec ceux dont les scores à l'enquête Block et Kremen étaient bas et dont le style de personnalité était faiblement résilient.
Nous avons demandé à un groupe de participants sélectionnés de manière aléatoire, de se motiver sur l'épreuve de prise de parole en public, en leur présentant cette tâche comme un défi à remporter sur eux-mêmes. Nous pensions qu'en présentant les choses ainsi, les gens allaient naturellement puiser dans leurs émotions positives. Pour les autres sujets, on se contenta de faire monter leur anxiété, comme d'habitude.

Il s'avéra que motiver des participants qui se montraient par ailleurs peu résilients faisait toute la différence. La suggestion de se montrer plus souple face à l'adversité suffit, en effet à les rendre plus positifs. Et ces seules émotions positives parvenaient à calmer la hausse de leur rythme cardiaque et leur pression sanguine. Je m'appuierai sur l'histoire d'une de mes anciennes étudiantes, Julie Treynor.

Le témoignage de Julie

Après avoir décroché son doctorat, Julie fut confrontée à un marché de l'emploi que n'était pas en phase avec ses talents. Et comme si être au chômage après avoir passé plusieurs années de sa vie à faire de la recherche scientifique n'était pas suffisant, elle eut un cancer.
Au début de l'année 2006, je repris contact avec elle lors d'une rencontre scientifique annuelle à laquelle nous assistions

toutes les deux. Elle semblait fragilisée et peu confiante dans ce que lui réservait l'avenir. Je connaissais ses qualités de chercheuse. Elle surpassait la plupart de ses pairs par son talent de réflexion et d'écriture. Elle méritait tellement de vivre et de travailler dans le domaine qu'elle avait choisi. Touchée parce qu'elle traversait et soucieuse de sa santé et de son moral, je lui prodiguai quelques conseils.

Durant l'été 2006, la semaine même où j'entreprenais le plan de ce chapitre, je reçus une lettre de Julie.

Après m'avoir informée qu'elle avait finalement trouvé un poste, elle m'écrivit :

« J'ai beaucoup réfléchi à ce que vous m'avez dit – à propos du ratio positif à maintenir par rapport à nos émotions négatives… et j'ai activement appliqué le principe. Depuis que je vous ai vue, j'ai pratiqué le yoga tous les jours, la marche matin et soir, et des séances de natation. Mon bien-être est monté en flèche, mon humeur est assez constamment joyeuse et sereine (même quand les choses deviennent rudes). Et, mieux encore, je sens que je me réalise, que je m'épanouis. Je sens que ma vie prospère. Je vous remercie, vous et tous les chercheurs qui m'avez soutenue jusqu'ici, que ce soit grâce à leurs connaissances ou leur soutien amical… Je me sens si vivante, Barbara ; j'aimerais que vous me voyiez, à présent. Vous seriez si fière de moi ! J'ai très hâte de vous rencontrer et de vous parler de ma nouvelle et merveilleuse vie !
Merci pour toute votre affection et votre aide.
Julie »

Lors du congrès de l'année suivante (début 2007), j'eus enfin l'opportunité de la rencontrer. Sa transformation était incroyable. Julie, que je connaissais depuis longtemps comme une jeune femme exceptionnellement brillante, quoique sobre et attentionnée – était absolument lumineuse. le charisme qu'elle dégageait était palpable. Elle souriait fréquemment, de manière sincère et spontanée. Elle me parla de son nouveau travail. Dans les faits, il ne s'agissait pas pour elle du poste idéal. Mais elle en appréciait ses meilleurs aspects. La différence entre la Julie que j'avais connue et celle qui était assise en face de moi à cette table de petit-déjeuner tenait à ses efforts pour cultiver son état d'esprit positif. Pendant des années, elle avait ignoré son côté créatif.
Désormais, les soirs et en fin de semaine, outre les joies physiques du yoga, de la natation et de la marche, elle apprenait l'écriture de scénario, chantait dans une chorale, et écrivait un livre (à paraître prochainement) sur ce qu'elle avait appris de la vie et de l'amour à travers son expérience du cancer dont elle avait complètement guéri. Elle avait pris le parti de la pensée positive, et le résultat était exceptionnel.

Comme vous pouvez l'imaginer, la profonde transformation de Julie m'alla droit au cœur. Consciente des difficultés qu'elle avait eues à affronter, je jubilais. Elle s'épanouissait, mieux armée pour rebondir « même quand les choses devenaient rudes. » Tout comme Nina et les autres participants à l'« étude de l'ouverture du cœur », les efforts de Julie pour ressentir plus de joie, de sérénité, d'inspiration et de fierté dans sa vie quotidienne l'aidaient à grandir, et à changer pour le meilleur. Et, tout comme Nina, Julie avait découvert un nouveau sens à sa vie. Elle a fondé *Healing Consulting (Une démarche pour se soigner),* un projet liant son expérience scientifique et personnelle afin d'en faire profiter les autres. À travers ce cheminement, Julie en est venue à considérer les émotions positives autonomes comme une forme d'amour de soi, et elle a

développé sa propre théorie pour expliquer comment les gens peuvent ainsi atteindre une plénitude de vie. Comme tous ceux dont la vie s'épanouit de façon authentique, Julie se consacre désormais à aider les autres.
Je me sens honorée de savoir que l'approche scientifique de la pensée positive que je transmets autour de moi aide vraiment ceux qui me sont chers, quand ils en ont le plus besoin.

ET SI ON PARLAIT DE MOI...

La vie m'était douce lorsque je commençai à écrire ce chapitre. J'affrontais les hauts et bas habituels liés au fait de jongler entre carrière et jeunes enfants (mes fils sont à présent âgés de quatre et sept ans), mais rien de bien sérieux.
Et puis, tandis que je travaillais à cerner précisément la notion de résilience, l'impensable s'est produit. Mon mari a eu de sévères et très douloureuses complications à l'issue d'une opération chirurgicale de routine destinée à réduire une hernie abdominale. Après une épuisante journée passée en salle d'urgences, couvert de tubes à peu près partout, on le garda à l'hôpital. On nous avertit alors qu'il ne pourrait ne revenir à la maison que lorsque son transit se « réveillerait » et que son intestin pourrait de nouveau « accepter » la nourriture. En attendant, il serait nourri par intraveineuse. Personne n'était en mesure de nous dire combien de temps cela allait durer.

Cette situation m'a enseigné une ou deux choses sur la résilience

Comme si le fait de s'être retrouvé aux urgences et, en fin de compte, confiné à l'hôpital, ne suffisait pas, mon mari se trouvait dans une chambre horrible. Son lit était encagé par des barres de traction. L'unique fenêtre donnait sur un mur de

briques. Le laisser seul ici me brisait le cœur, mais avec deux jeunes enfants à la maison, je n'avais pas le choix. Plutôt que d'accepter cet environnement déprimant, je me donnai comme mission de le transformer. Mon mari et moi connaissions, tous deux , l'influence de la vue d'une chambre d'hôpital sur le moral d'un patient. Les malades disposant d'une chambre avec une fenêtre sur jardin restaient moins longtemps hospitalisés que ceux qui avaient une vue sur la rue ou le parking.
L'une des premières choses que je rapportai de la maison fut une plante d'intérieur que mon mari aimait particulièrement. Si la vue de sa fenêtre ne pouvait lui apporter la consolation de la nature, c'est moi qui allais faire venir la nature dans sa chambre. Peu à peu, grâce à la famille, aux amis et au marché aux fleurs du coin, sa chambre déborda de fleurs fraîches en bouquet et de plantes en pot.

J'apportai aussi des photos des gens et des endroits chers à son cœur : un portrait récent en noir et blanc des enfants et moi que mon mari avait encadrée pour la fête des mères, une vue de notre maison, et des images de ses endroits de prédilection, sur la plage. Je couvris les murs à proximité de son lit de rappels visuels des personnes et des lieux qui l'attendraient à son retour. J'encourageai mes deux garçons à penser à ce qu'ils pourraient apporter à leur papa pour lui remonter le moral. Ils lui donnèrent leurs dessins, leurs médailles de foot, des billes et leurs cailloux préférés entre tous.

Je rapportai également de la maison des oreillers confortables pour remplacer ceux fournis par l'hôpital, au rembourrage dur et pelliculés de plastique. Je lui apportai son baladeur numérique : il avait désormais plus de 5 000 chansons à sa disposition, plus une poignée d'exercices de méditations. Puisque les plaisirs du goût lui étaient momentanément retirés, je tâchai de ranimer ceux des quatre autres sens encore disponibles.

Les jours passaient…

Aucun signe ne semblait indiquer que ce séjour à l'hôpital pouvait bientôt prendre fin. Grâce à l'école et à la garderie, j'étais en mesure de me rendre à l'hôpital de 10h00 à 17h00, chaque jour de la semaine. Mais j'atteignais mes limites. Je me retrouvais, d'un seul coup, parent solo, tentant de répondre aux besoins de chacun, sans oublier les miens.

Pour faciliter les choses, j'étais rentrée dans ce maelström avec un léger rhume. Cumulé avec toutes ces tensions, il s'était transformé en sinusite infectieuse. J'avais du mal à quitter l'hôpital tous les soirs. Dans la voiture, je pleurais sur le trajet du retour à la maison. Une fois de retour, je me reprenais rapidement pour assurer mon rôle parental auprès des garçons, les serrais dans mes bras, leur faisais à dîner et les mettais au lit. Mais la solitude de ma propre chambre me pesait infiniment, avec ce lit trop grand, déserté par mon époux. Je ne pouvais plus en apprécier le confort en songeant à son inconfort à lui, dans cet étroit lit d'hôpital qu'il ne pouvait quitter. Toutes les nuits, je me sentais entraînée dans cette effrayante spirale de pensée noire.

Mon but, tout au long de ces jours difficiles, était simplement d'être au côté de mon mari

Qu'il sache, au fond de lui, aussi pénible et éprouvante que fût cette épreuve, qu'il n'était pas seul. Et bien que ses infirmières fussent des femmes remarquables, je n'étais pas étonnée de leur fatigue, identique à la mienne. Chaque jour, je lui lavais les cheveux et lui humidifiais la peau, en faisant très attention à ne pas lui faire mal ni à déranger tout l'attirail médical dont son corps était alors bardé. L'opération pouvait prendre une heure, voire plus.

Plusieurs fois chaque jour, je le faisais marcher, très doucement, avec son intraveineuse reliée à son mât déambulateur. D'après ses médecins, seule la marche était en mesure de réactiver son transit intestinal, dans un délai raisonnable. Et donc,

en dépit de la douleur et de la difficulté, nous marchions. J'accomplissais aussi les gestes qu'il voulait faire mais qui lui étaient impossibles : secouer son oreiller, mettre ses livres et son baladeur à portée de main, s'asseoir. Lorsqu'il était mal, je prenais simplement sa main, caressais ses cheveux ou lui massais les jambes, en restant attentive à ses réactions éventuellement négatives à des gestes censés le soulager.
Sept jours après cette opération funeste, mon mari et moi éprouvions tous les deux une frustration croissante. Quand cette hospitalisation allait-elle prendre fin ? Pourquoi son médecin ne nous donnait-il pas la moindre explication au sujet de ses symptômes, analyses et résultats ?
Les jours s'écoulaient de manière interminable. Et je ne sais comment, alors que je passais mes journées à l'hôpital, je manquais chaque matin la visite de contrôle. Lorsque, enfin, je pus avoir une conversation avec le médecin tard cet après-midi-là, nous reçûmes des nouvelles encore plus alarmantes : mon mari avait développé une occlusion intestinale qui engageait son pronostic vital. Il devait être opéré d'urgence, le soir même.

La solidarité des voisins

Quand la nouvelle tomba, je passais un rapide coup de fil à Julie, mon amie voisine, pour la tenir au courant. Lorsque je la rappelai, à peine une heure plus tard, elle avait mis en œuvre une logistique qui me parut miraculeuse. Mes fils dîneraient chez elle en famille (elle aussi avait deux jeunes garçons, et mes fils prendraient donc cela pour une invitation). Notre voisin commun, un jeune homme élève au lycée (qui venait souvent faire du baby-sitting chez elle ou chez moi) se chargerait de les mettre au lit ce soir-là. Le père du jeune homme, lui aussi un ami commun, passerait la nuit chez nous. Et Julie en personne se rendrait à l'hôpital pour m'apporter à dîner et attendre avec moi la fin de l'opération. Pour finir, Julie était restée auprès de moi jusqu'au petit matin.
Je pleurai de gratitude en mesurant la diligente et active

compassion de mon réseau de voisins. Leurs attentions et la sympathie qu'ils me témoignaient me procuraient exactement ce dont j'avais besoin, tant sur le plan concret que sur le plan émotionnel. Grâce à leur aide, j'étais libérée et « rechargée » en énergie pour prodiguer les soins que je voulais offrir à mon mari. Cette seconde opération fut un succès, grâce au ciel. Mais la convalescence fut lente. La douleur persistait. Je faisais des cauchemars récurrents. Parfois, il était sujet à l'abattement et glissait dans sa propre spirale négative. Je continuai à puiser du soutien chez les autres afin de pouvoir soutenir mon mari à mon tour.
Après onze journées interminables à l'hôpital au cours lesquelles il avait été nourri par intraveineuse, il goûta pour la première fois, de nouveau, à la nourriture solide. Le jour suivant, l'équipe médicale lui retirait l'intraveineuse et le laissait rentrer à la maison. Il souffrait constamment, pesait quinze kilos de moins, était extraordinairement faible, et sa convalescence serait longue. Mais j'étais si reconnaissante qu'il fût dans notre lit et à la maison pour récupérer des forces...

Ce sont mes liens avec les autres qui m'empêchèrent de tomber dans la spirale négative qui menaçait de m'engloutir chaque soir.

La plus précieuse des leçons que j'aie retenue de cette épreuve, est l'extraordinaire solidarité dont ont fait preuve mes amis et voisins. Nous avions déménagé de Caroline du Nord à peine plus d'un an auparavant, et cependant, nos voisins nous déposaient presque chaque soir à notre porte des plats faits maison. Les parents d'amis de nos enfants les invitaient à des week-ends de jeu prolongés – et les faisaient dîner – afin que je puisse passer plus de temps à l'hôpital auprès de mon mari. De toutes parts, on nous proposait une aide sincère. Ce flot de bonté et de gentillesse a rempli chaque jour mon cœur de la plus profonde gratitude.

Développer ses compétences relationnelles

Pour la première fois de ma vie, j'appris à véritablement recevoir toute cette aide qui m'était offerte. Bien sûr, j'avais appris de mes lectures et de montagnes de données traitées que la pensée positive était facteur d'ouverture. Mais mon expérience, dans ce contexte, n'était ni subtile, ni abstraite. Pour donner une image, je pouvais sentir se décoincer les charnières aux portes de mon cœur et de mon esprit.
Cette ouverture était telle que pour la première fois, j'avais entièrement confiance en la bonne volonté des gens à me rendre service. Je laissais même entendre aux autres ce qu'ils pouvaient faire pour m'aider le plus efficacement.
Si j'avais besoin de lait, de pain, ou d'un repas à emporter, je me sentais libre de demander : « peux-tu en prendre aussi pour moi, la prochaine fois que tu passes à l'épicerie ? ».
Je savais que les soirées loin de nous étaient bien longues et solitaires pour mon mari. « Penses-tu pouvoir garder les enfants quelques heures, une fois qu'ils seront couchés, afin que je puisse passer une dernière fois à l'hôpital aujourd'hui ? ». Il me tardait de pouvoir trouver une sélection de comédies en DVD pour mon mari, mais je n'en trouvais pas le temps. « Pourrais-tu me trouver les meilleures comédies ? »
Nos voisins et amis se montraient spontanément prévenants et réactifs aux besoins que j'exprimais, au-delà de ce que je n'aurais pu imaginer. Je ne compte plus les fois où ces manifestations de sympathie m'ont fait venir des larmes de reconnaissance aux yeux.

Une leçon de résilience

Le fait de revenir sur cette leçon de résilience inattendue me convaint qu'il manque un aspect au tableau que je vous ai brossé jusqu'ici – un aspect important. Mon point de vue était trop étroit. La résilience n'est pas seulement individuelle mais elle se propage au sein du tissu social. Et ce, parce que la pensée positive ne connaît pas de frontières. Elle circule entre nous et l'intérieur de nous. Mes voisins et amis ont ouvert leur cœur et m'ont fait don de leur temps comme de leur compassion. Leurs mots et leurs actes bienveillants m'ont touché, libérant en moi davantage d'optimisme et d'espérance au moment où j'en avais le plus besoin. Pleine d'affection et de générosité, je fus en mesure de résister aux vertigineux accès de pessimisme qui m'assaillaient chaque soir. Jour après jour, mon mari et moi, nous sommes rapprochés et avons trouvé un accord plus profond. Laissant place à un sentiment de communion que nous n'avions encore jamais éprouvé l'un envers l'autre.

> Le secret de la résilience, c'est donc de ne pas se contenter de puiser dans sa propre réserve d'espoir et d'optimisme, mais d'être prêt à puiser à cette source chez les autres.

Parce que les émotions négatives restreignent notre point de vue, une spirale descendante se met en place, nous isolant progressivement du contact bienfaisant d'autrui. Il en va tout

différemment d'une logique positive. Comme les émotions positives ouvrent notre champ de vision, la spirale vertueuse qu'elles engendrent est naturellement plus sociale. C'est ce qui manquait au tableau initial.
Chaque relation engagée vous donne une décharge positive qui vous régénère et vous ouvre davantage au monde.
Il y a quelques années, mon mari m'avait offert une clé ancienne, longue d'une quinzaine de centimètres. Il l'appelait la clé de son cœur. Durant ces douze jours, je l'ai portée à mon cou, comme un témoignage d'amour. Les gens remarquaient la taille de cette clé. Après en avoir expliqué la valeur symbolique, j'ajoutais : « À grand cœur, grande clé ». Bien avant que nous soyons mariés, je connaissais le grand cœur de mon époux. J'avais pu en faire l'expérience d'innombrables fois. Pour ma part, j'étais reconnue pour mes travaux et mon enseignement. Et pourtant, au cours de ces deux semaines déterminantes, c'était comme si mon cœur avait pris trois tailles d'un coup. Je remerciais l'ensemble de ma famille, de mes voisins et amis pour cette évolution spectaculaire. Bien qu'ayant connaissance depuis longtemps des bienfaits des émotions positives sur un plan scientifique, j'en ressentais à présent les effets d'une manière plus pratique, plus émouvante que jamais.
Mon cœur, désormais plus vaste, abritait de nombreuses émotions, un véritable creuset de pensées à la fois positives et négatives.
Ce mélange émouvant m'a permis de tenir le coup. Il m'a permis de recevoir et de redonner de la compassion et m'a rendue capable de rebondir dans l'écriture de ce chapitre, plus résiliente que jamais.

EN CONCLUSION

Les épreuves sont inévitables, je ne l'ai que trop bien appris à travers l'immersion soudaine de mon mari dans le monde clos de l'hôpital. De mon point de vue, il existe deux réponses fondamentales aux grandes difficultés. Le désespoir ou l'espoir. Le désespoir va démultiplier votre pessimisme. Vos peurs et votre incertitude peuvent se transformer en stress puis en une tristesse désespérée, qui à son tour va engendrer de la honte. Pire encore le désespoir étouffe et éteint toute forme de pensée positive. Lorsqu'elle est neutralisée, toute possibilité de contact authentique avec les autres est compromise.

Le désespoir déclenche une spirale descendante, qui peut véritablement vous faire toucher le fond. L'espoir est d'une autre nature.

L'espoir n'est ni le contraire ni le miroir positif du désespoir. En fait, vous restez lucide. Et, plus important, l'optimisme allume et attise en vous davantage de pensée positive. Même le plus subtil reflet d'espoir peut devenir un point d'appui pour vous aider à ressentir de l'amour, de la gratitude, de l'inspiration. Tous ces sentiments chaleureux et affectueux qui ouvrent votre cœur et votre esprit, vous permettent de vous reconnecter aux autres. Ainsi l'espoir donne-t-il cette impulsion ascendante qui vous donne la force de rebondir et de vous en sortir encore plus solide qu'auparavant. Certains d'entre nous – qu'il s'agisse de génétique ou d'intuition –

semblent être plus conscients que les autres des bénéfices de la pensée positive. C'est eux que nous appelons « résilients ». Ce sont eux qui sourient à l'adversité, transforment les tuiles en opportunités, et adoptent l'attitude du *wait-and-see* (« attendons et voyons ») face aux menaces futures. Ce qui ne veut pas dire qu'ils ne ressentent rien. Ils souffrent, tout comme chacun d'entre nous. Simplement, parce qu'ils persistent à cultiver des sentiments positifs – et ce, au cœur des difficultés – leurs ressentis sombres sont moins durables. Ils se remettent en selle. Nous pouvons tous êtres résilients. La psychologie positive fait partie de nous, de notre humanité, Elle est fruit d'un héritage ancestral très ancien. La résilience n'est pas le privilège de quelques-uns. Elle est calibrée pour les masses et relève d'une magie ordinaire.

Faites une place à la pensée positive, même quand vous redoutez le pire. Et lorsque le monde vous paraît trop aride, tournez-vous vers vos voisins, les gens que vous aimez, laissez-vous aller à vos souvenirs les plus chers.

Restez ouverts à l'espoir,
il peut surgir de n'importe où.
Laissez-le vous redonner vie
et vous renouveler.
Vous allez rebondir, vous aussi.

Ainsi la pensée positive surgit-elle comme une source. Et l'image que j'ai en tête n'est pas du tout linéaire. Je vois plutôt des bonds et des spirales, des courbes et des retours. La variété dynamique et complexe des élans positifs exige une approche scientifique tout aussi dynamique et complexe. Dans le chapitre suivant, nous verrons comment j'ai pu délimiter cette nouvelle approche.

7. QU'EST-CE QUE LE **RATIO POSITIF** ?

Les gens pensent que les anges volent
parce qu'ils ont des ailes.
Les anges volent parce qu'ils se prennent à la légère.

(Anonyme)

Au premier chapitre de ce livre, je vous ai parlé de la notion de ratio positif. J'ai également dit qu'il comportait un « seuil critique » ou « sensible ». Quel est le sens de cette expression ? Et qu'est-ce qu'un seuil critique ? La meilleure façon de l'expliquer serait de vous remémorer un point « sensible » ou « critique » que vous connaissez déjà bien.

Prenons l'exemple de la glace et l'eau. Considérez ces substances indispensables et familières avec un regard nouveau. La glace est solide, rigide, et immobile. L'eau est liquide, fluide, souple et dynamique. Le passage de l'une en l'autre nécessite simplement d'en modifier la température. Si vous élevez la température ambiante au-dessus de zéro degré, la glace rigide se transforme en eau fluide.

Ce n'est absolument pas de la magie – du moins pour la plupart des adultes. Nous savons que la glace et l'eau sont de même nature chimique. Toutes les deux se formulent en H2O – deux parts d'hydrogène et une part d'oxygène. Mais cette composition chimique identique est sujette à un simple seuil sensible. On peut la faire passer d'un état à un autre – du solide au liquide – en modifiant sa température.

Le passage de l'état de dépression à celui de plénitude semble obéir aux mêmes lois chimiques. Si nous réchauffons le climat émotionnel de notre vie en augmentant notre ratio positif au-delà du fameux seuil critique, nous commencerons à nous épanouir. De même que le zéro degré Celsius représente un seuil bien connu en thermodynamique, le ratio positif de 3 pour 1 pourrait bien s'avérer être un nombre magique, en matière de psychologie humaine. Bien sûr, rien de surnaturel ici, pas de « vraie » magie. Le monde obéit à des lois naturelles universelles, et parfois, ces lois sont très simples.

LES LOIS DE LA PSYCHOLOGIE POSITIVE

La psychologie humaine – dans sa complexité – n'en est peut-être pas éloignée. Peut-être sommes-nous, nous aussi, soumis à des lois universelles encore non formulées qui peuvent nous indiquer le moyen d'échapper à la glace rigide et fermée de la dépression et nous permettre de rentrer dans une dynamique fluide et flexible de développement personnel.
Je ne vous demande pas de croire sur parole ma proposition. J'aimerais plutôt que vous l'appréciiez d'après ses résultats scientifiques.

Une convergence idéale

Le ratio positif trouve ses origines chez une de mes collègues à l'université du Michigan, Jane Dutton, Experte en matière de relations au travail, elle se décrit également comme une sorte d'« entremetteuse » – bien qu'elle ne s'occupe pas des cœurs esseulés. Elle met en relation des chercheurs aux idées prometteuses.

Un modèle mathématique en matière de psychologie positive

Au début de l'année 2003, je reçus un mail de Marcial Losada. Il disait avoir développé un modèle mathématique de ma théorie de l'ouverture créatrice en matière de psychologie positive et me suggérait d'échanger nos impressions. Il apparut que Jane, qui avait déjà identifié plusieurs points communs entre ses recherches et les miennes, lui avait suggéré de lire mes travaux. Je fus un peu lente à répondre. Mon deuxième fils était né quelques semaines plus tôt et je consacrai alors mon énergie à ma famille.

Fort heureusement, Marcial était persévérant. Il m'envoya un article qu'il était en train d'écrire. Il y prônait l'adéquation entre ses travaux mathématiques et les idées développées dans ma théorie de l'ouverture positive créatrice. Intriguée, je décidai de le rencontrer.

Né et éduqué au Chili, Marcial n'était pas même pas dans un circuit universitaire. Bien qu'il ait obtenu son doctorat dans mon propre département de psychologie à l'université du Michigan, cela avait eu lieu des années avant que je n'y travaille. Entre-temps, il avait fait une longue carrière dans l'industrie. À la retraite depuis peu, et actif en tant que consultant indépendant, il s'était lancé dans ce qui était devenu sa passion : la modélisation mathématique des comportements de groupe.

Notre première rencontre fut électrique. Ayant lu son article, encore à paraître, j'avais préparé quelques questions « brûlantes ». Je voulais comprendre quels résultats avaient pu inspirer son travail mathématique. Je voulais en savoir plus sur sa méthode elle-même. Assis à la table de sa salle à manger, devant son ordinateur ouvert – qu'il appelait son laboratoire portable – nous parlâmes pendant des heures. Marcial me montra des exemples dynamiques de modèles s'appliquant au monde des affaires. Je lui exposai à mon tour les connections que j'y voyais, mon travail passé sur la pensée positive et la résilience, et aussi mon intérêt croissant pour le développement personnel.

> Après des heures de discussion, il émit cette hypothèse audacieuse : sur la base de son travail mathématique, il était en mesure d'identifier le ratio positif exact permettant de distinguer les sujets heureux et ceux qui étaient en dépression.

Je répondis par la proposition suivante : s'il pouvait découvrir ce ratio, je le soumettrai à des données se référant à la vie émotionnelle quotidienne de personnes positives ou négatives. Ayant tous deux perçu l'importance que pouvait prendre cette découverte, nous décidâmes de collaborer. Notre but commun était de découvrir et tester ce ratio, et, s'il était confirmé par mes données, de publier un article à ce sujet.
Au fil des semaines, la convergence entre le modèle de Marcial et le contenu de ma théorie et de mes expériences ne laissa pas de m'étonner. Il me fallait faire place à cette orientation soudaine dans mon programme de recherche et introduire cette perspective nouvelle dans le domaine de la psychologie positive. Ayant mené cette mission à bien, je souhaiterais à présent vous la faire partager. Et pour ce faire, je commencerai par vous décrire tout ce que Marcial Losada a découvert sur la pensée positive.

LE RATIO POSITIF ET L'EFFICACITÉ PROFESSIONNELLE

Durant des années, Losada avait étudié les caractéristiques des équipes professionnelles performantes au travail. Sa mission consistait à aider les groupes obtenant de faibles résultats à devenir plus efficaces. Dans le cadre de son travail, il avait conçu une sorte de salle-laboratoire spécifiquement conçue pour enregistrer le comportement de ces équipes en action.

L'« effet Papillon » en salle de réunion

La pièce ressemblait à n'importe quelle salle de conférence. Elle se composait d'une grande table de réunion garnie de fauteuils en cuir noir confortables, attribut typique des cadres d'entreprise. Une armada de consultants y avait donc travaillé pour élaborer leurs missions ou leurs plans stratégiques.
Mais cette salle de conférence comportait des cloisons qui étaient des glaces sans tain.
Derrière elles, se tenaient Losada et ses assistants, équipés de caméras vidéo et d'ordinateurs dotés de programmes spéciaux. Il avait appris aux membres de son équipe à coder la moindre remarque – longue ou courte – de chaque intervenant au cours de la réunion d'une heure qu'ils observaient. Losada s'intéressait à **trois dimensions en particulier** : les interventions des participants étaient-elles :

1. positives ou négatives ;
2. autocentrées ou tournées vers les autres ;
3. fondées sur la recherche d'informations, ou la défense d'un point de vue ?

Au milieu des années 1990, une soixantaine d'équipes avaient été étudiées de près grâce à cette méthode. Par la suite, sur la base de données indépendantes, Losada avait mis en évidence les équipes pouvant être classées comme très performantes.

- 35 % d'entre elles entraient dans les critères. Celles-ci réalisaient des scores élevés dans trois domaines distincts de la dynamique d'entreprise :
  - le profit ;
  - le niveau de satisfaction du consommateur ;
  - les évaluations recueillies auprès des supérieurs, pairs et subordonnés dans la hiérarchie.

  Sur tous ces plans, les équipes en question obtenaient des résultats impressionnants. Elles dégageaient du profit et étaient bien considérées.
- Le contraste était frappant avec les 30 % qui enregistraient des performances uniformément basses sur tous ces indicateurs de satisfaction. Ces équipes-là, au contraire, « pataugeaient », ne parvenant pas à dégager du profit et laissant un souvenir mitigé à leurs interlocuteurs.
- Un troisième groupe revêtait un profil contrasté – efficace dans certains domaines et pas du tout dans les autres. Effet peu surprenant, le profil « contrasté » s'appliquait à la majorité des équipes qu'avait étudiées Losada.

Ce dernier compilait méticuleusement ses données, au fur et à mesure des réunions de travail. Il évaluait également dans quelle mesure chaque membre du groupe influençait le comportement des autres membres, et baptisa cette nouvelle variable « connectivité interne ». Cette « connectivité » permettait d'apprécier à quel point les membres d'une équipe se trouvaient en accord et réceptifs les uns avec les autres.

Lorsque Losada répartit par la suite les différentes équipes par groupe de performance – hautes, basses et moyennes – des différences frappantes apparurent.

Les groupes de performance élevée émergeaient très largement avec des ratios positifs d'environ 6 pour 1. À l'inverse, les groupes de performance basse témoignaient de ratios bien en dessous de 1 pour 1, tandis que les groupes de performance moyenne se situaient juste au-dessus, aux environs de 2 pour 1.

Les équipes réalisant de hautes performances montraient également un haut niveau de communication interne, et d'intéressants points d'équilibre sur d'autres plans. Leurs membres étaient autant enclins à poser des questions qu'à défendre leurs idées, et se tournaient autant vers l'extérieur que vers eux-mêmes. Les équipes faibles, quant à elles, témoignaient d'un taux de « connectivité » interne beaucoup plus bas, ne posaient presque aucune question et se montraient très peu tournées vers l'extérieur. Là encore, les équipes moyennes oscillaient entre ces deux tendances.
À travers une observation attentive, Losada avait remarqué que ces mesures pouvaient préfigurer des évolutions à venir. Il finit par mettre sur pied un modèle mathématique capable de rendre compte des dynamiques qu'il avait observées.
Les équations de Losada démontraient que le déploiement comportemental dans le temps de ces différentes équipes répondait à un système complexe – *un système dynamique non linéaire,* pour être précise. Ces dynamiques non linéaires, nous les appréhendons aujourd'hui sous la forme vulgarisée de « l'effet papillon ».

La psychologie positive et le battement d'aile du papillon

L'effet papillon est parfois exprimé à l'aide d'une question : « un simple battement d'ailes d'un papillon peut-il déclencher une tornade à l'autre bout du monde ? ». Dans une situation précise, une cause apparemment minime s'exerçant à un endroit donné – comme le battement d'une aile de papillon – peut être à l'origine d'un impact tout à fait démesuré, quelque part ailleurs dans l'univers.
Et de fait, j'en suis arrivée à comparer la psychologie positive à ce battement d'aile de papillon. Elle aussi est capable d'avoir une influence d'une ampleur étonnamment démesurée. Car comment expliquer qu'un subtil et fugace sentiment positif sincère puisse entraîner une cascade d'effets capables de réorienter le cours

même de votre vie, et d'en déterminer la durée ?
Les travaux de Losada ont l'avantage de traduire les deux profondes vérités propres à la théorie de l'ouverture créatrice dans un langage mathématique.

- La première d'entre elle, détaillée déjà au chapitre 4, montre **comment la psychologie positive a un rapport avec le fait de poser des questions et d'être ouvert aux autres.** Autrement dit, les équipes les plus performantes de Losada étaient celles qui étaient le plus tournées vers les idées nouvelles. Elles démontraient clairement ce qu'un groupe entraîné par une synergie d'individus expansifs est à même d'accomplir.
- La seconde vérité profonde de ma théorie de l'ouverture créatrice, présentée au chapitre 5, est que la pensée positive fait progresser notre vie en enrichissant nos ressources intérieures. Le modèle de Losada indique que la pensée positive s'accompagne de compétences sociales plus développées.

Autrement dit,
plus l'esprit positif augmentait,
plus la communication interne
et la cohésion du groupe
s'amélioraient.

De même l'expérience de Losada témoigne également de l'impact de la pensée positive sur la réussite professionnelle. Enfin, cerise sur le gâteau, comme on l'a vu également au chapitre 6, Losada démontrait que les équipes faisant preuve d'une pensée positive forte se montraient plus résilientes et plus souples – elles ne se retrouvaient jamais dans l'impasse de la critique gratuite et autocentrée.

Ainsi le travail de Losada et le mien étaient-ils parfaitement complémentaires. Si les recherches de Losada sur l'esprit positif étaient descriptives et présentées sous un angle mathématique, les miennes au contraire étaient fondées sur une théorie évolutive soutenue par l'expérience empirique du terrain.
Les résultats de Losada m'ont ouvert de nouvelles perspectives, au-delà de ce que j'avais pu imaginer à partir de mes seules théories et données expérimentales. La modélisation mathématique a en effet cette capacité unique. C'est en mêlant des démarches scientifiques bien distinctes, que Losada et moi-même sommes parvenus à brosser un tout nouveau portrait de la pensée positive.

LAISSONS LE POUVOIR AUX CHIFFRES...

Les recherches de Losada l'ont conduit à affirmer que ce n'est qu'à partir d'un ratio positif de 1 pour 3 que la pensée positive pouvait déclencher un épanouissement personnel durable chez l'être humain. Ma contribution fut de m'emparer de ce ratio tout nouveau et de le tester de façon indépendante. Losada est arrivé à ces conclusions par l'observation du comportement d'équipes professionnelles, des groupes de gens travaillant ensemble, pour le meilleur ou le pire. Je me suis demandé, pour ma part, si ce seuil critique s'appliquerait aussi à des individus. Les gens auxquels je pouvais m'identifier obtiendraient-ils des ratios positifs supérieurs à 3 pour 1 ? Et les niveaux de ceux dont la vie peinait à s'épanouir se situeraient-ils en dessous de ce même ratio ?

...Et mettons ces chiffres à l'épreuve

J'avais sous la main deux différents dispositifs qui allaient me permettre de tester ce seuil critique en le confrontant

à des données expérimentales. Dans chaque étude, j'avais au préalable demandé aux participants de répondre à un premier questionnaire à partir duquel je pouvais diagnostiquer une dynamique d'épanouissement personnel. Il faut garder à l'esprit que les individus répondant à ce critère sont plutôt rares (environ une personne sur cinq).
Les participants devaient ensuite me faire part de leur état émotionnel quotidien au cours des quatre semaines à venir. Ils remplissaient ainsi chaque soir leur « test d'autoévaluation positive » en 20 points, un test semblable à celui que je vous présenterai dans un prochain chapitre.
Pour chaque journée, je pointais le nombre d'émotions positives individuellement ressenties. Je recensais également celui des émotions négatives, mêmes fugaces. Pour respecter les différences essentielles entre état d'esprit positif et état d'esprit négatif, je devais procéder à quelques coupes claires. De ce point de vue, l'une des différences parfaitement établie par la recherche – et je pense que votre propre expérience vous l'aura confirmé – est que le mal est plus fort que le bien, que l'impact négatif est ressenti plus puissamment que son équivalent positif. Les scientifiques dénomment ce phénomène le biais négatif.
Nous trouvons ensuite un autre point discriminant, celui de la fréquence. À moins de souffrir de troubles mentaux, la plupart des moments que nous vivons (à l'échelle de notre existence) sont au moins modérément agréables. Cela va peut-être vous surprendre, mais il est relativement rare de se sentir mal. Les scientifiques appellent ce deuxième effet la compensation positive.
À ce stade, j'aurais pu regrouper les ratios positifs quotidiens de chaque sujet et en établir une moyenne mensuelle. Cependant, je pense qu'à l'instar des régimes diététiques, il est plus intéressant de considérer les résultats dans la durée. Non pas sur un jour, mais sur un mois entier.
Par souci de cohérence, j'ai divisé le score positif de chaque

personne sur un mois par son score négatif sur un mois. J'ai été stupéfiée de constater que, sur la base de deux procédés différents, le ratio moyen des individus épanouis se situait au-delà de 3 pour 1, tandis que celui des personnes en « stagnation » se situait en dessous du seuil critique. Pour être précise, dans l'une des enquêtes, le ratio positif des sujets en pleine plénitude de vie était de 3,2 pour 1, et dans l'autre, de 3,4 pour 1. À l'opposé, le ratio du reste des participants culminait respectivement à 2,3 et 2,1 pour 1. Dans chaque étude, les données obtenues se situaient clairement *de part et d'autre* du seuil critique, conformément à la prédiction de Losada.

Dans la vaste majorité des cas, les ratios positifs reflétaient le phénomène de *compensation positive* énoncé plus haut, avec un score s'établissant aux alentours de 2,1 pour 1. La plupart des moments consignés par les participants avaient une coloration positive. Mais ce n'était pas suffisant pour faire basculer leur vie vers un réel développement. Quant aux quelques sujets heureux, leurs ratios positifs culminaient au-delà de 3 pour 1.

RATIO POSITIF ET DURÉE DE VIE DU COUPLE

Mes recherches ne sont pas seules à conforter les modèles de Losada. Il y a mieux encore. Prenons par exemple, le travail de John Gottman, un des experts mondiaux en matière de relations conjugales. Gottman a consacré sa carrière à l'étude de la dynamique émotionnelle des couples mariés, mettant en évidence les modèles relationnels qui rendent une union durable et satisfaisante pour les deux époux, tout comme ceux qui conduisent au divorce.

Recherches comportementales en matière conjugale

Gottman avait coutume d'accumuler des informations sur son sujet de recherche en invitant des couples mariés à le rencontrer dans son laboratoire. Alors que le labo de Losada avait l'air d'une salle de réunion, celui de Gottman ressemblait plutôt à un salon. C'est là qu'il conviait ces couples à se mettre à l'aise et à se parler comme s'ils étaient chez eux. En fin de compte, il parvenait à obtenir d'eux qu'ils évoquent leurs difficultés. Chez certains, la discussion se focalisait sur l'argent, chez d'autres, sur l'éducation des enfants. D'autres encore évoquaient leur famille élargie. Chaque couple pouvait choisir son sujet sensible.

À l'instar des meilleurs chercheurs dans son domaine, Gottman avait coutume de recueillir une vaste gamme d'informations. Il se servait de micro-capteurs pour enregistrer le rythme cardiaque, l'activité des glandes sudoripares et autres témoins physiologiques des évolutions intervenant au cours de ces conversations. Il se servait également de caméras vidéo judicieusement et discrètement placées pour capturer les éléments de communication verbale et non-verbale entre les époux. Il complétait ces données à l'aide d'une vaste gamme d'informations recueillies auprès de chacun des participants.

Pour terminer, il prenait soin de rester en contact avec les couples interviewés afin d'avoir le meilleur suivi et de voir quels mariages prendraient un cours heureux et quels autres finiraient par se déliter. En raison de la considérable masse d'entretiens qu'il traitait, Gottman avait développé différentes manières de calculer le ratio positif d'un mariage. Tout comme Losada, il disposait de codeurs informatiques capables de classifier le moindre propos échangé entre partenaires, d'autres codeurs pouvant décrypter les expressions faciales et gestuelles de ses sujets.

Couples en péril et « mariages florissants »

Gottman avait fini par diviser les couples en deux groupes. L'un était constitué de mariages qui duraient et satisfaisaient les deux partenaires. Ce sont ceux que j'appelle « les mariages florissants ». L'autre groupe se composait de couples en péril. Les partenaires étaient insatisfaits, s'étaient éloignés l'un de l'autre, s'étaient séparés ou avaient divorcé. Au mieux, ces mariages stagnaient au même niveau d'insatisfaction, et dans le pire des cas, ils tournaient à l'échec complet.
La découverte de Gottman était remarquable.

> Le ratio positif des mariages heureux se situait aux environs de 5 pour 1. Le contraste était criant avec celui des mariages en difficulté, qui n'atteignait pas les 1 pour 1.

Bien que Gottman ne se fût pas donné pour mission de confirmer les modèles mathématiques de Losada, ses découvertes les confortaient. Mais il y a mieux encore.

LE RATIO POSITIF ET LES PATIENTS EN DÉPRESSION

Cette fois-ci, la confirmation provient des travaux d'un scientifique du nom de Robert Schwartz. En tant que psychologue clinicien de terrain, celui-ci a développé ses

propres modèles mathématiques pour avancer que les ratios positifs optimaux se situent au-delà de 4 pour 1. Il les compare à des ratios positifs « normaux » – situés pour la plupart des gens à 2 pour 1. À l'opposé, il laisse entendre que les ratios positifs pathologiques – ceux des sujets dépressifs, par exemple – sont inférieurs à 1 pour 1.

Un questionnaire émotionnel sur la dépression

Afin de vérifier si leurs modèles dérivés de l'algèbre pouvaient trouver un écho dans la vraie vie de leurs patients, Schwartz et ses collègues ont observé les résultats d'un vaste panel de sujets traités pour dépression. Ceux-ci bénéficiaient soit d'une thérapie comportementale-cognitive, soit d'un traitement médicamenteux, l'efficacité des deux protocoles n'étant plus à prouver d'un point de vue scientifique.

Chaque semaine, avant et pendant le traitement, les patients devaient répondre à un questionnaire émotionnel. Ils étaient également évalués toutes les deux semaines par une équipe de praticiens indépendants, afin de mesurer quantitativement les progrès du traitement. Il est important de noter que les praticiens impliqués dans cette phase n'étaient pas engagés dans la thérapie ni dans l'enquête elle-même. Schwartz et ses collègues avaient déterminé à l'avance les scores qui indiqueraient la rémission moyenne ou optimale de leurs patients dépressifs.

Pour être considérés comme « en rémission », ceux-ci devaient avoir fait preuve d'une amélioration des symptômes pendant au moins quatre semaines d'affilée. Les critères d'une rémission optimale étaient l'absence quasi totale de symptômes dépressifs et les signes évidents que leur vie s'était largement améliorée. En bref, ils devaient correspondre aux critères énoncés par l'Association psychiatrique américaine comme étant caractéristiques du fonctionnement humain optimal :

des performances supérieures exprimées dans une vaste gamme d'activités, la maîtrise de problèmes au quotidien, le fait d'être recherché par ses pairs pour leurs nombreuses qualités positives, outre l'absence de symptômes cliniques.
Classiquement, avant le début du traitement, Schwartz et son équipe mesurèrent chez leurs patients des ratios positifs assez bas, proches de 0,5 pour 1. Plus tard, au sein du sous-groupe des patients en rémission optimale, les ratios grimpèrent jusqu'à 4,5 pour 1. Par comparaison, les ratios obtenus par le plus large sous-groupe de patients en rémission modeste étaient de 2,3 pour 1. Malheureusement, un groupe assez important de patients ne montra aucun signe de rémission tangible. Pour finir, leurs ratios positifs culminaient difficilement à 0,7 pour 1. Ici encore, alors que Schwartz avait cherché à valider ses propres modèles, les résultats obtenus confortaient ceux de Losada.

La cohérence est ici extraordinaire. Qu'il s'agisse de patients dépressifs, de mariages ou de groupes de travail, le bien-être ou l'efficacité – s'accompagne de ratios positifs supérieurs à 3 pour 1.

À l'opposé, les sujets ne surmontant pas leur dépression, connaissant un échec conjugal ou membres d'équipes professionnelles impopulaires et inefficaces obtenaient des

ratios peu enviables, c'est-à-dire inférieurs à 1 pour 1.
La convergence entre ratios positifs et bien-être est si solide qu'elle apparaît de façon manifeste alors que Losada, Gottman, Schwartz et moi-même ont chacun travaillé sur des données totalement indépendantes, avec des buts et des méthodes complètement différents les uns des autres.

Ce que je trouve le plus stimulant est que cette relation entre ratio positif et succès est pertinente dans trois domaines de l'existence humaine. Qu'il s'agisse de vous seul, de vous dans une relation de couple ou de vous dans une équipe de huit personnes, les ratios positifs méritent toute votre attention.

Et je ne peux m'empêcher de me demander si, en matière de développement humain à de plus grandes échelles – au sein des écoles et des entreprises, dans les structures gouvernementales comme le Congrès américain ou les Nations-Unies, ou dans les réseaux culturels que sont la télévision et Internet – cette apparente loi du ratio positif et de son seuil critique ne peut pas s'appliquer.

LA PENSÉE POSITIVE EST PASSÉE PAR ICI, ELLE REPASSERA PAR LÀ

Considérer notre ratio positif comme sujet à un seuil critique est une idée forte qui peut expliquer pourquoi les effets de la pensée positive sont parfois si difficiles à repérer. Aujourd'hui, les chercheurs savent bien que les effets en sont imperceptibles, en particulier lorsqu'on les compare à ceux de la pensée négative. Mais ce qui m'a longtemps contrariée, c'est le fait que, bien que je sois en quête d'effets subtils et discrets, je me retrouve parfois bien en peine d'en trouver un seul. Je dois également affronter bon nombre de critiques, convaincus de l'inutilité de la pensée positive. C'est un peu comme si elle nous jouait des tours, apparaissant et disparaissant pour mieux nous provoquer.

La notion de seuil critique

Cette notion nous donne la clé de ce tour de passe-passe. En dessous de 3 pour 1, la pensée positive peut sembler atone, neutralisée par l'inertie trop puissante du mal-être. C'est seulement au-delà de ce ratio que les gains d'optimisme non-manifestes prennent de la puissance pour contrecarrer et vaincre les idées noires. La pensée positive a sans doute besoin de s'accumuler et de se combiner à son antagoniste jusqu'à un certain point, avant d'atteindre son seuil critique. C'est seulement à ce stade que les effets de l'ouverture créatrice se manifestent. C'est à ce moment-là seulement que les gens perçoivent les incroyables bénéfices de la pensée positive dans leur propre vie.

Mes étudiants et moi-même avons éprouvé le bien-fondé de cette idée en retournant les questions que nous nous posions sur le ratio positif. Au lieu de répartir les gens sur le critère de leurs bons résultats, puis d'examiner leur ratio, nous les avons regroupés par niveau de ratio, puis cherché si ceux-ci donnaient de bons résultats. Je fus moi-même surprise par les résultats du diagramme.

Chez ceux dont les ratios positifs restaient inférieurs à 3 pour 1, les colonnes indiquant de bons résultats – tels qu'un esprit ouvert ou la création de nouvelles valeurs – demeuraient à un niveau proche de zéro. Pour eux, la pensée positive restait inerte, comme inutile.
Tandis que chez ceux dont le ratio positif excédait 3 pour 1, les colonnes montaient de façon spectaculaire. Pour ces derniers, la pensée positive laissait présager ouverture et épanouissement. Ils étaient les seuls à en goûter les doux fruits.

ET POURQUOI PAS UN RATIO DE 11 POUR 1 ?

Dans le deuxième chapitre, je vous ai présenté le ratio positif de 3 pour 1 comme une piste à emprunter pour mener une vie de qualité, dans une dynamique d'expansion et de longévité. Si les rations de 3 pour 1, 4 pour 1 ou 5 pour 1 sont synonymes d'une belle vie, pourquoi conserver le négatif dans notre échelle de valeur ? Pourquoi ne pas viser les 100 pour 1 ? Nous pourrions ici protester qu'une vie sans souffrance est presque impossible, et presque inhumaine. Un individu, un mariage ou une équipe professionnelle peuvent-ils jamais prétendre à un niveau de pur bien-être ? Je ne le crois pas. Et cependant, il se peut qu'un état d'esprit libre de tout ce qui est négatif soit un idéal vers lequel tendre. Existerait-il un niveau d'épanouissement qui se situe au-delà de l'imaginable ?

Le mieux est l'ennemi du bien

La beauté d'un outil mathématique comme celui de Losada dans notre dispositif de recherche, est que même si l'on ne peut pas forcément trouver l'individu, le mariage ou l'équipe sur un million d'autres, qui soit dépourvu de tout état d'esprit négatif, on peut toujours essayer de répondre à la question du positif pur. Et la réponse mathématique à cette question est que le meilleur seuil critique de bien-être et d'épanouissement se situerait à 11 pour 1. Bien que ce second seuil mérite, tout comme l'autre, d'être soumis à l'expérience des données réelles, vous pourriez tout aussi bien choisir de rester en deçà d'un tel ratio positif. Je me demande si celui-ci a une réelle valeur pratique. Mon collaborateur et ami Michael Cohen, professeur à l'École de l'Information de l'université du Michigan, a une formule intéressante pour exprimer cette inquiétude. Alors que nous en discutions tous deux à la cafétéria, il souligna :

> « C'est vrai qu'on se cognerait la tête au plafond du gymnase, si on sautait vraiment haut… »

Même si nous sautons le plus haut possible, nous nous retrouvons le plus souvent plus proches du sol que du plafond, dans le grand gymnase de la vie.
Le mieux est l'ennemi du bien. Et les problèmes peuvent apparaître par excès d'optimisme. Je pense même que cet horizon rêvé de bien-être ultime recèle un enseignement plus utile encore : le négatif fait également partie des ingrédients nécessaires à une vie de plénitude. Allez comprendre…

Des émotions négatives *appropriées*

Un livre consacré à la pensée positive fait également place à ce qui est négatif – peut-être pas au négatif sous toutes ses formes, mais plus sûrement à sa forme *appropriée.*
En précisant ce point, je me conforme aux très sérieuses conclusions de John Gottman.
Des décennies d'études sur ce qui fait tenir un mariage, le font aboutir au constat suivant :

> Manifester sa colère et ouvrir les hostilités peuvent constituer des manifestations négatives certes mais saines et productives, quand l'expression du dégoût, de l'indifférence et du mépris sont plutôt de corrosifs tue l'amour.

Un exemple : la culpabilité et la honte

Pour ma part, je vois une grande différence entre la culpabilité et la honte. La culpabilité provient du sentiment d'avoir commis quelque chose de négatif ou d'immoral. Et il existe une façon simple de résoudre ce conflit interne : s'excuser et adopter une attitude plus respectueuse.
La honte, quant à elle, n'implique pas seulement le sentiment d'avoir mal agi, mais vous donne l'impression d'être vous-même mauvais ou immoral – ce qui n'est pas la même chose. Là, on ne fait plus le poids – comment, en effet, surmonter un tel

sentiment ? Ainsi la colère et la culpabilité produisent-elles des frappes négatives ciblées – en quelque sorte. Leur périmètre est précis et elles engendrent des actes réparateurs. On peut y remédier. Le mépris et la honte, au contraire, génèrent des réactions bien plus dévastatrices. Leur effet négatif parasite et obère votre vision. Elles sont très invasives et difficiles à juguler. Un sentiment négatif peut être à la fois précis et rectifiable. Sous sa forme inappropriée, il devient souvent gratuit et global. Pour Gottman, cette seconde variante de ce qui est négatif a pour conséquence de contaminer toute la vie du sujet, d'en dominer la texture émotionnelle et de créer cette spirale perverse redoutée que nous avons déjà évoquée.

Ainsi, le fait que la pensée positive nous redonne vie ne signifie pas que toute pensée ou émotion négative doivent être à jamais bannie. Il ne peut en être ainsi. La vie nous procure trop de raisons d'être triste ou en colère. Sans les émotions négatives, vous arborez un artificiel sourire de clown forcé. Vous perdez contact avec la réalité. Vous n'êtes plus authentique et le temps passant, vous faites fuir les gens.

Un équilibre subtil entre légèreté et gravité

J'en suis arrivée à considérer ce rapport entre le ratio positif et les émotions négatives comme le troublant équilibre opposant légèreté et gravité. La légèreté est cette force invisible qui vous élève vers le ciel, quand la gravité est cette dynamique opposée qui vous retient à la terre. Une légèreté non contrôlée vous laisse au plafond, sans ancrage et hors de la réalité. Une gravité non tempérée vous anéantit sous le poids de sa tristesse. Et pourtant, combinées l'une à l'autre de façon harmonieuse, ces deux forces antagonistes font de vous un être plein d'entrain, dynamique, réaliste et prêt à accueillir ce qui arrive. Un peu de pessimisme adéquat vous apporte la promesse de la gravité. Il vous met les pieds dans le réel. Une pensée positive sincère, au contraire, vous donne l'élan pour vous propulser dans la vie, et la faire évoluer à votre avantage.

À RETENIR

Prenons l'exemple du voilier

Il est surmonté d'un énorme mât qui permet à la voile de prendre le vent. Sous la ligne de flottaison, on trouve la quille, qui pèse parfois très lourd. Le mât peut être comparé à la psychologie positive, et la quille, en dessous, à ce qui est négatif. Si vous n'avez jamais fait du bateau, vous savez qu'on ne peut aller nulle part sans quille. Si vous essayez, vous vous retrouverez au mieux à dériver sans direction précise, au pire, à chavirer. Bien que la voile montée sur le mât puisse prendre le vent et faire avancer le bateau, c'est la quille qui en maintient le cap et le rend maniable. Et tout comme la quille prend toute son importance quand le vent se fait trop fort, une pensée négative bien tempérée est indispensable quand surviennent les difficultés.

Trois pour un

La première fois que j'ai fait part à Marcial Losada de cette analogie avec le voilier alors que nous étions à sa table de travail, elle lui a tout de suite plu. Il est allé chercher sur le champ son volume de *l'Encyclopaedia Britannica*, pour l'ouvrir à l'entrée voilier. Comme il l'espérait, l'article comportait une petite illustration figurant un voilier hors d'eau. Il en mesura alors le mât avec une règle. **Et fit de même pour la quille. Il compara les deux mesures : le rapport des deux était supérieur à 3 pour 1.** Nous nous regardâmes l'un l'autre avant d'en rire, étant entendu que, aussi plaisante qu'elle soit, nous ne pourrions jamais faire état de cette singulière découverte dans une publication scientifique.

EN CONCLUSION

En collaboration avec Marcial Losada, j'ai découvert et testé le ratio positif de 3 pour 1, ainsi que le seuil critique qui nous fait passer du côté de l'épanouissement personnel.

L'outil mathématique qu'il a développé s'avère complètement cohérent avec ma théorie de l'ouverture constructive mais également avec toutes les données qui l'accompagnent. Il nous permet en outre d'aller plus loin, en éclairant l'inertie de la psychologie positive comme le côté vital de notre pessimisme. Cette cohérence entre son travail et le mien reflète ce que les scientifiques appellent « consilience », ou convergence des savoirs. La « consilience » m'amène à raisonner en termes de vérités profondes attachées à la condition humaine – à ces attributs humains universels que nous partageons tous. Elle est aussi ce qui me fait lever le matin et me pousse à retrouver mon laboratoire, mes données à traiter et à imaginer de nouvelles expériences en matière de pensée positive.
La démarche scientifique ne prend jamais fin. Les enjeux, en termes de bien-être, sont trop élevés pour que je me contente de croire qu'une théorie intelligente ou une brillante modélisation mathématique vont nous fournir les réponses que nous cherchons avec tant d'insistance.

- Comment surmontons-nous le mieux l'adversité ?
- Comment faire évoluer nos vies de façon positive ?

Il ne tient qu'à vous de décider – maintenant que vous détenez les clés scientifiques de la pensée positive – s'il est temps d'en faire l'expérience dans votre vie, d'élever votre ratio positif personnel et d'identifier vos propres atouts de résilience. C'est uniquement à cette fin que j'aie écrit la suite de ce livre.

8. **OÙ EN ÊTES-VOUS** EN CE MOMENT ?

« Si vous voulez connaître le goût d'une poire, il faut la transformer en la goûtant vous-même. »

Mao Tsé-Toung

À présent, si vous le voulez bien, faisons le point. Où en êtes-vous en ce moment ? Comment vous situez-vous sur notre échelle de pensée positive ? Je vous propose de le découvrir ensemble en effectuant un test d'autoévaluation qui vous permettra de connaître votre ratio positif.

TEST D'AUTOÉVALUATION POSITIVE

Qu'avez-vous éprouvé au cours des dernières 24 heures ?
En revenant sur la journée qui vient de s'écouler et en utilisant l'échelle de 0 à 4 :

0 = pas du tout
1 = un petit peu
2 = modérément
3 = assez
4 = extrêmement

Indiquez à quel degré maximum vous avez ressenti les émotions suivantes.

1. À quel point vous êtes-vous senti(e) **amusé, d'humeur enjouée** ou **badine ?** ☐
2. À quel point vous êtes-vous senti(e) **en colère, irrité** ou **agacé ?** ☐
3. À quel point vous êtes-vous senti(e) **honteux, humilié** ou **déconsidéré ?** ☐
4. À quel degré avez-vous éprouvé **du respect, de l'émerveillement** ou **de l'étonnement ?** ☐
5. À quel point vous êtes-vous senti (e) **condescendant, méprisant** ou **dédaigneux ?** ☐
6. À quel degré avez-vous éprouvé **du dégoût, de l'aversion,** ou **de la répulsion ?** ☐
7. À quel point vous êtes-vous senti(e) **embarrassé, gêné,** ou **intimidé ?** ☐
8. À quel point vous êtes-vous senti(e) **reconnaissant, conscient** ou **plein de gratitude ?** ☐
9. À quel degré vous êtes-vous senti(e) **coupable, repentant** ou **blâmable ?** ☐

10. À quel degré avez-vous éprouvé **de la haine, de la méfiance** ou **de la suspicion ?** ☐
11. À quel point vous êtes-vous senti(e) **plein d'espoir, optimiste,** ou **encouragé ?** ☐
12. À quel point vous êtes-vous senti(e) **inspiré, rasséréné** ou **élevé ?** ☐
13. À quel point vous êtes-vous senti(e) **intéressé, éveillé** ou **curieux ?** ☐
14. À quel point vous êtes vous senti(e) **joyeux, ravi** ou **heureux ?** ☐
15. À quel degré avez-vous éprouvé **de l'amour, de l'intimité** ou **de la confiance ?** ☐
16. À quel point vous êtes-vous senti(e) **fier, confiant** ou **sûr de vous ?** ☐
17. À quel point vous êtes-vous senti(e) **triste, déprimé** ou **malheureux ?** ☐
18. À quel point vous êtes-vous senti (e) **alarmé, effrayé** ou **apeuré ?** ☐
19. À quel point vous êtes-vous senti(e) **serein, content** ou **apaisé ?** ☐
20. À quel point vous êtes-vous senti(e) **stressé, nerveux,** ou **bouleversé** ☐

Les résultats

Vous remarquerez que pour chaque question, vous disposez de trois choix, à partir de notions très voisines, mais n'ayant pas exactement la même signification. Cette stratégie évaluative permet de faire appel à une gamme d'émotions toujours reliées par un point clé, ce qui rend le test nettement plus fidèle à la réalité. Il ne faut pas oublier qu'en général, les gens traversent des états émotionnels positifs ou négatifs dans une intensité et une fréquence différentes.

Le négatif est ressenti plus fortement, conformément à une asymétrie de perception bien connue des scientifiques sous le nom de biais négatif. Les pensées positives, elles, se présentent à nous bien plus fréquemment – autre asymétrie scientifiquement qualifiée de *compensation positive*. En conséquence, toute comparaison entre positivité et négativité doit nécessairement prendre en compte ces facteurs essentiels.

Ainsi, afin de calculer votre *ratio positif*, je vous propose de suivre cinq étapes simples :

1. **Revenez à votre test** et entourez les dix questions synonymes de positivité. Celles-ci comportent les notions d'*amusement, admiration, reconnaissance, espoir, inspiration, intérêt, joie, amour, fierté* et *sérénité*.
2. **Faites de même avec les questions ayant des valeurs négatives.** Vous y retrouverez les notions de colère, honte, mépris, dégoût, gêne, culpabilité, haine, tristesse, peur et stress.
3. **Faites le compte des questions positives** auxquelles vous avez attribué un 2 ou plus.
4. **Faites le compte des questions négatives** auxquelles vous avez attribué 1 ou plus.
5. **Calculez votre ratio en divisant votre total positif par votre total négatif.** Si votre total négatif du jour est égal à zéro, considérez-le comme égal à 1, afin d'éviter le dilemme d'une division (impossible) par zéro. Le résultat de cette division représente votre *ratio positif* du jour.

Gardez à l'esprit que ce test n'est qu'une sorte d'instantané

Nos émotions évoluent d'un jour, d'une heure ou d'une minute à l'autre. Des scientifiques vous diraient qu'elles changent à la vitesse d'une milliseconde. Et compte tenu de ce paysage émotionnel en perpétuelle recomposition, une simple mesure de votre ratio positif ne saurait excéder le moment.
Aucun outil de mesure n'est sans défaut, en matière d'analyse

des émotions. Que les chercheurs s'appuient sur leurs enquêtes ou sur des marqueurs biologiques sophistiqués, toute mesure comporte un certain degré d'erreur aléatoire ou d'influence induite. Et cela n'est pas sans poser quelques problèmes aux chercheurs, comme vous pouvez l'imaginer. Cependant, au lieu de baisser les bras devant ces obstacles, ils trouvent des moyens de minimiser l'erreur et de neutraliser les biais induits.

PRENEZ DU RECUL : UNE ÉVALUATION JUSTE EST UNE ÉVALUATION RÉGULIÈRE

Un des moyens de remédier à ce problème de mesure est de s'évaluer régulièrement. Même si vous avez répondu le plus sérieusement du monde à ce test d'autoévaluation, votre score positif du jour devrait être regardé avec circonspection. Votre journée était-elle si représentative de votre fonctionnement quotidien ? Probablement pas. Chaque jour est différent. Et donc plus vous accumulez de mesures journalières de votre ratio, plus ce ratio a de chances d'être fidèle à la réalité. Autrement dit, vous obtiendrez toujours une meilleure vue du paysage si vous adoptez le point de vue d'un oiseau planant au-dessus des terres plutôt qu'en limitant votre regard à la surface du sol.

L'idéal est de s'appuyer sur une bonne quantité de mesures journalières, non sur une seule

Pour obtenir une estimation plus fidèle de votre ratio positif, je vous recommande donc de ne pas changer vos habitudes et de

remplir un nouveau questionnaire tous les soirs, sensiblement à la même heure, dans les quinze jours qui suivent.
Par nouveau questionnaire, j'entends questionnaire vierge. Vous n'avez pas besoin de vos mesures de la veille lorsque vous vous attachez à retranscrire vos émotions du jour. (Vous disposez, à la fin de ce livre, d'une version à photocopier du test d'autoévaluation positive).
Au bout de ces deux semaines, faites le compte de vos émotions positives et négatives et calculez votre ratio sur toute la période.

- **Le premier avantage de ce compte à long terme** est d'éviter le problème de division par rien : il est en effet fort probable que vous rencontriez au moins un affect négatif au cours des deux semaines à venir.
- **Le deuxième** est que, parce qu'il est enrichi de données plus substantielles, ce ratio positif sur quinze jours est plus fiable et procure une estimation plus fidèle de votre ressenti au quotidien.

UN CONCASSEUR DE CHIFFRES À VOTRE SERVICE

Bien qu'il puisse être utile et intéressant pour vous de compiler vos propres données, faire des photocopies et remplir votre questionnaire à la main peut vous paraître assez fastidieux et dissuasif. Pourquoi ne pas confier cette tâche à votre ordinateur ?

> J'ai créé un site internet en relation avec mon livre.

Mon site vous donne la possibilité de faire effectuer toutes ces opérations de comptage par un logiciel dédié. Vous pouvez l'utiliser pour déterminer votre ratio positif avec toute la précision que procure une mesure régulière.
Je vous invite donc à visiter ce site : **www.positivityratio.com.** Ce site va bien au-delà d'un chiffrage automatique de vos réponses. Il peut aussi vous aider à repérer les changements intervenant au fil des semaines, des mois ou des années. Lorsque vous commencerez à expérimenter de nouvelles pistes pour augmenter votre ratio positif, vous aurez envie d'en voir le reflet dans vos calculs. En faisant appel à cet outil, vous serez en mesure de voir et mesurer vos progrès.

Voici comment utiliser mon site

- **Vous commencez par vous enregistrer**, en choisissant un pseudonyme ou un mot de passe. Si vous souhaitez contribuer par vos scores à la base de données de mon laboratoire de recherche, vous aurez également à fournir quelques éléments d'information personnelle. S'il s'agit de votre première visite, vous n'aurez qu'à répondre au questionnaire d'autoévaluation, puis à l'envoyer. Cette démarche ne vous aura pris plus de cinq minutes.
- **Après quoi, vous n'aurez pas à y consacrer plus d'une minute par jour.** Si vous vous rendez sur le site régulièrement, vous aurez la possibilité d'utiliser les outils de visualisation de vos résultats, au fur et à mesure de vos entrées.
- **Vous pourrez également disposer de marqueurs de dates clé initiant les démarches entamées** pour faire grimper votre ratio positif, ou compiler ces ratios sur une période de votre choix (par ex. « pendant les vacances » ou « depuis que j'ai commencé à tenir un journal des événements positifs quotidien... »).

Et même si vous n'êtes pas sûr de vouloir exploiter toutes les possibilités qui vous sont proposées, je vous encourage à prendre un moment, plus tard dans la journée, pour vous enregistrer sur le site et effectuer un autotest de positivité. Puis de recommencer l'opération le lendemain – que vous ayez eue le temps ou non d'avancer dans votre lecture de ce livre. Répétez cette simple routine quotidienne, en gros, au cours des deux semaines suivantes.

Pourquoi ?

Pour savoir si tel ou tel effort personnel de changement donne des résultats, vous aurez besoin d'un point de repère auquel vous référer au long de votre évolution tout comme vous noteriez votre poids sur la balance, avant de commencer un régime.
N'oubliez pas qu'à l'instar d'un poids d'avant régime, votre ratio positif de base peut vous paraître peu enthousiasmant. Cependant, une estimation fiable de votre ratio « dans la vraie vie », est un point de départ nécessaire.
Selon moi, vous apprécierez par la suite d'avoir entamé cette autoévaluation assez tôt, avant d'œuvrer au développement de votre ratio positif.

PASSEZ EN MODE ZOOM : FAITES L'ARCHÉOLOGIE DE VOTRE JOURNÉE

Nous l'avons vu, un des moyens d'affiner de votre évaluation émotionnelle est de prendre du recul et d'effectuer des mesures répétées.

Il existe une autre technique, qui consiste à l'inverse, à observer les choses de très près

Cette technique permet d'effectuer des mesures sur de courtes unités de temps.

Lorsque vous vous testez en prenant pour référence la journée entière, et même si vous pondérez cette mesure sur plusieurs jours, voire plusieurs semaines, vous obtenez un tableau plutôt brossé à grands traits. Je vais vous apprendre comment peindre une miniature. Effectué chaque jour, cette autoévaluation vous donne une vue d'ensemble de votre ratio positif. Au contraire, si vous l'utilisez en mode zoom, vous obtenez un ratio richement détaillé, à l'image d'un archéologue tout juste revenu de son théâtre de fouilles.

Pourquoi s'attarder aux détails ?

Il se peut que, comme la plupart des gens, vous n'ayez pas une mémoire photographique.
Au moment de remplir chaque soir votre questionnaire, pouvez-vous vous appuyer en toute confiance sur votre aptitude à mémoriser les nuances émotionnelles de la journée ? Les scientifiques sont réservés à ce sujet.
Mes propres recherches sur la capacité des participants à mémoriser leurs ressentis émotionnels passés laissent apparaître que les comptes rendus de fin de journée sont fortement biaisés par deux facteurs :

- le premier étant ce que vous avez ressenti au moment le plus intense de votre journée ;
- le second, l'état dans lequel vous êtes à la fin de la journée.

C'est ce que j'appelle la « règle du sommet et de la chute ».
C'est la raison pour laquelle ce test de positivité vous demande de préciser le degré auquel vous avez éprouvé telle ou telle émotion plutôt que votre perception « moyenne » de celle-ci, ou sa durée.

Les études en la matière montrent que l'on est plus précis lorsque l'on évalue l'intensité d'une émotion

Ce recours **au gros plan** prodigue une évaluation plus fine des choses. Mais c'est un travail exigeant. Qui prend du temps,

beaucoup de temps. Plutôt une heure qu'une minute.
Mais je vous suggère de faire appel à cette méthode de calcul de temps à autre, peut-être une fois avant de vous lancer dans des améliorations conscientes de votre mode de vie, et puis quelques mois plus tard seulement.
Vous pouvez le prendre comme un *check-up* annuel chez votre médecin traitant plutôt que comme une pesée quotidienne dans votre salle de bain. Comme une visite chez le médecin, cette méthode d'évaluation plus détaillée vous apporte des informations nouvelles sur vous-même

Vous pouvez en faire usage pour repérer vos zones à haut risque de négativité et vos sources naturelles de positivité.

Nos émotions nous sont très personnelles.

Bien que la science ait prouvé que certains modes de pensée fonctionnaient comme des leviers pour tel ou tel type d'émotion, les circonstances qui stimulent ces leviers diffèrent d'une personne à l'autre. Un même événement provoquera la colère de l'un ou la compassion de l'autre.

Je suspecte fortement que, bien que chaque lecteur de ces lignes soit différent, vous pouvez rencontrer des situations-type qui éveillent au quotidien votre pessimisme gratuit comme votre optimisme sincère. Bien des situations de la vie se reproduisent à maintes reprises. Certaines d'entre elles sont un peu des zones à haut risque s'apparentant chez vous à des stimuli négatifs, lesquels provoquent en retour les habituelles émotions afférentes. D'autres au contraire sont plutôt des sources rafraîchissantes qui vous remontent le moral et vous redonnent de l'énergie.

- C'est pourquoi je vous invite à étudier vos journées.
- À explorer vos routines.
- À porter une attention particulière aux circonstances qui se répètent jour après jour.
- Examinez honnêtement ce que ces circonstances vous amènent à éprouver.
- Quels schémas distinguez-vous ?
- Dans quelles zones votre esprit négatif va-t-il s'exercer ?
- Et à quel moment votre pensée positive est-elle stimulée ?
- Apprenez à repérer ces zones de bien-être ou d'inconfort personnel.

Une simple variation dans votre test de positivité peut vous y aider. En l'utilisant en parallèle à ce que j'appelle la *méthode de reconstruction journalière.*

La méthode de reconstruction journalière

Vous pouvez calculer votre ratio positif beaucoup plus en détail, mais également mener une étude de fond sur vos sources de psychologie positive et vos failles négatives. D'abord développée par Daniel Kahneman (mon collaborateur dans l'établissement de la règle « du sommet et de la chute »), docteur en psychologie cognitive et Prix Nobel de sciences économiques, la *Méthode de reconstruction journalière* a été présentée dans les prestigieuses pages du magazine *Science.* J'ai moi-même adapté cette technique de relevé des émotions au travail d'analyse que je vous propose ici.

Pour commencer, prenez donc un crayon et du papier

Et pour bien faire, vous pouvez également garder à portée de main une trentaine de copies du test d'autoévaluation positive, que vous aurez trouvé à la fin de ce livre. Si cela ne vous convient pas, il vous est certainement possible d'enregistrer vous-mêmes vos réponses.
Si vous disposez d'un accès Internet, vous pouvez également gagner du temps en effectuant toute la démarche en ligne, sur mon site dédié.

Une fois que vous êtes prêt (que ce soit devant une feuille de papier ou votre écran d'ordinateur) votre objectif est de vous rappeler ce qui s'est passé hier

Chaque journée est différente. Certaines sont meilleurs, et d'autres, pires, certaines enfin sont assez caractéristiques de l'existence que vous menez. Dans ce cas, il s'agit de vous attacher seulement à la journée d'hier.
J'ajouterais même que, suivant l'approche scientifique de la méthode dite de reconstruction journalière, il s'agit toujours d'un test surprise. C'est-à-dire qu'en général, les participants au test ont vaqué la veille à leurs occupations ordinaires, sans imaginer qu'ils auraient à en disséquer les étapes le lendemain. Il est très important en effet de saisir votre journée telle qu'elle s'est réellement passée, plutôt que d'en garder les moments idéalisés pour la caméra. Je vous encourage à suivre cette méthode pendant une de vos journées ordinaires, sans faire d'effort particulier pour vous mettre en valeur.

Parce qu'il est parfois difficile de se souvenir de tous les détails, il est utile de procéder par étapes

- **D'abord, commencez par vous souvenir de l'heure** à laquelle vous vous êtes levé puis couché.

• **Puis reconstruisez votre journée** comme si vous écriviez votre journal intime.
• **Repensez à toute votre journée,** du moment où vous vous êtes levé jusqu'à l'heure du coucher, et découpez la en une série d'épisodes.
• **Donnez à chaque épisode un numéro et un titre descriptif,** comme par exemple : « petit déjeuner avec les enfants » ou « trajet pour aller travailler » ou encore « consultation de ma messagerie », ou « réunion avec mon boss ».
• **Notez l'heure approximative du début et de la fin de chacun de ces épisodes,** sans trous ni superpositions.
D'une certaine manière, ces épisodes s'apparentent aux scènes d'un film. L'une se termine et une nouvelle commence lorsque vous changez de lieu, d'activité ou de compagnie.
• **Découpez votre journée en une suite** ***continue*** **d'épisodes, en n'en oubliant aucun.**
Votre tâche, en répondant à ce test, est de prendre en compte l'ensemble de ces séquences. En imaginant que leur durée respective varie de dix minutes à deux heures, vous devriez en dénombrer au minimum dix, et trente au maximum.

EXEMPLE

Pour illustrer ce principe, mes épisodes de ce matin se décomptent à peu près ainsi :
• de 6 h 05 à 6 h 15 : lever et habillage
• de 6 h 15 à 7 h 00 : jogging
• de 7 h 00 à 7 h 35 : méditation
• de 7 h 35 à 8 h 00 : petit déjeuner
• de 8 h 00 à 9 h 40 : écriture à mon bureau
• 9 h 40 à 9 h 55 : petite pause et snack
• de 9 h 55 à 11 h 30 : retour à l'écriture.
Vous pouvez en revanche passer sur tous les événements mineurs tels qu'aller aux toilettes ou vider le lave-vaisselle, etc.

- **Après avoir identifié tous les épisodes de votre journée d'hier, revisitez chacun d'entre eux** en retrouvant sa couleur émotionnelle. Revivez-les intérieurement pendant quelques instants.
- **Ensuite, remplissez votre test d'autoévaluation positive,** en donnant une note à chacun des dix états émotionnels négatifs et positifs vécus dans cet intervalle de temps.
- Afin de détailler les circonstances variées qui ont scandé votre journée, il est utile de prendre en compte quelques éléments clés tels que le lieu où vous étiez, ce que vous étiez en train de faire, et si vous étiez seul ou en interaction avec d'autres.

COMMENT ÉVALUER VOTRE RECONSTRUCTION, GLOBALEMENT ET PAR ÉTAPES

Attribuer une note à votre reconstruction journalière n'est pas une démarche très différente de votre autoévaluation positive. Vous faites le compte de vos questions positives et négatives et vous divisez les premières par les secondes. Le procédé peut rapidement ressembler à une usine à calculs si vous avez dû noter bon nombre d'épisodes. C'est là que vous pouvez recourir à l'outil informatique mis à votre disposition sur mon site www.positivityratio.com.

Vous ne gagnerez pas seulement du temps, mais une considérable flexibilité dans le traitement de vos données journalières. En un clic de souris, vous serez à même d'adapter la notation de votre reconstruction à vos besoins personnels.

Mais si vous n'êtes pas familiarisés avec l'informatique, continuez à suivre la méthode indiquée en notant chaque période de votre journée.
Je vous propose plus loin deux différentes méthodes d'évaluation. Chacune vous révèle un aspect différent de votre situation concernant votre positivité.

Voici d'abord comment évaluer votre ratio positif sur la journée entière

1. Comme proposé plus haut, entourez les questions positives et soulignez les négatives.
2. Dans l'ensemble des épisodes retenus, comptez le nombre de réponses positives évaluées à 2 et plus.
3. Faites de même pour les négatives, à partir de 1 et plus.
4. Divisez la somme de vos émotions positives par celle de vos émotions négatives.

Le résultat obtenu vous fournit une image assez précise de votre ratio positif.

Voici ensuite comment l'évaluer par épisodes afin de repérer vos zones à hauts risques de négativité et vos sources naturelles de positivité.

1. Comme proposé plus haut, **entourez les questions positives et soulignez les négatives.**
2. Dans chacun des épisodes retenus, **comptez le nombre de réponses positives évaluées à 2 et plus.**
3. **Faites de même pour les négatives,** à partir de 1 et plus.
4. Dans chaque épisode, **divisez la somme de vos émotions positives par celle de vos émotions négatives.** En cas de divisions par zéro, remplacez-les par des un. Le résultat obtenu vous donne votre ratio positif par épisode.
5. En faisant appel à vos titres d'épisodes, **classez-les par ordre de positivité en commençant par les moins positifs.**

Bilan

Si votre journée d'hier vous a semblé plutôt fidèle à ce que vous êtes, **l'ordre de classement des épisodes vous renseigne précisément sur vos zones à haut risque négatif comme sur les activités qui vous enthousiasment le plus.** Sachez que cette méthode n'a absolument rien de magique. Comme vous apportez vous-même toutes les informations, vous n'obtenez, à vrai dire, rien que vous ne sachiez déjà.

Ces résultats peuvent attirer néanmoins votre attention sur des détails émotionnels de votre vie quotidienne et sur les moments qui vous tirent vers le bas ou, au contraire, vous remontent le moral.

Une fois que vous aurez développé une sensibilité aux différentes nuances émotionnelles de vos journées, vous commencerez à en interpréter les conséquences en aval, et vous n'aurez peut-être plus besoin de cet outil.

À RETENIR

Vous pourrez désormais évaluer mentalement votre état émotionnel à des moments clés de votre journée.

- Comment me sentais-je au moment du petit déjeuner ?
- Comment s'est passé mon trajet au travail ?
- Qu'est-ce que je ressens quand je bavarde avec mes collègues ou que je déjeune au bureau ?

La *méthode de reconstruction journalière* non seulement met en évidence votre ratio positif, mais elle vous aide à développer une conscience plus fine de la trame émotionnelle de vos journées.

METTEZ VOS RÉSULTATS EN PERSPECTIVE

Quelle que soit la durée choisie ou la méthode à laquelle vous faites appel, ce test d'autoévaluation positive vous donne un instrument de mesure précis de ratio positif.

Résultats du test d'autoévaluation positive

• **Si votre résultat se situe au-dessous de 3 pour 1, sachez que vous n'êtes pas seul !** Plus de 80 % des sujets que j'ai pu tester se situaient en effet dans cette fourchette, avec une moyenne autour de 2 pour 1. Les gens déprimés ou en souffrance ont souvent des ratios inférieurs à 1 pour 1.

Sachant que la plupart des gens restent en dessous du score préconisé de 3 pour 1, ce guide émotionnel nous rappelle que nous disposons de ressources encore inemployées

• **Si votre ratio actuel reste inférieur à 3 pour 1, la lecture de cette deuxième partie pourra vous aider à repérer vos opportunités de changement au quotidien.** Or ces changements, souvent minimes, peuvent vous ouvrir l'esprit et le cœur, et vous aider à vous construire un bien meilleur avenir.

• **Si votre ratio positif demeure constamment au-dessous de 1 pour 1, je conseille de rechercher une aide thérapeutique,** en dehors de la lecture de ce livre. **Vous pourriez vous poser la question d'un épisode dépressif.**
La dépression est en effet un état extraordinairement partagé, affectant une personne sur cinq.

MON CONSEIL

Si vous pensez avoir une dépression:

• Prenez contact avec un praticien compétent. Et si vous ne vous entendez pas bien avec le premier rencontré, cherchez-en un autre. Et un autre !
• Accrochez-vous. Vous allez avoir besoin de vous appuyer sur le soutien attentionné et pointu d'un professionnel de santé, dans la mesure où vous vous attaquez à un problème d'ordre génétique ou physiologique.
• Combiné à un traitement plus classique, la lecture de ce livre peut vous aider à identifier les petits changements à mettre en place pour soulager temporairement vos états dépressifs et, en fin de compte, vous assister dans votre recherche d'une vie plus insouciante et plus heureuse.

• **Si votre résultat est égal ou supérieur à 3 pour 1, vous faites partie des quelques chanceux de l'existence.** Il est probable que vous êtes déjà installé dans un mode de vie épanouissant, et en résonance intime avec la pensée positive. Si tel est le cas, la lecture de ce livre vous verra hocher la tête, au fil des connivences que vous y trouverez.
Ce livre vous fournira également un mode d'emploi vous permettant de partager votre point de vue avec les autres. Il est possible que ceux que vous aimez ne profitent pas

tous, autant que vous, des fruits de la positivité et que vous souhaitiez depuis longtemps les en faire bénéficier, afin qu'ils mènent une vie pleine et enrichissante.
Ou alors, c'est votre lieu de travail qui est saturé d'émotions négatives et vous vous demandez comment changer les choses. Les idées que vous glanerez ici peuvent vous aider à ouvrir le dialogue avec vos collègues sur la valeur et les bienfaits de psychologie positive.
Bien qu'il soit possible de modifier des schémas émotionnels enracinés, il s'agit néanmoins d'une réelle prouesse. Il est plus facile de détourner un fleuve que de changer son caractère comme le dit le proverbe chinois.

À L'IMAGE DU COURS D'UN FLEUVE

Il est plus facile de détourner le lit d'une rivière qu'une montagne, mais cela ne va pas se faire pas en un clin d'œil, ni sans efforts concertés sur une assez longue période. Cela nécessite de nouvelles fondations, et la mise en place d'un lit, permettant au fleuve de vos émotions désirées de couler librement. À vrai dire, les recherches actuelles les plus pointues confirment que la modification durable de notre ratio positif exige autant d'attention, d'efforts et de changements dans notre mode de vie qu'un régime amaigrissant ou une diète anti cholestérol.C'est pourquoi une platitude du genre *Don't worry, Be happy* (« Ne t'inquiètes pas et sois heureux ») sonne si faux à nos oreilles.Cela reste un vœu pieux. Et ne nous aide absolument pas à déplacer le cours du fleuve.

Les bonnes intentions ne suffiront pas à faire grimper le ratio positif de quiconque

Il ne suffit pas non plus de dire (à soi ou aux autres) : « Ne sois pas si négatif. Sois positif. »

L'épanouissement n'est pas pur affaire de volonté. Vos émotions sont à l'image d'un fleuve. Et il est possible que son cours habituel soit caractérisé par un ratio positif trop bas. Il se peut que vous ayez désormais envie de diriger ce fleuve vers des paysages plus riants. Ce que je vous invite à faire est de vous attacher à observer le lit actuel et les fondations qui canalisent le flot de vos émotions.

Plus que toute autre chose, votre mode de pensée habituel est ce qui détermine le lieu et le débit du fleuve

Et pourtant, même si vos habitudes mentales sont susceptibles de s'être formées et consolidées au fil de longues années, votre pronostic reste bon.

> Des centaines d'études scientifiques nous confirment que lorsque l'on change le fil de sa pensée, on change celui de ses émotions.

Et ceci reste valable à la fois dans l'instant présent, lorsque vous écartez de votre esprit une inquiétude parasite, comme à long terme, quand vous voulez guérir d'un syndrome anxieux sévère. Ce principe se vérifie également du point de vue de nos émotions positives et négatives – dans les basses eaux de la tristesse comme dans les cascades d'allégresse parce que le flux de nos émotions obéit à notre interprétation des circonstances présentes. Une interprétation négative à l'extrême génère des émotions très pénibles. Un regard

charitable et optimiste, au contraire, engendre de la positivité. Vous pourriez m'objecter qu'il est vain de modifier le lit d'un fleuve. La nature n'a-t-elle pas toujours le mot de la fin ?
La force du conditionnement et des gènes ne finit-elle pas toujours par contraindre le fleuve à rester dans son lit d'origine dès l'instant que notre vigilance décroît ? La science n'a-t-elle pas découvert que nous sommes conditionnés par un seuil invariable de bien-être ?
Je répondrai à cela en suggérant que si les gènes étaient les seuls déterminants de notre bonheur, il serait aussi inutile de modifier notre ratio positif que de chercher à modifier notre taille. Ce serait même *pire* que de déplacer une montagne. Parce que si, d'une manière ou d'une autre, il vous était possible de la déplacer, vous pourriez au moins vous reposer sur la certitude que cette montagne ne bougerait plus. Mais peut-on vraiment croire qu'une rivière va rester tranquillement dans son lit ?
S'il est vrai que la science a prouvé que les gènes dont nous avons hérité à travers notre arbre généalogique jouent leur rôle dans la détermination de notre ratio positif ordinaire, elle démontre également qu'ils n'entrent véritablement que pour moitié dans ce processus. L'autre moitié résulte d'une combinaison de notre situation actuelle et de notre manière de penser et d'agir jour après jour.

Et de ce point de vue la plus récente des découvertes neuroscientifiques nous offre encore plus de raison d'espérer

Cette nouvelle étude laisse entendre qu'au fur et à mesure que nous utilisons de nouveaux schémas de pensée, nous reformatons nos circuits neuronaux. Cette neuroplasticité, telle qu'on nous la présente, signifie bien qu'il n'est pas inutile de vouloir modifier le lit du fleuve. Ce « recâblage » neuronal assoit et renforce en quelque sorte le nouveau lit fluvial que vous avez choisi. En d'autres termes, vous avez le choix.

Quel que soit le paysage où votre propre fleuve d'émotions poursuit son cours aujourd'hui, avec le temps, des efforts et une attention continus, vous pouvez en changer le lieu et la direction.

EMBARQUEZ POUR LE CHANGEMENT

Parce que votre ratio positif est en passe de jouer un rôle déterminant dans votre épanouissement, il est essentiel de savoir comment le faire grandir. La science a montré que nous sommes en mesure de modeler et remodeler nos schémas émotionnels, afin d'accroître notre positivité relative.

On peut toujours progresser

En agissant de la sorte – et tandis que notre ratio positif franchit le seuil critique de 3 pour 1 – nous venons grossir les rangs de ceux qui ne sont pas seulement heureux et autonomes, mais également créatifs, résilients, productifs. Et nous pouvons être plus encore.

Il est vrai qu'un grand nombre d'entre nous – membres d'une même famille, voisins, membres d'une communauté, ou citoyens du monde – avons besoin de nous épanouir.

Sur nos lieux de vie comme partout, nous devons, plus nombreux, contribuer à améliorer l'état du monde pour les

générations futures, et à alléger la société de ses nombreux fardeaux.
Les individus inscrits dans cette dynamique vitale seront à même de faire changer les choses.
Le point de départ est de contrôler l'évolution de notre ratio positif. Il s'agit d'une proposition gagnant-gagnant.

> Si vous vous sentez bien – de manière saine et sincère – vous agirez bien.

Comme dans toute dynamique de changement, de nombreux chemins s'offrent à vous pour atteindre vos buts. Il existe ainsi trois moyens d'augmenter un ratio, quel qu'il soit : en augmenter le numérateur, en faire décroître le diviseur, ou les deux à la fois.
Au chapitre suivant, j'illustrerai cette démarche par des exemples concrets, afin de faire évoluer ces chiffres clés et vous permettre de vivre votre vie plus pleinement.

EN CONCLUSION

- Si vous avez fait votre autoévaluation positive, vous savez à présent où vous situer. Pour en obtenir une mesure plus stable, refaites le test tous les soirs pendant quinze jours, sans rien changer à votre vie quotidienne.
- Une fois que vous serez habitué à ce test – et si vous utilisez les ressources du site www.positivityratio.com, vous en aurez pour moins de deux minutes chaque jour pour entrer vos

données, et quelques clics de souris pour calculer votre ratio.

- Vous savez également comment obtenir un portrait à la fois plus précis et plus fidèle de votre ratio, en utilisant la méthode dite de *reconstruction journalière.*
- Si vous êtes dans la moyenne, vous avez probablement constaté que votre ratio positif se situe en dessous du seuil critique des 3 pour 1, qui est le marqueur d'un développement personnel durable. Ne désespérez pas !
- Grâce à votre lecture attentive jusqu'ici, vous en savez déjà pas mal sur la pensée positive. Vous savez mieux ce qu'elle est à quoi elle nous mène. Vous appréciez désormais à quel point la positivité nous ouvre l'esprit et nous autorise à porter un regard neuf sur le monde. Avec le temps, ce regard neuf vous place dans une spirale ascendante et vertueuse, ouvrant au développement personnel et au changement.
- Mon but, dans les premiers chapitres de ce livre, était d'éclairer et d'inspirer. J'ai l'espoir, qu'en partageant avec vous le fruit des découvertes scientifiques les plus récentes, vous éprouviez une envie impérieuse de faire, vous-même, votre propre expérience de la psychologie positive. Mais l'inspiration a ses limites.

Vous avez besoin de nouveaux éléments, et c'est l'objet des chapitres suivants. Vous y trouverez des outils et un mode d'emploi pour agir et mettre en place des changements positifs dans votre vie.

Vous pourrez réduire ce qui est pessimiste en vous, faire croître ce qui est optimiste, et élever ainsi votre ratio positif.
À présent, passons à l'étape suivante : le contrôle des idées noires.

9. COMMENT DIMINUER LES PENSÉES NÉGATIVES

À chaque instant, la vie nous prodigue exactement le maître dont nous avons besoin. Le moindre moustique, la moindre contrariété, le moindre feu rouge, le moindre embouteillage, le moindre patron (ou employé) odieux, la moindre maladie, le moindre moment de joie ou de tristesse, la moindre addiction, le moindre détritus, la moindre bouffée d'air, tout est leçon.

Charlotte Joko Beck

Ce livre est consacré à la pensée positive, alors pourquoi nous concentrer sur ce qui est négatif ? Tout simplement parce que les deux sont liées. Les découvertes, exposées dans la première partie, révèlent que notre optimisme ne peut s'évaluer que proportionnellement à notre pessimisme. Le biais négatif, un principe bien connu des psychologues, montre que les efforts visant à réduire les idées et les sentiments nocifs ont une influence prometteuse sur notre ratio positif. Comme on l'a vu plus haut, à quantités égales, le bon est moins fort que le mauvais. Notre ratio dépend, plus qu'on ne le pense, de notre négativité quotidienne. Pour rééquilibrer le rapport, le moyen le plus rapide et le plus efficace consiste donc à diminuer nos idées pessimistes. Si vos résultats sont vraiment médiocres, c'est par là que vous devez commencer. C'est aussi par là que vous devez commencer si votre taux de pensée positive est élevé, mais au même niveau que votre pensée négative.

SOUVENEZ-VOUS QUE VOTRE BUT EST DE RÉDUIRE LA NÉGATIVITÉ, PAS DE LA FAIRE DISPARAÎTRE

À certains moments, les émotions négatives ont leur raison d'être. Il est, par exemple, normal d'avoir du chagrin après un deuil, d'être indigné par une injustice ou de craindre un éventuel danger pour vous-même ou vos enfants. Les émotions négatives justifiées aident à garder les pieds sur terre, elles sont gage de réalisme et de prudence.

Diminuer les pensées négatives injustifiées

Si certaines de ses manifestations protègent ou stimulent, c'est loin d'être toujours le cas. La bonne stratégie consiste donc à en diminuer les formes gratuites ou injustifiées. Les propos négatifs dénués de motif ne sont ni sains ni utiles. Est-ce vraiment utile de passer vos nerfs sur le caissier quand vous avez fait la queue plus longtemps que prévu ? Est-il sain de vous faire des reproches parce que vous avez oublié la lessive ?

Que gagnez-vous à ressasser la réflexion maladroite d'un collègue ?

Bien souvent, vos schémas émotionnels intensifient ou prolongent ces sentiments nocifs au-delà du raisonnable. Votre négativité devient corrosive et oppressante. Telle une plante parasite, elle grandit démesurément et étouffe les tendres pousses de positivité.
La psychologie clinique a accumulé et expérimenté nombre de techniques pour atténuer ces comportements nocifs.
Dans ce chapitre, j'offre un aperçu de cet immense champ d'investigation. J'explique aussi comment repérer les situations récurrentes qui chargent votre quotidien de pensées négatives. Qu'il s'agisse de trajets fatigants pour aller travailler, d'un collègue insupportable ou d'une certaine propension à la critique et à l'ironie.
Attention aussi à votre consommation de médias. Si vous êtes un drogué de l'information ou un fan de jeux vidéo, votre facteur de risque peut s'élever à des niveaux dangereux.

Mon message est le suivant : le pessimisme gratuit nous prend en otage, il nous attache des blocs de ciment aux pieds et nous aveugle avec un capuchon noir.

La contrainte qu'il nous impose est telle qu'il nous rend incapables d'évoluer. Mais la bonne nouvelle c'est que nous avons en nous les moyens de nous en libérer !

Dites non aux pensées négatives

La semaine a été mauvaise. On est déjà vendredi, j'ai passé des heures devant mon ordinateur et je n'ai pas sorti plus de quatre pages depuis lundi. Comment vais-je finir ce chapitre ? Il faut dire que je n'ai pas pu écrire en mai, parce que mon mari a été hospitalisé en urgence. Je n'arriverai jamais à terminer ce livre cet été comme prévu. J'essaierai de le boucler pendant le premier semestre, mais je sais déjà que j'aurai beaucoup trop de choses à faire. Je vais enseigner, je démarre de gros projets de recherche, j'aurai deux groupes d'étudiants de dernière année en charge et je vais présider réunion sur réunion.

Je ne pourrai jamais venir à bout de mon livre avec toutes ces activités

Une de mes amies vient juste de finir d'écrire le sien, commencé il y a... vingt-trois ans ! Je comprends maintenant comment ce genre de choses arrive. Quand mon agent et mon éditeur vont découvrir que je ne respecte pas les délais, ils regretteront d'avoir accepté de travailler avec moi. Ils se diront que le projet que je leur ai présenté n'était que du vent, que ces découvertes n'intéresseront pas le public.
Je suis nulle, quand j'y pense ma gorge se serre. Mon estomac se noue. Mes doigts ont à peine la force de taper ces mots.

Je ne ferai rien de bon aujourd'hui.
Pourquoi ne pas laisser tomber ?

Vous avez eu des journées comme ça ? Probablement

Soit que vous n'ayez pas respecté des délais ou un but que vous vous étiez fixé. Peut-être un objectif professionnel, comme moi, ou plus personnel : vous n'avez pas eu le temps de faire les courses pour préparer un bon repas à votre famille, pour changer. Soit que vous ayez découvert, en montant sur la balance, que vous aviez pris trois kilos.
Peu importe l'événement à l'origine de votre déconvenue, les émotions négatives ont tôt fait de s'emballer et de générer anxiété ou déprime, ou les deux.
Une des avancées majeures de la psychologie, au XXe siècle, est sans doute la découverte du lien entre les schémas récurrents de pensée négative et les émotions qu'ils engendrent. Ce processus pouvant même aboutir à des états pathologiques du type dépression clinique, phobies ou troubles obsessionnels compulsifs. Les émotions négatives – comme la peur et la colère – sont également responsables de pensées nocives. Cette dynamique réciproque explique pourquoi la pente est si glissante. **Émotions et pensées négatives se nourrissent mutuellement. Ce faisant, elles vous entraînent dans leur chute.**

> Une méthode scientifiquement éprouvée permet de stopper ce cycle épuisant : la contestation des pensées négatives.

Cette pratique est celle de tout bon avocat qui remet en cause les faits qu'on lui présente.

Exercice pratique

Revenons à ma propre spirale descendante.

- D'où part-elle ?
- Quelles idées et quelles suppositions l'ont déclenchée ?
- Qu'ai-je éprouvé en retour ? Quelle est la part de vérité dans ces extrapolations ?
- Quelle est exactement ma situation ?
- Quels sont mes sentiments quand j'examine plus calmement les faits ?

Si je creuse un peu, il est évident que mon découragement vient de ce que je n'ai pas beaucoup avancé hier. Je n'ai écrit qu'une page et demie. J'avais écrit deux pages de plus, mais je les ai jetées quand je me suis aperçu que j'avais dit pratiquement la même chose dans le chapitre 2.

Consternée par le fruit de mon travail, j'ai abusivement généralisé : *je ne finirai jamais ce livre...* En oubliant totalement ce que j'avais déjà fait. Comme si ces nouvelles pages ne comptaient pas. J'ai aussi sauté aux conclusions : je me suis persuadée qu'en essayant (en vain) de terminer pendant ce premier semestre surbooké, j'allais suivre les traces de mon amie avec ses vingt-trois années d'écriture.
En exagérant démesurément ces revers, je me suis convaincue que mon agent et mon éditeur allaient croire que je ne valais rien. La fausse logique de ces pensées toxiques m'a oppressée et mis la peur au ventre. Je n'avais plus envie d'écrire. Mes doigts avaient perdu tout ressort. Je me suis moi-même enlisée dans ce marécage d'anxiété, de désespoir et de dépression.

Mais qu'en est-il si j'examine froidement ma situation ? Puis-je réviser mes habitudes ?

Je sais depuis longtemps que mes idées sont plus claires et plus fécondes le matin. Du coup, j'ai réservé mes matinées à l'écriture. Et, en bonne obsédée des statistiques, j'ai noté après chaque séance le nombre d'heures passées à ce travail et le nombre de pages produites. Durant mes quarante-huit matinées consacrées à mon livre, j'ai écrit en moyenne 3,03 pages par jour. Jusqu'à cinq pages, les jours fastes et une ou deux les jours les moins productifs.

Quand je me suis lancée dans ce projet, j'ai calculé qu'avec trois pages quotidiennes j'étais assurée de respecter les délais. Ce rythme devait aussi me permettre de me consacrer à mes nombreux autres travaux, de la mise en place de nouveaux programmes d'études, au suivi des étudiants de dernière année, en passant par mes cours et mes tâches administratives. Je n'ai donc besoin que de trois pages en moyenne par jour. Et une moyenne n'est qu'une moyenne. Certains jours, je produirai plus et d'autres moins. Hier, j'ai d'ailleurs bien avancé. J'ai écrit tout le passage sur le détournement du fleuve. En regardant le calendrier pour confirmer mes « conclusions », prévoyant que je devrai travailler tout l'automne et les vingt ans à venir, je me suis rendu compte que je pouvais libérer au moins une vingtaine de matinées pour écrire cet été. Ce qui fera, si je compte bien, une soixantaine de pages en plus. Étant donné le plan du livre, j'arriverai au dernier chapitre fin août. Avec un peu chance, je pourrai donc le terminer. Mais peut-être pas. Quoi qu'il en soit, je n'aurai sûrement pas besoin de vingt ans pour achever un chapitre. Je pourrai donc respecter sans problème la date limite du 1er octobre fixée par mon éditeur.

Quand j'examine les faits à tête reposée, je me sens mieux. Mon estomac se dénoue. Je tape plus vite. En relisant mon texte, je m'aperçois que j'ai déjà écrit trois pages aujourd'hui et que j'ai encore matière à une ou deux de plus. Je me sens pleine d'espoir et d'énergie. Il est tout à fait normal d'avoir des jours moins productifs que d'autres. Mon programme me le permet. Je suis prête à parier que la plupart des écrivains doivent jeter une ou deux pages de temps en temps.
En outre, étant donné les problèmes de santé de mon mari,

survenus en mai, il est normal que j'aie perdu une quantité de jours réservés à l'écriture. Ma famille avait beaucoup plus besoin de moi que mon livre. Si je devais revenir à cette période, je n'agirais pas autrement. Je n'ai donc rien à regretter. Heureusement que j'avais prévu de terminer avant le début de l'été. Ces quelques mois de battement dans mon emploi du temps me permettent d'être moins tributaire des aléas de l'existence. Je peux revoir mes plans et trouver d'autres moyens d'atteindre le but fixé.

> En contestant les pensées négatives, vous étouffez leur nocivité dans l'œuf.

Cet exercice vous laisse un léger désappointement mêlé d'une bonne dose d'espoir. Mais si vous n'arrivez pas à juguler ces idées noires, la déception vous envahit, entraînant à sa suite anxiété, désespoir, honte, peur et bien plus encore. Cette chape de négativité vous paralyse, elle étouffe toute espérance et tout sentiment positif. Vous suffoquez.

La technique de contestation des pensées nocives est au cœur des thérapies comportementales et cognitives ou TCC

Elle n'est pas réservée aux maladies mentales avérées. Vous pouvez l'utiliser pour arrêter les idées négatives inévitables en vous en tenant aux faits.
De nombreux ouvrages, écrits par des spécialistes de premier plan, vous aideront à manier cet art de la contestation, en même temps que les autres outils présentés dans ce chapitre et

dans les suivants. Maintes études montrent qu'ils offrent une aide vraiment appréciable. Leur lecture peut même contribuer à réduire un état dépressif.
Ne prenez pas vos désirs pour des réalités ! Cela ne signifie pas, qu'avec cette méthode, vous allez repeindre en rose vos idées noires. Même si la contestation a des conséquences positives, ce n'est pas de la pensée positive.
Mon ami Marty Seligman, auteur d'un livre à succès sur le sujet, parle de « pensée non-négative ». En contestant vos réflexions nocives, vous ne les supprimez pas, vous ne les expulsez pas de votre esprit ni ne les dissimulez. Vous les dissolvez en leur opposant la réalité. Elles fondent comme la méchante sorcière de l'Ouest dans *le Magicien d'Oz*, quand Dorothy lui jette le fatal seau d'eau. Pas besoin de baguette magique. Dans la plupart des cas, la réalité suffit.

DESSERRER L'ÉTAU DE LA RUMINATION

Notre esprit est un lieu souvent très encombré. Chaque fois qu'une contrariété survient – par exemple, une dispute avec notre conjoint – nous repassons l'événement en boucle. Pourquoi a-t-il dit que j'étais égoïste ? Est-ce que je suis vraiment égoïste ?... Si je n'arrive pas à faire marcher ce mariage, je serai condamnée à rester seule... Je me demande si je suis faite pour vivre en couple ?... Et s'il avait raison ?... Peut-être qu'il ne m'aime plus... Est-ce que c'est vraiment si difficile de m'aimer ?...

La rumination mentale

Les psychologues qualifient ce type de réflexion de rumination mentale. C'est ce qui se passe quand on revient sans cesse sur les mêmes idées et sentiments négatifs. On les examine sous tous les angles. On les dissèque. On veut aller au fond des choses, mais sans arriver nulle part. Nos pensées s'enlisent dans des interrogations sans fin. Nous nous sentons vite submergés et démoralisés. Et nous avons l'impression que nous ne trouverons jamais de réponses à nos questions.

La rumination attise les flammes de la morosité

Le ressassement nous fait voir les faits à travers les lentilles déformantes du pessimisme. Or, le pessimisme est mauvais joueur. Il empêche de penser juste ou d'avoir une vision d'ensemble. Les études montrent que les gens qui éprouvent des émotions négatives suscitent, de manière sélective, des idées de même nature.
Nous créons une chaîne de réflexions reliées par une même tonalité anxiogène. C'est ainsi que notre esprit fonctionne. Quand nous ruminons, nous privilégions des pensées qui ne font qu'alimenter notre foyer de négativité.
L'esprit se rétrécit, émotions et idées noires se nourrissent mutuellement et nous entraînent dans leur chute.

> Si vous voulez ruiner votre ratio positif, un des meilleurs moyens consiste à ressasser les questions et les problèmes.

Vous multipliez de manière exponentielle vos émotions négatives. Il semble bien que toutes les émotions de ce type obéissent aux mêmes règles.

Spirale négative

Vous avez un petit ennui, vous ruminez et la contrariété gonfle jusqu'à la crise d'angoisse. Prenez un doigt de tristesse, ajoutez du ressassement et vous obtenez des symptômes de dépression.
Même chose pour la colère. Essuyez un revers, tempêtez intérieurement et votre violence finira par exploser physiquement ou verbalement. Ajouté à une négativité justifiée, le levain du ressassement fait gonfler la pâte des pensées nocives, lesquelles finissent par occuper tout votre espace mental.

La rumination empêche de contester les idées noires. Pour comprendre la réalité de ce qui vous arrive, il faut y voir clair. Or, avant de pouvoir examiner votre situation sans a priori, vous devez freiner la spirale qui vous entraîne vers le bas.

Comment briser le processus de rumination ?

Il existe des moyens heureusement qui ont fait leurs preuves. Ils relèvent également de l'immense champ des thérapies comportementales et cognitives, plus particulièrement du domaine comportemental.

Comme souvent, tout commence par l'attention

Il faut que vous puissiez repérer le cycle funeste de la rumination dès qu'il s'enclenche. Vous devez prendre conscience que ce ressassement ne vous mène nulle part. C'est à cette seule condition que vous aurez la possibilité d'agir de manière totalement différente.

Se changer les idées

Les distractions de toutes sortes semblent apporter une

solution à conditions d'être saines. Choisissez une activité qui vous change vraiment les idées. Faites du jogging. Nagez dans la mer. Réparez votre vélo. Soulevez des poids à la gym. Méditez ou faites du yoga.

> Peu importe l'occupation, ce qui compte c'est qu'elle vous absorbe totalement.

Vous pouvez aussi appeler un ami et lui demander de vous raconter son dernier voyage ; ou vous plonger dans ces articles que vous devez lire en vue d'un prochain travail, ou même programmer votre nouveau mobile.

Le but est de vous changer les idées. Évidemment, mieux vaut trouver une activité qui vous plaît. Une activité qui ne vous désennuie pas seulement, mais qui est source de joie, d'intérêt ou de fierté.
On peut se cantonner à des occupations neutres, dès lors qu'elles cassent la rumination. Si elles empêchent de trop penser, elles atteignent leur objectif. Lesdites occupations peuvent briser le cercle infernal et vous extraire de votre spirale descendante. Une fois que vous aurez remonté la pente glissante de la négativité, vous y verrez plus clair pour contester les pensées nuisibles et affronter vos problèmes.

Qu'est ce que des distractions « saines » ?

Vous aurez sans doute remarqué que je parle de distractions saines. En effet, toutes ne le sont pas. **Beaucoup de gens tentent d'engourdir leur rumination excessive au moyen**

d'alcool ou de drogue. De fait, l'alcoolisme menace toute personne fortement portée au ressassement. La nourriture est une autre de ces distractions nocives. Certains y ont recours pour compenser leur mal-être, avec des risques de boulimie et autres troubles du comportement alimentaire.

J'aborde plus loin dans ce chapitre la fringale de médias qui pose également des problèmes. De nombreuses émissions de télévision ont, par exemple, un effet hypnotique tout en étant saturées de violence. Après un tel bain de noirceur, votre condition émotionnelle est souvent bien pire quand vous levez les yeux de l'écran. L'effet est le même si vous bourrez votre iPod de chansons déprimantes. Être conscient de cette attirance vers l'alcool, la nourriture ou divers médias pour fuir les pensées douloureuses, peut aider à choisir des formes de distractions plus saines. Apprenez à déceler ces pensées qui ne mènent nulle part. Constituez-vous une réserve d'activités où puiser pour briser l'étau de la rumination et vous changer les idées.

DE L'ATTENTION À LA PLEINE CONSCIENCE

Vos pensées habituelles sont comme le lit d'un fleuve et vos émotions l'eau qui y coule. Il est inévitable que des pensées négatives surgissent. Mais trop souvent, ce jaillissement échappe à tout contrôle. Brusquement, de longues chaînes d'idées se forment et vous encombrent l'esprit d'émotions indésirables. Il peut être tentant d'en tarir la source, de supprimer cette négativité. Mais des études révèlent qu'en la réprimant on s'expose à un retour de flamme émotionnel. Au lieu de réduire des pensées moroses envahissantes, les tentatives de suppression ne font que multiplier le mal-être, sur le plan mental, physique et social. Contre toute attente, il est plus sain de s'ouvrir aux pensées nocives que de chercher

à les bloquer. La pratique de la pleine conscience est un autre moyen, qui a également fait ses preuves, d'arrêter leur progression.

La pleine conscience

Le bouddhisme a élaboré, au fil des siècles, des techniques de méditation spécifiques pour développer cet art de la pleine conscience. Comme la plupart des gens, vous pensez peut être que le bouddhisme est une religion ou une spiritualité réservée au monde oriental. Or, de nombreux scientifiques occidentaux, dont je fais partie, tendent à y voir beaucoup plus. Le bouddhisme a une perception juste du fonctionnement de notre esprit, ainsi que de nos capacités à l'améliorer et à accéder à plus de bonheur, en cela, il relève d'une authentique philosophie.

Une pratique spirituelle millénaire

Au début des années 1980, Jon Kabat-Zinn, Professeur de médecine à Boston, fut le premier chercheur occidental à se tourner vers cette technique spirituelle millénaire. Il a appliqué cette pratique de la pleine conscience à ses patients. Il a appelé cette méthode : « réduction du stress fondé sur la pleine conscience » *(Mindfulness-Based Stress Reduction* ou *MBSR),* et en a donné une définition simple.

La pleine conscience est une manière particulière d'exercer l'attention : volontairement, en restant dans le présent et sans porter de jugement.

- Cette attention accrue exige de se concentrer sur ses propres expériences intérieures en restant parfaitement ouvert et exempt d'a priori.
- Il faut prendre mentalement du recul par rapport au flot des idées et des sensations, pour se regarder penser. Avec de la pratique, on apprend à observer le contenu de notre esprit calmement et sans réagir.
- On apprend aussi à accepter une pensée pour ce qu'elle est : c'est-à-dire un simple événement qui surgit, prend forme et disparaît ; un peu comme ces nuages qui revêtent différents aspects dans le ciel avant de se dissiper.
- **Dans un état de pleine conscience, il devient possible d'accepter nos pensées – même négatives – sans agir sur elles ou y réagir émotionnellement.**

Séparer pensée et émotion

La force de cette technique réside dans la séparation qu'elle permet d'opérer entre pensées et émotions. Vous désamorcez les pensées négatives si vous arrivez à les accepter – en sachant qu'elles passeront comme les autres. Si vous êtes conscient de ce lien entre pensées et émotions, vous pouvez choisir de le briser. Vous pouvez accueillir une pensée négative tout en décidant de ne pas l'amplifier.

LA PLEINE CONSCIENCE S'APPREND

Elle ne vient pas naturellement. Comme un toucher délié au piano ou un bon revers au tennis, elle nécessite un enseignement et de l'exercice. Cette perspective, qui est celle du bouddhisme, se retrouve dans le modèle proposé par Kabat-Zinn. La pratique professionnelle de la pleine conscience a maintenant permis d'accumuler une somme impressionnante de résultats.

Des résultats bénéfiques

Un grand nombre d'études scientifiques confirment les bénéfices de cette méthode.

- On remarque, chez ceux qui ont suivi les cours de Jon Kabat-Zinn, **une diminution du stress, de la douleur ou de l'anxiété,** un soulagement des affections cutanées et de meilleures défenses immunitaires.

- Au vu de ces résultats, d'autres praticiens ont introduit la pleine conscience, avec de bons résultats**, dans des traitements destinés à la récidive de la dépression, à l'automutilation, aux troubles obsessionnels compulsifs** ou au stress lié à une incapacité chronique.

- Les neurosciences ont aussi montré que cette pratique **influait durablement sur le cerveau**. La pleine conscience modifie le métabolisme de base des connexions cérébrales qui déterminent les réponses émotionnelles. Elle diminue l'activité des chaînes neuronales transmettant les émotions négatives et accroît l'activité de celles qui acheminent les émotions positives.

On peut modifier volontairement la façon dont notre cerveau travaille, et nous pouvons exploiter cette « neuroplasticité » pour renforcer notre action sur le cours de notre pensée.

MON CONSEIL

Le meilleur moyen d'apprendre à pratiquer la pleine conscience consiste sans doute à suivre des cours ou des stages.

Un professeur expérimenté vous aidera à surmonter les difficultés et vous incitera à persévérer.

Vous pourrez ensuite vous débrouiller seul en vous réservant quotidiennement un moment pour méditer ou vous exercer à la pleine conscience.

Rappelez-vous que cette méthode n'est pas forcément liée à la méditation. C'est juste une manière de faire attention.

Évidemment, il n'est pas indispensable de vous inscrire à un cours. Cet ouvrage, ainsi que de nombreux autres, offrent une bonne entrée en matière aux lecteurs intéressés.

En lisant ce genre de livres et en commençant à méditer par vous-même, vous êtes sur la bonne voie.

Mon expérience personnelle de la pleine conscience

À la fin des années 1990. Je me suis plongée dans un des ouvrages de Kabat-Zinn, j'ai écouté quelques-unes de ses méditations guidées et je me suis lancée.

Une fois encore, ma passion des statistiques m'a poussée à mesurer quotidiennement les effets de ma pratique débutante sur mes émotions et mon état d'esprit.

Les résultats de la pleine conscience étaient nets : j'étais moins anxieuse et plus concentrée, que ce soit au travail et quand j'enseignais ou chez moi, dans mes relations avec mon mari et pour me préparer à accueillir notre premier enfant.

Je pense d'ailleurs que ma pratique, toute fraîche, de la pleine conscience m'a aidée à maîtriser les douleurs de l'accouchement sans aide anesthésique chimique.
Et pourtant, même si cet apprentissage livresque semblait couronné d'un certain succès, je dois reconnaître que rien n'égale un enseignement prodigué par de vrais maîtres.
Sept ans après ces premiers tâtonnements, j'ai atterri dans un stage que j'ai évoqué dans cet ouvrage précédemment – cette semaine de retraite silencieuse – destiné aux chercheurs intéressés par la méditation. C'était mon premier contact avec des experts en la matière.
Nous avions la chance d'être avec Jon Kabat-Zinn, Joseph Goldstein, Sharon Salzberg et Guy Armstrong, soit quelques-uns des maîtres occidentaux les plus réputés et les plus appréciés.
Après cette extraordinaire semaine, ma pratique s'est approfondie plus que je ne le croyais possible. J'avais certes

progressé en apprenant la pleine conscience par moi-même, mais j'aurais avancé beaucoup plus vite et avec de meilleurs résultats si j'avais suivi des cours plus tôt.
Ateliers et classes de méditation fleurissent dans toutes les villes du monde, que ce soit dans les hôpitaux, sur les lieux de travail ou dans les centres de yoga. Toutes les conditions sont donc réunies pour que vous vous lanciez au plus vite dans cet apprentissage.
Vous n'avez rien à perdre sinon une bonne dose de pessimisme gratuit.

OPÉRATION « DÉMINAGE »

Le chapitre 8 explique comment se servir de la « méthode de reconstruction journalière » pour détecter certaines de vos mines bourrées de négativité.
Vous pouvez aussi les repérer en réfléchissant à votre routine quotidienne pour y rechercher les situations les plus nocives. S'agit-il de vos trajets pour aller travailler ? Du moment des repas ? Des relations avec certains membres de votre famille ou des collègues ?
Une fois que vous aurez isolé les suspects les plus probables, demandez-vous si cette négativité est nécessaire, gratuite ou les deux à la fois.

Analysez soigneusement ces situations

Mais sachez que vous aurez besoin de toute votre perspicacité. Si l'épisode concerné passe l'examen avec succès, c'est sans doute que vous aurez ôté les lentilles négatives qui coloraient votre jugement au moment de l'incident. Néanmoins, avant de vous livrer à cette opération, vérifiez votre humeur.
Si votre état d'esprit est neutre ou bienveillant, tout va bien. Des

études montrent que nos autoévaluations sont plus justes quand nous nous trouvons dans ce genre de dispositions. En revanche, si vous détectez une légère négativité, faites une pause. Essayez d'abord d'utiliser l'un ou l'autre des outils proposés au chapitre 11 pour dissoudre les pensées nuisibles. Reprenez votre autoanalyse quand vous vous sentez mieux.

Comment différencier la pensée négative nécessaire de la pensée négative superflue ?

La négativité nécessaire nous confronte à la réalité et nous fait avancer. Il est naturel d'avoir envie de pleurer quand on perd quelque chose qui nous est cher.
En l'occurrence, pleurer peut aider à aller de l'avant. Au travail ou à la maison, on a souvent du mal à dire haut et fort ce qui déplaît ou ce qu'on réprouve. Ces prises de position provoquent souvent colère, anxiété ou pire.
Mais ces crises peuvent aussi remettre vos collaborateurs sur la bonne voie ou crever l'abcès dans votre couple. De la même manière, éprouver de la culpabilité quand on a mal agi se révèle parfois salutaire. Certaines sources de négativité sont inévitables dans nos rapports quotidiens. Elles dépendent des faits et sont proportionnelles à leur importance. Cette forme de pensée négative nous aide à rester en bonne santé, actifs et ancrés dans le réel.

En revanche, la pensée négative gratuite ne mène nulle part

Elle est facile à reconnaître, car elle ne correspond pas à la situation vécue.

La pensée négative gratuite est disproportionnée,

redondante, elle défigure et gonfle démesurément les faits.

Les raisons sont multiples, de l'égocentrisme à l'agression verbale non maîtrisée, en passant par l'autodénigrement. Le pessimisme superflu se nourrit de lui-même et se prolonge bien au-delà du raisonnable.

Que faire quand vous repérez une pensée négative gratuite ?

Demandez-vous si les activités ou les situations en cause risquent de se renouveler. Sont-elles habituelles ? Si c'est le cas, voyez si elles sont incontournables ou évitables.

VÉCU

Il y a plus d'une dizaine d'années, au sortir d'un film ultra violent encensé par la critique, nous nous sommes sentis, mon mari et moi, comme lessivés par toute cette noirceur. Nous avons pensé que nous venions d'assister à trop d'horreurs.
Aujourd'hui, dès qu'il est question d'aller voir un spectacle très violent, nous nous demandons si c'est bien utile et si nous en avons vraiment envie. Le plus souvent, nous choisissons un autre film ou une activité différente.

Quand on se connaît un peu, il est parfois possible d'échapper à ces situations déprimantes et qui n'apportent rien. De même qu'on peut s'éviter une tâche ménagère fastidieuse en rinçant la vaisselle après le repas, plutôt que de laisser les restes sécher et former une croûte qu'on a plus de mal à nettoyer plus tard.

Que faire quand certaines situations négatives sont inévitables ?

Le trajet quotidien pour aller travailler, la lessive ou une visite chez le dentiste relèvent de ces situations-là. **Mais vous avez au moins trois possibilités d'inverser le cours des choses.**

1. Vous pouvez modifier la situation ;
2. être plus attentif à certains de ses aspects ;
3. en changer le sens.

Supposons que vos trajets quotidiens grèvent particulièrement votre ratio positif
Bien que vous rêviez de télétravail ou de déménager dans un immeuble à deux pas de votre bureau, ces solutions sont inenvisageables dans un avenir proche et vous devez vous résoudre à prendre votre voiture.

1. Modifiez la situation

Avez-vous, par exemple, envie d'enrichir vos connaissances ? En physique ? En histoire ? En poésie ? En littérature ?

- Peu importe, il existe quantité d'audiolivres qui rendront vos voyages plus intéressants.
- **Vous pouvez aussi chercher un compagnon de route** avec lequel partager aller-retour et enregistrements. Vous formeriez un petit club de lecture autoroutier.
- **Et si vous optez pour le train ou le bus,** vous aurez tout loisir de vous installer tranquillement avec votre livre, sur papier ou tout autre support.

Supposons que, durant la semaine, les petits déjeuners et déjeuners soient pour vous des moments anxiogènes
Vous êtes tout le temps pressé et jonglez mentalement avec l'interminable liste des tâches du jour.

2. Agir différemment en étant plus attentif

• **Soyez dans le moment présent, le repas.** Quand on y prête vraiment attention, manger devient une grande source de plaisir et de gratitude. En se concentrant sur ce qu'on ressent pendant le repas, on ne supprime pas seulement un stress inutile, mais on libère des sources cachées de positivité.

Remplacez les pensées du type : « Qu'est-ce que je vais faire après » par : « Qu'est-ce que je fais maintenant ».

• **Notez les goûts agréables et la texture des aliments choisis.** Imaginez d'où ils viennent. Pensez à leur cheminement depuis l'agriculteur jusqu'au commerçant et au cuisinier. C'est leur travail qui vous nourrit.
• **Avec le temps, cette pleine conscience appliquée au repas peut même vous faire perdre du poids,** car vous serez plus attentif aux subtils signaux de satiété qu'envoie votre corps.
• **Enfin et surtout, ne faites pas plusieurs choses à la fois.** Prenez un moment avant ou après le repas pour lister vos obligations du jour – sur un papier ou votre smartphone – et vous mangerez avec l'esprit libre.

3. Changer le sens d'une situation qui déclenche des pensées négatives excessives

La thérapie cognitive et comportementale (TCC) propose des outils parfaitement adaptés. Ils permettent d'attribuer une autre signification à un fait.

MON CONSEIL

Quelques exemples de réinterprétation des faits

Je peux considérer qu'écrire une page et demie et en jeter deux prouve que je ne suis bonne à rien ou, au contraire, que je suis un véritable écrivain.
Une visite chez le dentiste s'envisage comme un supplice ou comme la possibilité d'apprendre à relativiser une expérience désagréable ; ou encore comme un mal nécessaire pour garder une dentition saine
Les réinterprétations de ce genre désamorcent le pessimisme inutile. Une fois que vous aurez repéré ces gêneurs à répétition qui polluent votre quotidien, vous saurez à quel moment donner de nouvelles significations positives aux choses.

Donner une autre signification aux choses est du même ordre que celle visant à modifier vos schémas de pensée pour détourner le lit de votre fleuve mental.
Observez l'effet produit. Voyez si vous vous sentez plus calme et plein d'une nouvelle énergie pour aller de l'avant.
Évidemment, chacun doit découvrir par lui-même les faits ou les situations dont la répétition lui semble néfaste. Certaines de ces mines négatives me semblent, toutefois, nécessiter un examen plus approfondi.

Les pages suivantes sont donc consacrées à notre pratique des médias, à notre prédilection pour l'ironie méchante en société, ainsi qu'aux relations toxiques.

ATTENTION À VOTRE CONSOMMATION DE MÉDIAS !

***Plus c'est saignant, plus ça se vend.* Nous connaissons tous cette règle d'or implicite des journaux télévisés. La négativité fait vendre. Le marketing a compris depuis longtemps ce que les chercheurs viennent seulement de découvrir : l'horrible nous attire et nous fascine. Nous avons évidemment besoin d'être informés de ce qui se passe près de chez nous, dans notre pays et dans le monde. Il est fatal que surviennent des drames : incendies de forêt, meurtres ou guerres.**
Mais en rendant visibles toutes sortes d'informations à sensation, les journalistes et autres artisans des médias brossent un tableau qui manque de nuances.

Plus les gens regardent la télévision, plus ils considèrent que le monde est violent

On pourrait imaginer que ces spectateurs assidus sont seulement mieux informés des maux de la société. Ce n'est pas le cas. Ils surestiment largement le taux de violence.
Ceux qui regardent moins la télévision évaluent plus justement le niveau de risque encouru au quotidien.
Films, émissions télévisées et autres jeux vidéo utilisent également la violence pour nous accrocher et nous divertir.
Le public aime manifestement qu'on repousse les limites du supportable. C'est un secteur de l'économie mondial en pleine expansion. Or, le coût psychologique qui résulte de cette violence a été bien étudié.
On sait que plus on consomme de spectacles et de jeux de ce genre, plus on augmente le risque de devenir soi-même violent, à petite et grande échelle. On est plus agressif, plus méfiant et plus enclin à considérer la brutalité comme un moyen acceptable de régler les problèmes interpersonnels. La violence des médias annihile notre empathie et notre gentillesse.

Des messages subliminaux négatifs

Mais ces médias engendrent aussi un pessimisme beaucoup plus pernicieux que la violence.

Pensez, par exemple, aux images dont ils nous submergent et qui sont autant de messages subliminaux relatifs à la minceur, à la sexualité, à la beauté ou à la race. Plus que la famille, les amis, l'école ou le travail, les médias nous dictent nos attentes et nous apprennent ce qu'il faut trouver « normal ». Il n'est pas étonnant que le public – surtout le jeune public – ait souvent la sensation de ne pas être à la hauteur.

Cette impression peut susciter un sentiment de honte qui, en s'installant durablement, va infecter nos relations avec autrui et saper toute joie de vivre.

Culturellement, nous sommes de plus en plus vigilants en ce qui concerne notre nourriture. Nous achetons bio pour éviter d'ingurgiter trop de produits toxiques et nous épluchons les étiquettes pour traquer les graisses malsaines. Pourtant, nous absorbons des messages nocifs sans même y penser.

En étudiant les activités récurrentes qui gonflent votre taux de négativité gratuite, faites davantage attention à ce que vous ressentez avant et après la consommation de votre brouet médiatique.

Tous ces sentiments négatifs sont-ils totalement ou partiellement nécessaires ?

Comment modifier votre régime pour en extraire les mauvaises graisses : la négativité gratuite ?

> Une des solutions que j'ai trouvées consiste à lire les nouvelles sur le Web.

Je repère les gros titres et je peux ainsi mieux choisir ce que j'« avale ». Notre consommation de médias est à double tranchant : nous sommes informés et divertis, mais souvent au prix d'une baisse de notre ratio positif.

ET SI VOUS ÉTIEZ MOINS CRITIQUE ?

La plupart du temps, nos échanges entre collègues ou avec la famille et les amis se résument à colporter des histoires ou à médire les uns des autres. En fait, tel un producteur de télé, nous cherchons de l'audience et soignons notre communication.
Comme la plupart des gens, nous nous sommes aperçus qu'un peu de provocation ou d'ironie pimentait les relations. C'est un bon moyen de se distinguer. Voilà sans doute pourquoi nous aimons critiquer les travers de nos semblables ou faire de l'esprit à leur détriment. Mais ces petits plaisirs sont à double tranchant. Ils ont un prix pour nous et pour autrui.

Ragotages et persiflages...

Si la médisance et le sarcasme vous sont habituels, sachez que vous grevez inutilement votre ratio positif et celui des autres.

Forcez-vous à modifier votre comportement

• **Dans une conversation, insistez sur les qualités et les succès de ceux à qui vous parlez,** pas sur leurs faiblesses ou leurs échecs.
• **Si vous maniez l'ironie, faites-le avec légèreté**. Préférez les jeux de mots aux piques.
Évitez les agressions verbales voilées qui peuvent culpabiliser, humilier, irriter ou gêner vos interlocuteurs comme vous-même.

Les occasions de désagréments inévitables ne manquent pas, il est donc inutile d'en rajouter dans vos échanges quotidiens. En vous comportant ainsi, vous sabotez votre ratio positif et diminuez vos chances d'épanouissement personnel.

COMMENT S'ENTENDRE AVEC DES PERSONNALITÉS NÉGATIVES

Cette fois il ne s'agit pas de nous, mais de l'autre. D'une personne qui joue, à chaque fois, le mauvais rôle dans notre théâtre quotidien. Il peut s'agir d'un collègue qui travaille dans le même bureau et se plaint de tout. Ou d'un patron sujet aux emportements. Ou de notre conjoint, qui a vraiment le chic pour doucher nos enthousiasmes. Chaque fois, je me pose la même question : « Comment puis-je me comporter avec les personnes négatives de mon entourage ? »

La technique de l'aïkido social

À mon avis, le meilleur moyen est encore d'appliquer une des **trois techniques de base prévue pour détourner la négativité sans objet : modifier la situation, l'aborder différemment ou en changer le sens**. Même si vous avez la possibilité de limiter vos interactions avec ladite personne, essayez de n'employer cette solution qu'en dernier recours.

Les trois autres voies – ou « aïkido social » — décrites ci-dessous, vous en apprendront sans doute beaucoup plus sur vous-même et vos capacités de changement.

L'aïkido est un art martial japonais, décrit par son fondateur comme l'« art de la paix ». Son principe consiste à neutraliser une attaque sans nuire à l'agressé ou à l'agresseur. C'est cette même idée qui sous-tend les trois techniques destinées aux échanges avec les personnes difficiles.

Il s'agit de neutraliser les pensées négatives des autres en étendant compassion, amour et ouverture vers ceux chez qui la souffrance s'exprime bien souvent par l'agressivité.

Technique 1. Modifier la situation

Demandez-vous comment transformer les situations où vous devez interagir avec ce type de personne. Commencez par vous interroger franchement. Je vous conseille de bien réfléchir à vos réponses. Obligez-vous à un examen de conscience rigoureux et voyez ce qui en ressort.

> Avez-vous alimenté les réactions négatives d'autrui par inadvertance ? L'avez-vous provoquée par vos paroles ou vos attitudes ? L'abordez-vous avec un air fermé ? Avez-vous des a priori à son égard ?

On a parfois des idées préconçues à propos de quelqu'un. Il n'est donc pas inutile de se forcer à découvrir vraiment ce qu'on « pense savoir ».
Quand vous aurez mis sur la table tous vos préjugés, essayez de voir si cela affecte votre comportement.
Est-ce que ces partis pris vous rendent moins ouvert, moins curieux ou moins chaleureux ? Aussi puéril que cela paraisse, on utilise souvent l'agressivité, le pessimisme

ou les plaintes pour attirer l'attention d'un interlocuteur. Quand vous êtes avec ladite personne, essayez de ne pas agir comme d'habitude. Qu'arrive-t-il quand vous vous montrez dès le départ attentif et ouvert ? Exprimez-vous plus chaleureusement. Posez davantage de questions. Soyez plus intéressé quand les échanges sont légers et un peu moins quand ils virent inutilement au noir.

Une autre possibilité, pour modifier la situation, consiste à établir un planning en anticipant bien les tâches que vous aurez à faire ensemble.

- **Prévoyez des activités communes qui vous inspirent**. Voyez si vous ne pouvez pas vous consacrer aux corvées irritantes – comme de payer les factures ou faire le ménage – chacun de votre côté. Ainsi, vous aurez moins d'occasions de frictions.
- Quand la crise est là, vous pouvez encore transformer la situation en **faisant preuve de compassion, d'espoir ou même d'humour. Résistez à la tentation de répondre sur le même ton ou même d'en rajouter**. Évitez l'escalade.
- En revanche, reformulez de manière positive les commentaires chagrins ou grognons.
- **Convertissez l'« à moitié vide » en « à moitié plein** ». Relevez un détail que chacun de vous peut trouver amusant.

Si l'un des partenaires réussit à briser le cercle vicieux de la négativité réciproque – en réagissant de manière neutre ou positive –, la relation fonctionne bien mieux que si chacun reflète le mauvais vouloir de l'autre.

Technique 2. Regarder autrement

La stratégie consiste à essayer de privilégier certaines facettes de la personne concernée. Certes, il y a des choses que vous n'aimez pas chez elle, mais elle doit avoir des qualités. Qu'appréciez-vous en elle ? Que met-elle sur la table ? Ce collègue est peut-être particulièrement doué pour analyser les budgets et tailler dans les dépenses superflues, rendant ainsi votre équipe financièrement plus efficace. Il est possible que les accès de colère de votre patron soient compensés par l'énergie qu'il met à agir en vue du bien commun. Et votre conjoint, pensez à tous ces moments où il vous a soutenu avec loyauté et fidélité. Voyez comment formuler vos appréciations.

Dans une relation,
plus on s'intéresse à certaines
qualités des partenaires
et plus on en parle,
plus elles prennent d'importance
et de valeur au fil du temps.

Technique 3. Modifier la signification

Il **vous reste encore une possibilité à explorer, il s'agit de la signification que vous attribuez à ce qui arrive.** ; Relisez la phrase du maître zen Charlotte Joko Beck, citée en exergue, et voyez si vous ne pouvez pas changer votre regard sur cet événement ou ce personnage fâcheux.

Serait-il possible que vous ayez une leçon à en tirer ? Cela se pourrait si vous l'envisagez comme un défi. Le défi consistant à faire preuve de plus d'attention, à vous montrer moins critique ou plus compatissant. C'est à vous de décider comment réagir au poison distillé par une personne nocive. Vous n'avez pas à vous approprier sa négativité.

En étant attentif à vos propres réactions, vous pouvez même annihiler une partie du venin qu'elle sécrète et si vous n'y arrivez pas, vous serez toujours gagnant puisque vous aurez développé un peu plus votre pratique de la pleine conscience.

VÉCU

J'ai reçu une belle leçon au cours de cette semaine de retraite silencieuse destinée aux scientifiques...

Lors de chaque séance de méditation, nos maîtres nous demandaient d'arriver à l'heure dans la salle et de ne repartir qu'à la fin pour minimiser les perturbations dans le groupe. **Malgré cela, l'individu à côté de moi débarquait systématiquement avec une dizaine de minutes de retard et repartait quand bon lui semblait, en troublant mon délicieux silence.**

Au milieu de la semaine, un des professeurs a pris comme sujet cette forme spécifique d'irritation. Il nous a d'abord demandé d'être attentifs à la colère que nous ressentions : « C'est de la colère. Elle est provoquée par votre désir de dire ce que vous pensez de cette personne sans-gêne. Vous avez envie de réagir. »

Puis il nous a suggéré de remercier silencieusement le retardataire, qui nous offrait l'occasion de ne pas juger ce sentiment de colère et de ne pas y réagir. Notre gratitude, a-t-il ajouté, va générer de la compassion et restaurer notre sérénité.

J'ai été stupéfaite de constater l'efficacité de ce simple recadrage. Chaque fois, l'irritation retombait. Quand mon voisin arrivait en retard, en perturbant ma méditation, je me contentais de constater le fait et d'exprimer intérieurement ma gratitude. Ce changement de perspective a toujours réussi à ramener un sourire – même léger – sur mon visage et m'a permis de reprendre là où j'en étais.

Je vous invite à essayer. C'est l'aïkido social dans sa meilleure acception – la négativité est désarmée sans nuire à personne.

EN CONCLUSION

Ce chapitre vous a permis de prendre conscience de toute la négativité – nécessaire et gratuite – qui émaille votre quotidien. Au passage, vous aurez découvert quelques outils pour contrer les pensées, les situations et les personnes toxiques. Le chapitre 11 en propose davantage. On a pu prouver que ces instruments fonctionnaient. On sait qu'ils apportent des changements positifs dans la vie de leurs utilisateurs. Je n'hésiterai pas à dire que le temps passé à apprendre leur maniement n'est pas perdu.

- Expérimentez la contestation des pensées négatives et les distractions saines pour desserrer l'étau de la rumination mentale.
- Apprenez à pratiquer la pleine conscience.
- Employez les outils disponibles sur www.PositivityRatio.com afin de détecter plus facilement les mines négatives.

Nous disposons d'un champ d'action immense pour augmenter notre ratio positif. Le meilleur moyen, pour commencer, est encore de s'attaquer à ce qui nous entraîne vers le bas.

Évidemment, tout ne sera pas réglé pour autant. Les sentiments nocifs ne disparaîtront pas complètement. C'est la vie. Pour y faire contrepoids, nous devons aussi apprendre à stimuler nos pensées positives.

Maintenant que nous savons comment nous débarrasser de ces blocs de ciment qui nous entravent et du capuchon noir qui nous aveugle, voyons ce qu'il faut faire pour atteindre le plein épanouissement.

10. COMMENT **STIMULER VOS PENSÉES POSITIVES**

« Au fond de chaque homme, deux loups s'affrontent. L'un est le Mal. Il est fait de colère, d'envie, de jalousie, de chagrin, de regret, d'avidité, d'arrogance, d'apitoiement sur soi, de culpabilité, d'aigreur, de sentiment d'infériorité, de mensonges, de fausse modestie, de suffisance et d'ego. L'autre est le Bien. Il est fait de joie, de paix, d'amour, d'espoir, de sérénité, d'humilité, de gentillesse, de bienveillance, d'empathie, de générosité, de vérité, de compassion et de foi. »

Telle est l'histoire qu'un vieil Indien Cherokee raconta, un soir, à son petit-fils. Après avoir réfléchi quelques instants, l'enfant demanda à son grand-père, « *Quel loup va gagner ?* »

Le vieil homme répondit simplement : « *celui que tu nourris.* »

Anonyme

Commencer par se débarrasser de la négativité gratuite qui pollue l'existence est une excellente idée. Mais concentrons-nous, maintenant, sur votre positivité sincère. C'est son niveau qu'il convient d'augmenter, car c'est là que réside la clé d'un avenir heureux.

DE L'IMPORTANCE DE LA SINCÉRITÉ

Dès lors que la fréquence de vos pensées positives est trois fois supérieure à celle de vos pensées négatives (soit un ratio positif de plus de trois pour un), vous vous sentez plus heureux. Mais ce n'est pas tout.
Votre créativité et vos facultés de résilience augmentent. Vous allez apprendre, évoluer et devenir, de jour en jour, meilleur. Quand vous entrez dans cette ère de prospérité, vous pouvez offrir au monde les contributions bénéfiques qui lui font cruellement défaut.

Sincérité

Réfléchissez au sens de ce mot : « sincérité ». Pour ressentir véritablement le caractère positif de vos pensées, il faut ralentir le pas. Le rythme effréné de la vie contemporaine vous oblige à vous tourner vers l'extérieur, au détriment de votre moi profond. Au fur et à mesure, votre cœur s'engourdit. Vous devez le « désengourdir » pour accroître votre positivité. Laissez-le sentir. Laissez-le s'ouvrir.
Ralentissez suffisamment pour pouvoir regarder, entendre et éprouver avec votre cœur et pas seulement avec vos yeux, vos oreilles et votre esprit.
Inspirez profondément et emplissez vos poumons de tout ce qui est beau et bon autour de vous. Imprégnez-vous de ces instants et savourez-les.

Sincérité et lenteur vous permettront de libérer en vous des émotions authentiques et bénéfiques.

Pourquoi est-ce important ? Parce que des émotions positives qui ne sont *pas* ressenties – qui n'émanent pas vraiment du cœur ou du corps – ne sont qu'une coquille vide.
Elles ne font aucun bien. Elles peuvent même, et c'est encore pire, se révéler carrément néfastes. J'ai déjà abordé cette question au chapitre 2.

Les sourires forcés peuvent causer des infarctus au même titre que la colère. Les paroles positives vides de sens déclenchent un afflux d'hormones de stress dans l'organisme. Des sentiments positifs sans sincérité ne sont pas positifs. C'est de la négativité déguisée.
Pour qu'une attitude positive soit réellement bénéfique – **qu'il s'agisse d'un sourire, d'une simple attitude ou d'une étreinte** –, vous devez ralentir et vous imprégner de la signification de votre geste. Soyez authentique.

LA PSYCHOLOGIE POSITIVE

Jusqu'au début de ce siècle, la science s'était fort peu intéressée à la possibilité d'accroître la positivité sincère. Il est vrai qu'une poignée de chercheurs – dont je fais partie – se consacrait déjà à l'étude des causes et des effets des

bonnes émotions, mais nous étions bien seuls et les praticiens prêts à appliquer nos découvertes scientifiques étaient peu nombreux.

Une nouvelle discipline scientifique au XXIe siècle

Aujourd'hui, le paysage a totalement changé. Au début des années 2000, Martin Seligman, alors président de l'American Psychological Association, a fondé une nouvelle discipline scientifique, la psychologie positive. Il partait du constat que la psychologie traditionnelle privilégiait inconsciemment l'aspect pathologique en s'intéressant surtout au soulagement de la souffrance humaine. Lui-même avait d'ailleurs consacré une bonne partie de sa carrière à étudier la dépression et à chercher comment en atténuer les effets. La démarche était juste, mais cette focalisation sur la guérison des maux engendrés par les pensées négatives a virtuellement éclipsé tout le reste. Seligman a réalisé que la recherche s'intéressait peu aux moyens de rendre l'existence vraiment digne d'être vécue.

Des angles d'approches novateurs

Sur une échelle graduée de - 10 à + 10, quantifiant le spectre des possibilités offertes par la vie, la psychologie n'a, jusqu'à présent, réussi à nous faire progresser que d'environ - 8 à zéro. Nous ne savons toujours pas, ou si peu, comment atteindre + 6 ou + 10. Seligman a demandé aux psychologues d'imaginer de nouveaux angles d'approche.

> L'objectif n'étant plus seulement de soulager les souffrances, mais d'apprendre à vivre mieux.

L'idée s'est alors répandue comme une traînée de poudre. Tous, chercheurs comme praticiens, étant avides d'informations. Mon expertise dans le champ des émotions positives m'a propulsée à l'avant-garde de cette nouvelle science. Au cours d'un des premiers congrès, organisés pour promouvoir cette toute récente discipline, j'ai contribué à définir la mission et les objectifs de la psychologie positive. **Cette science, qui n'existe que depuis une dizaine d'années, a déjà fourni énormément d'informations sur les techniques qui permettent de libérer pensées et émotions bénéfiques.** Ce chapitre en révèle les apports les plus significatifs.

VOIR LA VIE DU BON CÔTÉ

Nos schémas de pensée et leur caractère déterminant constituent le fil rouge qui relie les différentes parties de ce chapitre. Ce sont ces schémas qui décident de notre interprétation des événements et du sens qu'on leur alloue. Pour augmenter notre ratio positif, le bon moyen consiste donc à chercher à voir, au quotidien, la vie du « bon côté ».

Le verre à moitié plein plutôt que la bouteille à moitié vide

Il est généralement possible d'interpréter les événements dans un sens favorable. Voir le ciel plus bleu que gris ou le verre à moitié plein plutôt que la bouteille à moitié vide. Il est rare que les situations soient entièrement négatives. Elles ont souvent un aspect positif qu'on peut choisir de valoriser, tout en sachant qu'il passera comme le reste. En tirant le meilleur parti d'événements désagréables ou même douloureux, vous stimulez la circulation d'émotions bénéfiques – comme l'espoir.

Évidemment, le fait de plaquer de l'optimisme est parfois si mince qu'il ne suffit pas à modifier certaines situations difficiles. Mais souvenez-vous que votre objectif n'est pas d'éliminer la négativité.

Même si le positif ne gomme pas le négatif, il libère toujours des dynamiques bienfaisantes.

C'est ce que montre l'étude, relatée au chapitre 6, que j'ai réalisée après le 11 septembre. À la suite de cette tragédie nationale, la pensée positive a été une bouée de sauvetage pour de nombreux citoyens américains. Grâce à elle, certains ont réussi à s'extraire de la spirale de la dépression et à rebondir en devenant parfois plus forts qu'avant.

Pensée positive et travail du deuil

Les psychologues, qui ont étudié le bouleversement émotionnel provoqué par un deuil, se sont rendu compte que les gens, dont les sentiments sont sincèrement positifs, récupèrent beaucoup plus vite malgré le chagrin.
Les uns sont réconfortés par le souvenir des qualités de l'être aimé ou consolés par l'affection de leurs proches, tandis que d'autres chassent leurs idées noires en reprenant leurs activités ou en se rendant utiles. Peu importe la manière.

La pensée positive dégage un espace. Et cet espace est suffisant pour qu'ils développent des plans et envisagent l'avenir. Elle ouvre l'esprit, ce qui permet d'échafauder des projets et de se fixer des objectifs. Il est indéniable que ce

processus aide les personnes dans la peine à reprendre goût à la vie. Le sens n'est qu'une interprétation, une valeur que vous attribuez à ce qui arrive. Que vous en soyez conscient ou non, vous fabriquez du sens à longueur de journée.
Quand vous appréhendez les choses, même petites, avec optimisme, vous ouvrez la voie aux émotions positives.

Savoir interpréter

- Mais qu'en est-il des grandes choses ? Du sens de la vie même ?
- Comment voyez-vous votre existence ?
- Quelle histoire vous racontez-vous pour en expliquer le déroulement ?
- Ce récit est-il source d'énergie ou d'amertume ?
- Êtes-vous capable de définir avec certitude vos objectifs et vos espoirs ?
- Et si c'est le cas, ce projet de vie est-il le fil rouge, la boussole qui vous permet de retrouver votre chemin quand vous êtes dans le brouillard ?

L'essentiel de nos schémas de pensée est surtout conditionné par l'accumulation de ces petites interprétations que nous produisons à longueur de journée.

En définissant une interprétation générale, un modèle qui donne du sens à notre vie, nous lui imposons un plan d'ensemble qui structure notre quotidien.

SAVOURER LES BONS MOMENTS

**En extrayant le bon du mauvais, vous recouvrez le négatif d'une mince couche argentée de positif.
Mais il existe une autre stratégie pour augmenter votre ratio : optimisez les événements en rendant meilleur ce qui est déjà bon et la couche de positif ne sera plus d'argent, mais d'or !**

PETIT TEST

Quand vous anticipez un bonheur, qu'imaginez-vous ?

Si la chance vous sourit, que pensez-vous ? Quelles sont vos réflexions quand ces moments merveilleux s'éloignent à l'horizon ? Les réponses varient selon les individus.

• **Doutes et soupçons pour les uns :** « Ça ne peut pas vraiment m'arriver, » « Ce n'est pas possible ! » ou : « Je savais que ça ne durerait pas. »

• **Absence de réactions pour les autres.** Les événements semblent les traverser et s'évanouir aussi vite.

• **Seuls quelques-uns réussissent à profiter vraiment des bons moments.** Ceux-là ont une manière particulière de considérer l'avenir, le passé et le présent. Ils étirent et gonflent ces instants. Avant que l'événement arrive, ils pensent : « Ça va être fabuleux… » Pendant, ils se disent : « Je veux m'en rassasier ! » Ensuite, ils repassent le film dans leur esprit pour revivre pleinement ces plaisirs. Les personnes dotées d'une telle aptitude retirent davantage de bénéfices de la vie.

Qu'est ce que savourer les bons moments de la vie ?

Cette faculté de « savourer » dépend souvent du degré d'estime de soi. **A-t-on ou non le sentiment de mériter ce qui nous arrive ?** Mais c'est aussi une habitude mentale qui se cultive. Mon « étude de l'ouverture du cœur » (voir chapitre 5) confirme que cette capacité peut se travailler. Ne vous contentez pas d'accepter les bons moments, sachez vous en délecter, jouissez intensément de toutes les facettes du plaisir. Si cet exercice est nouveau pour vous, apprenez à bien le pratiquer et vous triplerez vos sentiments positifs en savourant les plaisirs avant, pendant et après.

Savourer signifie simplement aborder les événements heureux de telle manière qu'on suscite, intensifie et prolonge volontairement le bien-être qu'ils procurent.

Cette pratique exige lenteur et concentration

C'est, par exemple, prendre le temps d'apprécier toutes les phases de préparation d'un repas, depuis le choix des légumes et des herbes aromatiques fraîchement cueillis jusqu'à la touche d'assaisonnement finale. C'est aussi prolonger le plaisir par la dégustation des mets qu'on partage en famille ou entre amis.

Savourer n'est pas analyser

Stimuler les sentiments positifs requiert une certaine légèreté mentale. Abordez l'expérience comme un tout, jouissez des sensations qu'elle vous procure. À trop les disséquer, vous risquez de les détruire. Des études ont montré que ces émotions supportent mal l'excès d'analyse.

VÉCU

Savourer peut aussi signifier modifier vos habitudes

John, un étudiant de mon séminaire de psychologie positive, en a fait l'expérience en introduisant cette pratique dans sa vie. C'était son premier semestre à l'université et les gens qu'il aimait le plus – sa famille et sa petite amie – étaient loin de lui. Leur seul lien était le téléphone. Jamais auparavant ce type de contact n'avait eu autant d'importance pour lui. Il s'est alors aperçu qu'il avait pris de bien mauvaises habitudes pendant son adolescence. Il parlait tout en surfant sur le Web ou sans la moindre intimité.
Nos recherches consacrées à la « saveur » lui ont fait prendre conscience que quelque chose n'allait pas. Ses échanges avec les siens étaient décevants, alors qu'ils comptaient énormément pour lui.
Il a donc décidé de changer ses habitudes. Avant de parler avec sa petite amie ou ses parents, il a éteint son ordinateur et cherché une pièce tranquille avec un bon fauteuil. Il s'est alors aperçu qu'il faisait plus attention à ce qu'ils lui disaient et à ce qu'il ressentait. Il s'est aussi rendu compte que leurs échanges étaient plus riches. Cet exercice a stimulé ses pensées positives. Il est maintenant plus confiant en l'avenir et son amour s'est renforcé. En modifiant son usage du téléphone, John a pu enfin « savourer » les instants partagés avec les êtres qui lui étaient chers. Il a même été surpris de se sentir si bien et si proche d'eux. Il a appris à profiter des bons moments.

Savourer n'est pas une activité qui exige la solitude

Pour décupler les sentiments positifs provoqués par de bonnes nouvelles, il est préférable de partager cette joie avec le conjoint, le partenaire ou un ami intime.

Pratiquez la convivialité, faites participer vos proches. Réjouissez-vous ensemble.

Évidemment, la réaction des autres n'est pas sans conséquence. Rien de tel, pour doucher l'enthousiasme, que de se heurter à un lourd silence ou de s'entendre dire : « C'est une récompense qu'on donne à tout le monde, tu ne le savais pas ? » Mais vos proches peuvent aussi célébrer votre réussite, se réjouir de votre succès et vous encourager à profiter pleinement de ce bonheur. S'ils vous soutiennent vraiment, le bien-être engendré par un seul événement heureux augmente significativement. Et votre relation s'en trouve renforcée. Vous vous rapprochez et vous sentez plus heureux ensemble. Ce qui vous donne d'autres raisons de vous réjouir et même de gonfler un peu plus votre capital de positivité. Vous vous engagez dans une spirale ascendante. Tout ça parce que vous avez partagé une bonne nouvelle !

PROFITER DES PETITES JOIES DU QUOTIDIEN

En modifiant vos schémas de pensée habituels, vous avez le pouvoir d'améliorer ce qui est mauvais et de rendre meilleur

ce qui est bon. Cette aptitude s'applique aussi aux situations les plus banales. On peut donner de l'éclat à la plus morne des routines.

Ces petits riens qui réenchantent l'existence

Vous ne réussirez à opérer ce changement de perspective qu'en prenant l'habitude de vous intéresser aux petits riens de l'existence. Voyez autrement ces choses du quotidien que vous ne regardiez même pas ou qui vous semblaient sans intérêt. Considérez-les comme des dons merveilleux.

VÉCU

Tous les jours vous passez devant les mêmes boutiques en allant prendre le train pour travailler

Vous n'avez sans doute jamais fait attention à l'étalage du fleuriste qui présente ses bouquets dans de grands seaux sur le trottoir.

Or, un jour, vous le remarquez. Vous réalisez que ces fleurs procurent de la joie aux passants et que tous ceux qui en achètent, pour les mettre dans un vase en rentrant chez eux, jouissent d'une parcelle de ce bonheur. Mais à cet instant, cette joie est tout à vous. Vous vibrez à l'unisson de ces couleurs éclatantes et de ces parfums enivrants. Vous ouvrez grand les yeux. Vous vous sentez vivre. Vous marchez d'un pas plus léger.

Un sentiment de reconnaissance vous envahit à l'idée de passer tous les jours devant cet étalage.

Chaque matin, vous vous surprenez à guetter les nouveaux arrivages. Vous êtes content de passer devant cette boutique qu'elle soit ouverte ou fermée.

Le pouvoir de l'amabilité

Ce pouvoir de transformer le banal en quelque chose d'heureux est encore plus gratifiant dans vos relations personnelles. Dans ce domaine, l'amabilité est tellement habituelle qu'elle finit par passer inaperçue.

> Quand on fait vraiment preuve de gentillesse à votre égard, vous éprouvez de la reconnaissance. L'attention vous touche.

Or, en exprimant votre gratitude par des mots ou des actes, vous ne stimulez pas seulement votre positivité, mais aussi celle de votre interlocuteur.
Vous renforcez ainsi sa bienveillance et consolidez le lien qui s'est formé.

VÉCU

Il y a quelques années, la présentatrice Oprah Winfrey a popularisé l'idée du « journal de gratitude ». Elle encourageait les gens à noter tous les jours cinq choses qu'ils avaient aimées. La journaliste affirmait que ce simple exercice pouvait entièrement modifier notre perception de l'existence. À considérer les récents développements de la psychologie positive, je dirais qu'Oprah avait vu juste.

Le « journal de gratitude »

Des chercheurs ont sélectionné de manière aléatoire trois groupes d'individus : le premier groupe devant consigner régulièrement dans un journal ses motifs de gratitude, les deux autres recevant des instructions différentes ou pas d'instruction du tout.

> Les participants ayant quotidiennement noté les événements positifs ont vu leur sentiment de bien-être s'accroître.

Certaines réserves s'imposent toutefois. Il semble préférable de ne tenir ce journal que quelques jours par semaines. La quotidienneté engendre une monotonie qui peut émousser la sincérité de la démarche.

ÊTRE GENTIL, ÇA RAPPORTE !

La gentillesse est une relation qui comporte au moins deux faces. Si vous dressez la liste de vos petites joies du quotidien, les marques de gentillesse que vous recevez et qui vous font plaisir figurent en bonne place. Mais n'oubliez pas l'autre côté : le vôtre. Votre bienveillance envers autrui est aussi un moyen simple et peu contraignant de booster vos pensées positives.

L'« inventaire de gentillesses »

Quand mes collaborateurs et moi-même avons demandé à un groupe de personnes de prendre conscience de leur gentillesse et de noter quotidiennement tous leurs actes bienveillants envers autrui, leur ratio positif a considérablement augmenté. Si cet « inventaire des gentillesses » donne de si bons résultats, c'est que la sollicitude est souvent le fait de gens épanouis, plus à l'écoute des autres, plus altruistes et plus disposés à se rendre utiles.

Bonté et positivité se nourrissent mutuellement. Le simple fait de prendre conscience de ses bonnes actions enclenche cette spirale vertueuse.

Cette aptitude ne demande qu'un peu de gymnastique mentale. Il suffit de se montrer plus attentif. Vous pouvez même doper votre positivité en étant encore plus gentil. Faites-en davantage.

Des expériences ont révélé qu'en multipliant volontairement les manifestations de bienveillance et d'altruisme, l'optimisme s'accroît.

Mais attention au *timing* !

Il est préférable de concentrer toutes vos actions sur un jour de la semaine, plutôt que de les disperser. Fuyez la routine, si vous voulez conserver toute leur fraîcheur et leur caractère exceptionnel à vos actes de dévouement.

En fixant un « jour de gentillesse » spécial, on répondrait mieux

à cet objectif. Attribuez certains jours à vos bonnes actions « habituelles » et un jour spécial à un acte plus altruiste. Il semble bien que le fait de réserver un jour ou un après-midi, par semaine ou par mois, à du bénévolat génère effectivement beaucoup d'émotions positives.
Autre bénéfice, révélé par des études scientifiques, aider autrui serait un facteur de longévité.

DE L'IMPORTANCE DES PASSIONS

Vivez avec passion. Jouez. Trouvez des activités qui vous permettent de vous plonger dans le flux (*flow* en anglais). Les états de flux sont ces moments intenses, caractérisés par une immersion totale dans une activité aux enjeux élevés qui vous passionne et stimule vos capacités.
Vos actions, vos gestes et vos pensées convergent dans un même élan. Votre engagement est absolu.

Dans la vie professionnelle

Il arrive fréquemment que les gens ressentent cet état de *passion* dans leur travail. C'est d'ailleurs mon cas. Je suis persuadée d'avoir le meilleur job au monde.
Concevoir des projets d'études, analyser des données, faire des découvertes, encadrer de jeunes chercheurs, trouver le meilleur moyen de transmettre ce que j'ai appris – autant d'activités dans lesquelles je m'engage totalement et qui peuvent me faire perdre la notion du temps.
Étant donné l'énorme proportion de nos vies dévolue au travail, nous ne devrions nous consacrer qu'à des tâches propres à stimuler quotidiennement notre positivité.

VÉCU

Pourquoi pas un hobby ?

Certaines personnes accèdent à cet état de passion intense en pratiquant un hobby.

Pour mon mari, il s'agit de la pêche en bord de mer. Il se plante sur la plage, avec le secret espoir de ne jamais bouger de là, et scrute l'océan en lançant sa ligne pendant des heures. Ne lui parlez pas de rapporter le dîner ! (Quand je lui demande s'il a attrapé quelque chose de bon, il me répond qu'il s'agit de « pêcher » et pas « d'attraper ».)

Pour moi, c'est la cuisine. J'adore lire des livres de cuisine pour ensuite imaginer et préparer des plats élaborés. Plus je progresse, plus je cherche de nouveaux défis, comme de cuisiner pour trente personnes à l'occasion d'un de nos repas entre voisins.

IMAGINER SON AVENIR

Une autre manière, assez simple, de doper votre ratio positif consiste à imaginer votre avenir. Pensez à ce qui pourrait vous arriver de mieux. Visualisez le plus précisément possible vos futurs succès. Quand on demande à des personnes, choisies de façon aléatoire, de pratiquer cet exercice et, à d'autres, de réfléchir à leur devenir de manière plus « réaliste », la positivité augmente nettement chez les premières.

Comment fonctionne la visualisation ?

Selon certaines hypothèses, la visualisation permettrait d'adapter au jour le jour nos représentations mentales à la concrétisation de nos objectifs.

Cette imagination créatrice est aussi très utile pour tirer de plus grands bénéfices de nos activités quotidiennes.

On a démontré que la visualisation d'une action et sa réalisation activaient, étonnamment, les mêmes zones du cerveau. Les athlètes ont d'ailleurs souvent recours à cette technique d'entraînement pour remporter la victoire.
Bien qu'on ne puisse affirmer que la pratique mentale soit aussi efficace que la pratique physique, ce n'en est pas moins un complément utile et stimulant.
La visualisation marche particulièrement bien pour les projets à long terme comme l'éducation, l'écriture d'un livre ou la mise sur pied d'une association.

SAVOIR UTILISER SES POINTS FORTS

Les personnes qui ont la chance de faire tous les jours ce qu'elles savent faire le mieux – à savoir, utiliser leurs capacités – sont sans conteste plus épanouies.
Ces capacités sont très spécifiques et différentes pour chacun de nous. Les unes sont d'ordre pratique et définissent notre aptitude à certains travaux. D'autres sont d'ordre psychologique.
Combinées, elles contribuent à notre charisme personnel et aux caractéristiques de notre personnalité. Le fait d'apprendre à connaître ses atouts peut être très stimulant.

Comment connaître ses points forts ?

L'un des premiers projets de la psychologie positive – initié par Seligman lui-même – a porté sur la mise au point d'une méthode fiable, fondée sur vingt-quatre traits de caractère, servant à classer les personnalités. Ces qualités vont de la curiosité à l'intégrité, en passant par la gentillesse, le sens de la justice, l'humilité ou l'espoir.

En collaboration avec Christopher Peterson, mon collègue de l'université du Michigan, Martin Seligman a étudié de nombreuses cultures du monde pour établir un répertoire exhaustif de ces forces et vertus. C'est sur cette base qu'il a élaboré son questionnaire VIA (pour *Valors In Actions*) qui permet de définir un profil ou une signature propre à chacun.

L'exercice de la « meilleure image de soi »

Il existe une autre manière, non moins intéressante, d'apprendre à connaître vos points forts : c'est de demander à des gens qui vous connaissent bien de décrire les situations où ils vous ont vu exceller. Cet exercice de la « meilleure image de soi » a été mis au point par mes collègues de la *Business school* de l'université du Michigan.Depuis, il a gagné ses lettres de noblesse et a même été présenté par la *Harvard Business Review* comme un outil particulièrement efficace de développement personnel. Pour découvrir votre profil et vos points forts, reportez-vous au chapitre 11, vous y apprendrez comment utiliser ces deux méthodes.

Le meilleur moyen d'utiliser au mieux vos points forts consiste à réorganiser votre travail ou votre vie quotidienne.

Quoique ce reformatage de votre vie quotidienne et professionnelle soit plus exigeant que de tenir un « journal de gratitude » ou de visualiser vos futurs succès, l'épanouissement qui en résulte est profond et durable. Réussir à exercer simplement une de ces forces est une expérience très gratifiante et riche de sens sur le plan personnel.
On a étudié, auprès de deux groupes témoins, les effets comparés d'une simple découverte du profil de forces et d'une découverte suivie d'un travail pour mettre en œuvre ces capacités. Les résultats ont montré que la positivité augmentait de manière significative, mais temporaire, dans le premier groupe. En revanche, dans le second, l'identification des points forts et la recherche de moyens pour les appliquer ont encouragé durablement et significativement leur pensée positive.

TISSER DES LIENS AVEC AUTRUI

On ne s'épanouit pas dans la solitude. La recherche a montré que l'isolement ne permettait pas aux gens d'atteindre leur plein potentiel. Ceux qui s'épanouissent tissent des relations chaleureuses et confiantes avec autrui, ce qui n'est pas le cas de ceux qui stagnent. Ils nouent des liens avec leur partenaire, des amis, leur famille ou toutes sortes de personnes.
Au quotidien, ils passent davantage de temps avec ces proches et sont moins souvent seuls. Ce rapport entre épanouissement et bonnes relations sociales est d'ailleurs si évident et si puissant, que les psychologues en parlent comme d'une condition nécessaire au bien-être.

En compagnie des autres

Voilà qui expliquerait en partie pourquoi la compagnie des autres – qu'il s'agisse d'intimes ou non – constitue un excellent moyen d'augmenter les sentiments positifs. De nombreuses études le confirment.

- **Dans un cas, on** a analysé les activités quotidiennes et les émotions d'un panel de cobayes.
- **Dans l'autre cas,** on a suivi une démarche plus scientifique en demandant, de manière aléatoire, aux personnes de rester seules ou à plusieurs. De quelque manière qu'on examine ces données, les résultats sont clairs : la convivialité est plus bénéfique que la solitude.

Si vous n'êtes pas d'un naturel sociable, faites semblant

Il faut donc s'arranger pour rencontrer, tous les jours, des gens.

> On s'est aperçu qu'il suffisait de feindre d'être expansif – en osant, en parlant, en se montrant énergique, actif, sûr de soi et entreprenant –, pour établir des échanges plus fructueux, et ce, quel que soit votre caractère.

Ma propre étude sur l'« ouverture du cœur » indique, par ailleurs, qu'il n'est pas indispensable d'être particulièrement extraverti. Il suffit de faire preuve d'un intérêt sincère pour autrui. Les gens qui font l'effort de cultiver cette gentillesse et cette empathie sont plus heureux dans leurs échanges que ceux qui restent « encroûtés » dans leurs habitudes.

MON CONSEIL

Faites l'expérience de vous montrer plus démonstratif ou de vous intéresser davantage aux autres. Voyez quelles nouvelles sources de positivité vous en retirez. Je suis certaine que vous serez plus souriant et que vous vous amuserez davantage en société. Les liens que vous tisserez seront plus forts et plus satisfaisants, ils enrichiront votre vie et vous permettront d'évoluer.

RESTER EN CONTACT AVEC LA NATURE

L'environnement naturel est un facteur d'épanouissement au moins aussi important que l'environnement social. Un autre moyen, très simple, d'augmenter votre joie de vivre consiste à sortir. Plus précisément, au printemps quand il fait beau.

Le beau temps, un « remonte moral » ?

Cette recommandation se fonde sur le travail de Matt Keller, un de mes anciens étudiants. Matt s'est beaucoup intéressé aux effets du temps sur le moral. Ayant vécu jusque-là sous le soleil texan, il s'est soudain trouvé transplanté à Ann Arbor, ville réputée pour son « effet de lac » responsable d'une épaisse couverture nuageuse. Le plafond y est si bas que, lorsque je vivais là, j'avais souvent l'impression que les cumulus s'amoncelaient dans ma tête ! Intrigué par la relation qu'il avait constatée entre la météo locale et son moral, Matt s'était mis en quête de travaux sur le sujet. À sa grande surprise, il s'est alors aperçu que l'hypothèse d'une influence stimulante du beau temps sur le moral passait pour une histoire de bonne femme sans aucun fondement scientifique.

Pourtant, il était persuadé du contraire. Il soupçonnait que cette étrange absence de preuve venait de ce que les gens passent peu de temps dehors. Une des tristes conséquences de la vie contemporaine est de nous couper presque complètement de l'extérieur et des bienfaits du plein air. Nous passons en moyenne 93 % de notre temps derrière des murs.

Plus on est dehors, plus le bien-être et l'optimisme augmentent.

Mon laboratoire a commencé à collecter des données pour cette étude. Elles portaient sur le moral des participants, ainsi que sur leur souplesse mentale ou leur ouverture spirituelle. Un printemps, Matt a ajouté la simple question à notre interrogatoire habituel : « combien de temps avez-vous passé dehors aujourd'hui ? »

Laisser entrer le soleil

Matt a ensuite introduit, dans nos paramètres, les mesures fournies par le *National Climatic Data Center* concernant la météo locale.

Deux faits saillants sont apparus.

- Les personnes qui avaient passé vingt minutes ou plus au soleil montraient la hausse d'optimisme attendue.
- En revanche, chez celles qui étaient restées moins longtemps dehors, cette corrélation n'était pas évidente.

Nous avons également constaté que les individus qui passaient plus de vingt minutes dehors quand il fait beau étaient plus expansifs et réfléchissaient mieux. Même leur mémoire de travail était meilleure ! Ils retenaient nettement plus d'informations. Cette découverte nous a surpris, dans

la mesure où on considère généralement la capacité de cette mémoire comme un marqueur d'intelligence. Si c'est le cas, il suffirait de faire un tour dehors pour devenir génial !
Au printemps suivant, nous avons mis sur pied une étude aléatoire pour tester les hypothèses de Matt. Nous avons demandé à un groupe de participants de passer du temps dehors, tandis qu'un autre restait à l'intérieur. Nous avons ensuite mesuré leur optimisme et leur potentiel de réflexion. Les résultats n'avaient pas changé. Ce qui prouve que notre découverte ne vaut pas seulement pour les amateurs de vie au grand air. Ce serait des effets saisonniers qui ne sont vraiment sensibles qu'au printemps et en début d'été.

Intelligence et optimisme se renforcent dès qu'on passe un certain temps au soleil.

Les vertus du vert

La découverte de Matt concorde avec les recherches scientifiques relatives aux bénéfices qu'apporte l'expérience de la nature. L'immersion dans la nature provoque de la *fascination et* un sentiment d'*immensité*. Fascination, parce qu'elle capte notre attention sans qu'on puisse résister et sentiment d'immensité, parce que sa variété et ses richesses sont telles que notre esprit est totalement absorbé.
Ces deux expériences sont sources d'émotions positives et d'ouverture. Ce qui expliquerait aussi les vertus thérapeutiques et réparatrices du contact avec la nature.
Tous ceux qui ont été hospitalisés savent combien la vision d'un coin de verdure, depuis la fenêtre de leur chambre, peut influer sur la vitesse de guérison. Les malades amélioraient leur

pronostic thérapeutique en vivant plus près de la nature. Pour le dire simplement, être dehors élargit notre champ de vision. Et voir plus loin ouvre peut-être de nouvelles perspectives mentales, ce qui permettrait de se sentir mieux.

OUVRIR SON ESPRIT

De même que les fleurs s'épanouissent au soleil, l'esprit s'épanouit naturellement sous l'action de la positivité. L'intérêt de ce processus provient de ce que bien être et ouverture mentale se nourrissent mutuellement. Chacun se déclenche et se renforce au contact de l'autre. Cette relation fournit un autre moyen d'accroître les bonnes émotions. Soyez ouvert et la positivité suivra !

Les bienfaits de la méditation

J'ai ressenti viscéralement la force de cette spirale ascendante en méditant, heure après heure, au cours de mes sept jours de retraite. J'étais alors submergée d'émotions bienfaisantes, comme l'admiration, la gratitude et la joie, en plus d'une sérénité intense et continuelle. Ce sentiment de plénitude qui m'arrivait par vagues successives m'a permis d'approfondir mon expérience et ma pratique. J'ai cherché à comprendre.

> Je savais que la pleine conscience diminue les souffrances dues aux émotions négatives, mais comment pouvait-elle libérer un tel bouillonnement positif en moi ?

En quoi la pleine conscience pouvait-elle se rattacher à mon propre travail ?

Quelle était sa relation avec ma théorie de l'expansion constructive ? Lors de cette retraite, mes professeurs ne cessaient de souligner que la pratique de la méditation dépend de la capacité de se concentrer sur le moment présent et de l'apprentissage de l'ouverture. La pleine conscience fournit de merveilleux outils pour affronter les défis du quotidien.
Mais ce qui m'a frappée, c'est qu'elle nous apprend à faire quelque chose qui nous vient naturellement quand nous éprouvons d'authentiques émotions positives.
Elle nous apprend à ouvrir notre esprit. Si nous méditons, au lieu de cultiver par nous-mêmes des sentiments positifs, nous ne faisons que prendre un raccourci pour arriver au même but.

Nous avons tous, de temps à autre, fait l'expérience de ces moments d'ouverture de pleine conscience

La pensée positive fait partie de notre patrimoine génétique. Elle nous vient d'une longue et féconde lignée d'ancêtres humains. La nature nous a dotés de cette faculté pour nous ouvrir l'esprit. Or, en nous permettant d'avoir accès à de brefs éclairs de pleine conscience, elle nous laisse entrevoir le chemin qui conduit à une vie plus riche et plus florissante. Chaque fois que nous éprouvons une émotion positive sincère, nous en avons un aperçu. Mais si nous voulons y avoir vraiment accès, nous devons être ouverts. Et cette ouverture ne dépend que d'une pratique intentionnelle de la pleine conscience.
Par cette attention portée à ce qui nous entoure, nous ouvrons délibérément notre esprit ce qui nous permet de dégager un vaste espace mental. Or, l'architecture de notre système émotionnel est faite de telle sorte qu'en cultivant l'ouverture mentale, la pensée positive suit avec son cortège d'amélioration et de plénitude.

VÉCU

Une expérience scientifique sur la méditation en pleine conscience

Ces hypothèses ont été vérifiées grâce à une étude portant sur deux groupes : l'un débutant la méditation en pleine conscience et l'autre ne la pratiquant pas. Tous ont subi une série d'examens en laboratoire au commencement de l'expérience et au bout de quatre mois. Pour l'un de ces examens, chacun était équipé d'une calotte munie de vingt-sept petits capteurs destinés à enregistrer l'activité cérébrale. Le premier groupe a montré une augmentation de l'activité de l'hémisphère cérébral gauche tout de suite après avoir commencé la méditation et davantage à la fin de l'expérience. Cette configuration est typique d'une stimulation des émotions positives. Une autre étude comparative entre deux groupes se consacrant à la méditation – l'un avec des débutants et l'autre avec des pratiquants réguliers – a révélé que les seconds étaient dotés d'un plus haut niveau d'optimisme, mais qu'ils avaient aussi une meilleure conscience et estime d'eux-mêmes. Les données fournies par d'autres études tendent à prouver que l'ouverture, acquise par la pratique de la méditation en pleine conscience, développe réellement les émotions positives.

Le « paradoxe du plaisir » ou quand on tue son plaisir

Il existe une autre voie qui nous permet d'élargir notre espace mental. Elle consiste à désactiver les schémas mentaux qui en limitent et compartimentent l'expérience. Récemment, des scientifiques ont avancé l'hypothèse d'un « paradoxe du plaisir » dont, nous autres, humains, serions tous victimes.

> Si nous anticipons trop une joie, nous en tirons moins de satisfaction quand elle survient et son potentiel positif s'en trouve diminué.

Nous cherchons à expliquer ce qui nous arrive sans voir que nous tuons notre plaisir. Trop analyser les bonnes choses contribue, paradoxalement, à les annihiler.
Il semble donc préférable d'accepter les bonheurs imprévus pour ce qu'ils sont, des dons du hasard. Soyez ouvert à tout ce qui peut arriver de bien. Pratiquez l'acceptation, pas l'analyse et vos émotions positives s'épanouiront.

VÉCU

Un message paradoxal

Il y a quelque temps, j'avais un mobile sur l'écran duquel on pouvait afficher une ligne de texte. Mon mari me taquinait, parce que j'avais simplement écrit : TÉLÉPHONE DE BARB.
« Tu n'as rien trouvé de plus original ? » plaisantait-il. J'y ai réfléchi et j'ai finalement choisi : **SOIS POSITIVE.** Mais, ce message m'a tout de suite paru artificiel et peu satisfaisant.
En dépit de tous les bénéfices qu'apporte la positivité, je sais parfaitement que l'injonction n'a rien de performatif. On ne force pas ses émotions. En d'autres termes, je n'aurais pas mieux réussi que d'autres à mettre ce « SOIS POSITIVE », en pratique. En pensant

à ce jeu de ping-pong entre positivité et ouverture, j'ai finalement écrit : **SOIS OUVERTE.**
J'ai été surprise de constater le changement de perspective opéré par ce simple rappel

OUVRIR SON CŒUR

Même si la pratique de la pleine conscience ouvre l'esprit, certaines formes ancestrales de méditation semblent plus aptes à libérer le cœur. Elles aident à éprouver ce lien qui nous unit aux autres en faisant émerger la profonde et sincère positivité émanant du collectif.

La méditation en « amour bienveillant »

J'ai décrit, au chapitre 5, ce que j'ai appelé mon « étude de l'ouverture du cœur ». Bien qu'en Occident les études scientifiques portent essentiellement sur la méditation en pleine conscience, j'ai choisi de m'intéresser aux effets d'une pratique voisine, celle de la méditation en « amour bienveillant ». Elle vise à susciter plus directement les émotions positives, en particulier dans le contexte relationnel. C'est d'ailleurs ce qui m'a attirée vers elle. Tout au long de mon initiation, j'ai découvert d'innombrables répercussions émotionnelles. Voici quelques conseils pour vous lancer à votre tour dans l'expérience. **On utilise la méditation en « amour bienveillant » pour faire croître les sentiments chaleureux, l'amour et la compassion envers soi-même et les autres.**

Pratiques et bienfaits de la méditation en « amour bienveillant »

Tout comme la pleine conscience, l'amour bienveillant est issu d'anciennes pratiques spirituelles bouddhiques.

Les deux méditations se pratiquent dans la tranquillité, assis, le plus souvent les yeux fermés et en commençant par se concentrer sur le souffle.
Mais dans « l'amour bienveillant », vous inclinez le cœur vers des sentiments amicaux, tendres et compatissants. On dirige d'abord l'amour et la sollicitude vers soi-même puis vers les autres, en un cercle de plus en plus large.
Il ne s'agit pas d'une potion magique qui libère les émotions positives d'un sel coup. Néanmoins, les bénéfices qu'elle engendre dans la vie de ceux qui la pratiquent sont nombreux.

- **La méditation en « amour bienveillant » permet de mieux profiter de l'instant** et d'être plus attentif, de mieux s'accepter, d'avoir une vision plus positive, d'éprouver une plus grande confiance en soi et en l'autre.
- **Elle renforce aussi la résistance à la douleur et aux maladies saisonnières.** L'« amour bienveillant » nous aide à faire évoluer nos émotions vers un plan plus élevé.
- **Sa pratique régulière atténue le sentiment de dépression** et permet de mieux apprécier la vie.

Si vous désirez en faire vous-même l'expérience, essayez la méditation décrite au chapitre 11 ou trouvez-vous un cours ou un professeur. De nombreux ouvrages fort utiles peuvent aussi vous aider à démarrer.

EN CONCLUSION

La psychologie positive est une discipline récente, mais en dépit de sa jeunesse elle ne manque pas de rigueur. Étayée sur la science, elle est par nature sceptique. Vous pouvez vous fier à ce qu'elle avance. Sa démarche repose sur des données et des études solides et non sur de quelconques élucubrations.
Dans ce chapitre, je ne présente que des méthodes, ayant fait l'objet d'expériences contrôlées et qui concourent réellement à

accroître le bien-être. Voyez dans quelle mesure elles peuvent élever votre ratio positif en contribuant à votre évolution et à votre épanouissement.

Vous aurez sans doute remarqué que certains conseils sont simples à suivre : être attentif à la gentillesse et à la gratitude ; savourer les bons moments ; visualiser le meilleur avenir possible ; se montrer plus sociable ; sortir en plein air. Autant de petits changements qui peuvent s'effectuer à tout moment pour doper votre humeur.

Toutes ces méthodes peuvent libérer en vous au moins six émotions positives parmi les plus courantes : l'amour, la joie, la gratitude, la sérénité, l'intérêt et l'espoir. Elles ouvrent l'esprit, sont facteurs de résilience et d'évolution.
Mais d'autres approches sont plus exigeantes : repenser votre travail et votre vie au quotidien pour mieux utiliser vos forces ; apprendre la méditation en pleine conscience ou en amour bienveillant, ou bien les deux ; vous habituer à voir systématiquement la vie du bon côté. Bien que ces changements nécessitent un travail plus intense de votre part, leurs bénéfices en matière de mieux-être sont importants. Ce sont des investissements qui valent le temps qu'on y consacre.
La psychologie positive n'en est qu'à ses débuts. Les avancées décrites dans les pages précédentes en constituent la première moisson.

Dans le chapitre suivant, je propose des « outils » que mes recherches m'ont permis de mettre au point. Vous pourrez les utiliser à tout moment pour aller mieux ou pour vous aider à avancer. Seul le temps dira ce que nous réserve la psychologie positive. Mais, pour vous, le véritable enjeu consiste maintenant à tester ces outils par vous-même.

11. UNE NOUVELLE **BOÎTE À OUTILS**

Quand on vous dit de grandir,
cela signifie en réalité cesser de progresser.

Tom Robbins

Si vous n'entreprenez pas un vrai travail sur vous-même, la somme d'études que mes collègues et moi-même avons consacrée à la positivité ne servira, au mieux, qu'à alimenter les conversations dans les dîners en ville. Pensez autrement, oubliez ce qui marche pour les autres et concentrez-vous sur ce qui fonctionne pour vous. Ayez vos propres minutes « Eurêka ! ». Découvrez par vous-même comment stimuler une pensée positive authentique et sincère.

Cette démarche est nécessaire. En effet, on sait, grâce à la recherche, que les émotions sont très individualisées. Elles reflètent le sens particulier que nous attribuons aux événements de notre vie. Ce qui provoque de la gratitude chez l'un laissera l'autre indifférent. Chacun réagit différemment aux situations. C'est donc à vous de tracer votre propre voie vers l'épanouissement.

QUELS SONT LES 12 OUTILS POUR ÉLEVER VOTRE RATIO POSITIF ?

En commençant ce travail sur vous-même, n'oubliez pas de calculer vos progrès. Procédez quotidiennement au « test personnel de positivité », que ce soit dans votre journal ou sur le site Internet (www.positivityratio.com). Cela ne prend que quelques minutes. Voyez à combien s'élève votre ratio quand le changement commence à poindre. Comparez ensuite vos résultats à cette première mesure.

Je suis prête à parier que, même sans ces indications, vous sentirez ce regain d'énergie et de vitalité. Laissez-vous guider par cette force, elle vous permettra d'agir comme il convient. Votre champ spirituel s'élargit. Prenez-en conscience et sachez l'apprécier.
Réjouissez-vous de cette pensée qui vous dévoile de nouveaux horizons. Sachez que le flux positif n'a besoin que de cette ouverture pour circuler librement.

En travaillant aux deux précédents chapitres, j'ai mis au point une série de douze outils, destinés à diminuer la négativité et augmenter la positivité, pour vous aider à élever votre ratio. Chacun s'appuie sur des données scientifiques, mais leur efficacité diffère selon les personnalités. Essayez-les et voyez ce qui fonctionne le mieux pour vous.

1. Être ouvert

Il s'agit de faire l'expérience de la pleine conscience dans votre vie quotidienne. « Être ouvert » doit devenir votre devise. Chassez temporairement de votre esprit, espoirs et jugements. Trop souvent, ils ne font qu'entraver votre capacité d'ouverture.

> Prenez plutôt le temps de savourer l'instant présent dans toute sa plénitude.

Quels que soient les situations ou les êtres rencontrés, attention et acceptation sont les maîtres mots. Soyez à l'écoute de vos sens et sachez jouir de ce que vous éprouvez.

MON CONSEIL

Au cours de votre promenade matinale, plutôt que de ressasser la liste interminable de vos obligations du jour, pratiquez cet exercice : ouvrez-vous aux couleurs des feuilles et des fleurs, au chant des oiseaux, à l'odeur de l'herbe mouillée, à la fraîcheur de l'air sur votre peau ou au contact de la terre sous vos pieds. Être ouvert signifie éprouver de la curiosité à l'endroit de toutes vos sensations, accueillir les choses sans avoir la tentation ou le désir de les changer.
Ne cherchez pas à supprimer les pensées, sentiments ou sensations qui vous viennent à l'esprit. Au contraire, acceptez-les, contemplez-les et laissez-les glisser.
Dites-vous : « Elles sont ce qu'elles sont » et observez-les simplement. La pleine conscience permet d'accueillir l'instant présent sans aucun des a priori habituels. Voyez quels sentiments surgissent durant cette expérience.

2. Créer des relations fortes et authentiques

Établir de vrais liens avec autrui apporte une bouffée d'air pur. Toute interaction sociale – que ce soit avec la famille, des collègues de travail ou la personne dans la queue devant vous à la poste – offre la possibilité de créer une relation de qualité. Le moment de la rencontre avec l'autre génère un lien dynamique et vivant qui peut être source d'énergie ou de découragement.

Les relations vraies sont porteuses de vie. On les reconnaît immédiatement à certains signes qui ne trompent pas, comme une appréciation mutuelle et une envie profonde d'être avec l'autre ou de faire des choses ensemble.

Elles apportent un regain d'ardeur et de vitalité. Elles provoquent même des changements physiologiques perceptibles. On ressent littéralement dans son corps les bienfaits de ces relations.
Pour tisser des liens de grande qualité, **quatre conditions sont nécessaires.**

1. **Le respect des engagements :** être présent, attentif et tenir sa parole.
2. **Le soutien des activités de l'autre :** aider à sa réussite.
3. **La confiance :** savoir qu'on peut compter sur l'autre et le lui montrer.
4. **Le jeu :** prendre le temps de s'amuser, de flâner sans objectif particulier.

En respectant une ou plusieurs de ces conditions, vous métamorphoserez vos relations. De banales ou toxiques, vos échanges deviendront source d'authentique et constante positivité.

EXERCICE

Créer un lien vivant à partir de rien

À pratiquer sans modération avec tous les gens que vous rencontrez. Notez en quoi ces échanges diffèrent de vos relations faites de bavardages ou d'indifférence. Sentez l'énergie et l'ardeur qui vous animent. Observez également les réactions de vos interlocuteurs. Vos regards se croisent-ils plus souvent ? Éprouvez-vous du plaisir à relancer la conversation quand elle s'essouffle ? Pensez aux dons que vous offrez, aux autres et à vous-même.

3. Cultiver la gentillesse

Cet exercice est tiré du livre de Sonja Lyubomirsky, *Comment être heureux… et le rester.*

Donnez-vous pour objectif d'accomplir cinq actes gentils par jour.

Il doit s'agir de quelque chose d'utile et qui nécessite un effort de votre part, comme donner votre sang, aider une voisine à désherber son jardin ou mieux aménager le quotidien de votre père atteint d'une maladie chronique. Faites preuve d'imagination et soyez à l'écoute.Devinez les besoins de votre entourage. Même si certaines de ces entreprises nécessitent d'être préparées à l'avance, arrangez-vous pour tout boucler en une journée. Et faites le point quand vous avez terminé. Observez les sentiments suscités par votre dévouement : un lien plus profond avec la personne aidée, une fierté justifiée. Pour que les effets de ce « jour de gentillesse » soient durables, faites-en un rituel. Chaque semaine, cherchez de nouvelles idées. Voyez comment améliorer la vie de ceux qui vous entourent. Essayez pendant quelques mois et vous verrez la différence.

4. Savoir se distraire

Les distractions sont des outils essentiels pour briser le cercle vicieux de la rumination et des idées noires. Le but est simple : s'occuper l'esprit pour ne plus penser aux ennuis. Les plus efficaces sont celles qui requièrent toute votre attention. Absorbé par votre activité, concentré sur ce que vous faites, vous finissez par évacuer vos soucis et vous abordez vos problèmes avec un esprit plus clair.

• **Je vous suggère d'établir deux listes ; l'une consacrée aux DISTRACTIONS SAINES et l'autre aux DISTRACTIONS NOCIVES.**

Demandez-vous comment agir pour éviter les pensées démoralisantes ?

Réfléchissez-y sérieusement. Voyez ce que vous faites déjà et ce que vous aimeriez essayer. Cherchez des activités qui se pratiquent par beau et mauvais temps, au bureau, à la maison ou en déplacements.

Par beau temps, vous pouvez travailler au jardin, faire du vélo ou jouer au foot avec les gamins du quartier. Quand il fait mauvais, allez à la gym, apprenez un nouveau point de tricot ou jouez aux échecs avec votre fils.

Au travail, pourquoi ne pas vous lancer dans des recherches, ranger votre bureau ou répondre à tous vos mails en retard ? En voyage, lisez un roman, faites un sudoku ou exécutez quelques postures de yoga dans votre chambre d'hôtel.

> Le but est de trouver des activités praticables à tout moment pour desserrer l'étau de la rumination.

• **Ensuite, notez les plaisirs nocifs auxquels vous cédez.** Avez-vous une fâcheuse tendance à vous verser un verre, à vider le réfrigérateur ou à vous précipiter dans une pâtisserie dès que la spirale fatale s'enclenche ? À moins que vous préfériez vous abrutir de séries télé, de musique ou de jeux vidéo. Si c'est le cas, demandez-vous si le moyen choisi n'intensifie pas vos pensées négatives.

Pour chaque plaisir nocif, cherchez une alternative plus salubre : une boisson ou un fruit bons pour la santé ; des films, jeux vidéo ou musiques qui remontent le moral.

MON CONSEIL

Supposons que vous souhaitiez immédiatement entreprendre une de ces activités. Que vous faudrait-il ? De la laine ? Un bon livre ? Un site Web de sudoku ? **Ces ressources doivent se trouver à portée de main. Les idées négatives peuvent frapper n'importe quand.** Pour les combattre, il faut que vous puissiez vous plonger dans ces distractions à tout moment.

Mais ce qui compte par-dessus tout, c'est que vous vous le permettiez. Enrayer la spirale vers l'abîme ne prend que quelques minutes et les bénéfices de l'opération sont incalculables.

5. Faire barrage aux pensées négatives

Cet exercice propose une méthode de prévention de la dépression fondée sur la thérapie comportementale et cognitive, qui enseigne à penser de manière non-négative. Pour ce faire, vous aurez besoin de fiches vierges.
Sur chacune d'elles, vous écrirez une de vos habituelles pensées négatives comme : « Encore trop dormi ! » ; « Jamais je n'arriverai à tout faire ! » ou « Pourquoi ne m'a-t-elle pas encore appelé ? » ; « Est-ce que je compte pour elle ? »

- **L'important est de noter des pensées négatives réalistes, qui sont vraiment les vôtres.** Débusquez ce critique intérieur, cette petite voix dans votre tête qui vous fait douter de vous, des autres et de tout ce qui vous entoure. C'est la voix du pire.
- **Une fois que tous vos suspects sont fichés, mélangez les cartes et tirez-en une au hasard.** Lisez à haute voix.
- Ensuite – aussi vite que possible – réfutez ces allégations. Parlez fort et avec conviction. Quels sont les faits ? Dès que votre tir de barrage positif a éliminé cette menaçante négativité, passez à la fiche suivante. Et recommencez. Plus vous avancez, plus votre conviction va s'affermir. Un challenge ? Sortez et hurlez vos arguments contradictoires en plein air.

Les pensées négatives surgissent spontanément, contre votre volonté même.

L'objectif de cet exercice est de vous permettre d'y faire barrage aussi vite qu'elles apparaissent. Tuez-les dans l'œuf, avant qu'elles gâchent votre journée. Essayez et voyez si les faits seuls peuvent venir à bout de la négativité engendrée par ces pensées involontaires et compulsives.

6. Trouver un coin de nature près de chez soi

Dès qu'il fait beau, vous devez être prêt. Repérez à l'avance une douzaine de lieux, proches de chez vous, où vous trouverez un peu de vert ou de bleu, des arbres, de l'eau ou du ciel. On sait que ces éléments stimulent les pensées positives. Il y a sûrement des petits coins de nature près de chez vous. Si c'est le cas, explorez-les de fond en comble. Prenez-en possession. Allez à la bibliothèque ou dans une librairie pour vous procurer un guide des promenades et des parcs des environs.
Si vous êtes pressé, une fontaine ou un square peuvent suffire, mais les grands espaces naturels – forêts, rivières, prairies ou océans – sont préférables. Allez-y régulièrement, que ce soit pour faire de l'exercice, rencontrer des gens ou communier avec la nature.

7. Connaître et utiliser vos forces mentales

Pour apprendre à connaître vos forces, un des moyens consiste à faire le test en ligne gratuit que Martin Seligman et Chris Peterson ont mis au point.
Prévoyez du temps, car il comporte deux cent quarante questions qui permettent d'évaluer vingt-quatre forces de caractère. Vous y accéderez en vous connectant au site Web de Martin Seligman *(University of Pensnsylvania's Positive Pysychology Center)* ou en allant directement sur www.AuthenticHapiness.com.
Après avoir complété ce questionnaire, vous recevrez un compte rendu établissant un classement des vingt-quatre forces selon leur importance dans votre personnalité. Ce rapport indique également vos cinq points forts. Il vous invite à réfléchir à ceux qui éveillent un véritable écho en vous, qui font que vous vous sentez plus vivant quand vous les sollicitez. Cette interrogation est cruciale. Elle vous permet de repérer, parmi ces cinq points forts, celui ou ceux qui constituent votre « signature » ou profil.

PETIT EXERCICE

La « meilleure image de soi »

Vous pouvez aussi découvrir vos forces de manière plus personnelle, grâce aux exercices de la « meilleure image de soi ». Il vous faudra contacter entre dix et vingt personnes en qui vous avez confiance, aussi bien des collègues, que des clients, des amis ou des membres de votre famille.

Demandez à chacun d'écrire trois textes relatant ce qui, chez vous, leur paraît digne d'intérêt ou d'admiration. Analysez toutes leurs réponses et relevez les points communs.

Votre tâche consiste à extraire tout le suc de ces récits pour en tirer la « meilleure image de vous » que vous résumerez, ensuite, sous forme de petit essai.

Cet exercice va sans doute vous remuer profondément. Ces récits libéreront probablement un flot d'opinions favorables de la part de personnes qui comptent pour vous. En dépit des relations que vous entretenez, elles ne vous ont vraisemblablement jamais dit pourquoi elles vous appréciaient. C'est triste, mais nous n'avons pas l'habitude d'exprimer ouvertement tout le bien que nous pensons les uns des autres.

En découvrant ces appréciations, les sentiments positifs sont stimulés. Vous éprouverez de la reconnaissance envers les gens qui vous ont envoyé ces textes et vous sentirez plus proche d'eux. Ces qualités qu'ils découvrent en vous seront source de fierté et vous donneront des ailes. Vous chercherez à vous rapprocher davantage de ce reflet idéalisé.

Cette « meilleure image » peut vous servir de guide quand vous allez à la dérive ou perdez vos repères. Lisez cet autoportrait si vous n'avez pas le moral, il vous aidera à retrouver vos marques.

Une fois que vous avez découvert vos forces, le plus dur reste à faire. Il faut repenser votre travail et votre quotidien afin de pouvoir vous en servir efficacement.

- **Dans quel domaine vous sentez-vous à l'aise ? Où pataugez-vous ?** Comment consacrer davantage de votre énergie à faire ce qui vous convient ? Que devez-vous changer pour réussir à réaliser pleinement votre potentiel ?

8. Méditer en pleine conscience

Approfondissez votre pratique de la pleine conscience en méditant tous les jours. Lisez les lignes qui suivent une ou deux fois puis posez le livre et essayez par vous-même. Programmez une alarme pour vous avertir au bout de cinq à dix minutes, afin de ne pas avoir à vous soucier du temps. Quand vous vous sentirez plus à l'aise, augmentez la durée. L'idéal est une session de vingt-cinq à trente minutes, mais essayez de pratiquer au moins un peu chaque jour.

EXERCICE DE MÉDITATION

• **Asseyez-vous confortablement dans un endroit tranquille** où vous ne serez pas dérangé. Si vous êtes sur une chaise, posez vos pieds à plat sur le sol, la colonne vertébrale bien droite et les lombaires soutenues par le dossier.

• **Les mains reposent légèrement sur les cuisses,** paumes vers le haut. Vous pouvez adopter une autre position, pourvu que vous vous sentiez détendu et vigilant.

• **Fermez les yeux** ou, si vous préférez, fixez un point sur le sol ou un objet quelconque, comme une bougie allumée.

• **Respirez profondément à plusieurs reprises.** Observez vos sensations. D'où vient votre souffle ? Des narines ? De la cage thoracique ? Du ventre ? Sentez le passage de l'air à chaque inspiration/expiration.

• **Ensuite, respirez normalement.** Inutile de respirer profondément ou en adoptant un rythme particulier.

• **Laissez-vous aller.** Continuez à observer votre souffle. Que ressentez-vous en inspirant ? Et en expirant ?

• **Considérez chaque inspiration/expiration avec respect.** Elles sont vous – en vie – ici et maintenant.

Le but, en vous concentrant sur votre souffle, est de vous installer dans le présent, dans l'ici et le maintenant.

La chose semble assez simple. Et pourtant, à peine en faites-vous l'expérience, que déjà les difficultés surgissent.

Inévitablement, votre esprit se met à vagabonder

Les pensées surgissent et vous entraînent dans leurs tribulations. Vous vous inquiétez d'un problème survenu dans la journée ou la veille, vous réfléchissez au repas du soir ou au dossier que vous devez présenter la semaine prochaine. Une idée en amenant une autre, vous voilà en train de fourbir vos arguments ou de dresser la liste des courses. Vous êtes perdu dans vos pensées, absorbé par ce voyage dans le temps et totalement déconnecté de ce qui vous entoure.

Ce n'est pas grave, vous allez finir par reprendre pied

Inutile de vous faire des reproches. Il est quasiment inévitable de perdre le contact avec le présent. Vous devez vous y attendre. Au lieu de battre votre coulpe, prenez simplement acte de ce vagabondage et reconcentrez-vous sur votre souffle. Voyez combien de temps vous pouvez tenir en restant dans le présent, dans votre version personnelle du maintenant. Devenez un observateur. Soyez conscient du fonctionnement de votre esprit. Des pensées vont surgir. C'est tout à fait normal.

Essayez de les regarder tranquillement apparaître. Identifiez-les sans y mettre d'affect.

Décrivez chaque pensée et chaque sentiment avec le plus de neutralité possible

Dites-vous simplement : « tiens, une pensée qui arrive » ou bien : « on dirait de la colère ». Contentez-vous d'observer leur apparition. Contentez-vous de les regarder vous entraîner à leur suite. Tentez de rester dans le présent. Si vous y arrivez, vous prendrez aussi conscience de la disparition de vos

pensées et de vos sentiments. Ne cherchez pas à les supprimer. Ces tentatives ont un effet inverse. En cherchant à les arrêter volontairement, on ne fait qu'en stimuler le flot. Votre esprit agit comme il l'entend. Acceptez-le. Faites preuve d'indulgence envers vous-même quand vous le remarquez. Reconnaissez que vous vous êtes laissé distraire et reprenez simplement. Vous recommencerez un nombre incalculable de fois, ne vous découragez pas. Chaque instant vous offre la chance d'un nouveau départ. Il n'est question que de se replonger dans le moment présent. **Ce type de méditation vous demande d'observer votre esprit en action et de vous ancrer dans le présent.**
La concentration sur le souffle n'est qu'un moyen de rester fixé sur le moment qui passe. La récompense ne vient pas d'une quelconque maîtrise de la respiration, mais de votre capacité à demeurer présent et attentif tout au long de votre vie.

9. Méditer en amour bienveillant

Vous pouvez également consacrer vos séances quotidiennes à la méditation en amour bienveillant. Lisez les lignes qui suivent une ou deux fois puis posez le livre et lancez-vous en programmant une alarme pour vous avertir au bout de dix minutes. Quand vous vous sentirez plus à l'aise, essayez de pratiquer pendant au moins vingt-cinq minutes dès que vous en avez la possibilité.
Cette forme de méditation ressemble un peu à un guide illustré, bien que la technique soit plus axée sur les émotions que sur des représentations mentales.

EXERCICE

Méditation en amour bienveillant

• **Commencez par vous concentrer sur votre respiration et votre cœur.** Dès que vous êtes installé dans ce sentiment de compassion, pensez à une personne pour qui vous éprouvez déjà tendresse, amour et bienveillance. Il peut s'agir d'un enfant, du conjoint, ou même d'un animal de compagnie. Le but est de laisser surgir ces émotions en visualisant ce que vous ressentez en présence de l'être cher. Une authentique positivité naît alors de l'amour et de la compassion qui vous emplissent.

• **Laissez glisser cette tendre image et retenez le sentiment.**

• Dirigez maintenant cet amour vers vous-même. Chérissez-vous aussi profondément et purement que vous le feriez de votre enfant nouveau-né. Pour la plupart d'entre nous – surtout en Occident – l'obstacle est de taille. Nous n'avons pas l'habitude d'orienter l'amour vers l'intérieur. Il vous faudra de la patience et de la pratique. Au début, vous risquez de passer tout votre temps à essayer de diriger cet amour.

• **Ensuite, laissez irradier cette chaleur, cette tendresse et cette compassion vers les autres.** D'abord vers une personne qui compte beaucoup pour vous et, progressivement, vers l'ensemble de vos amis et de votre famille puis vers tous les gens que vous avez rencontrés, même brièvement. Par exemple, l'opérateur du service technique que vous venez d'appeler pour régler un problème d'accès Internet.

• **Pour finir, étendez vos sentiments d'amour et de bienveillance à tous les êtres, humains ou non, qui peuplent la terre.** Visualisez d'abord votre ville, puis le pays et le continent où vous vivez et enfin la planète entière.

• Traditionnellement, la méditation de l'amour bienveillant s'accompagne d'une série de phrases qu'on répète intérieurement. Les mots eux-mêmes ont moins d'importance que les sentiments qu'ils évoquent.

• Je vous conseille donc de trouver des formules qui vous touchent vraiment. Généralement, on dit des

choses comme : « Que cette personne [remplacer par «je» ou «le ou les» prénoms choisis] soit protégée. Qu'elle soit heureuse. Qu'elle soit en bonne santé. Qu'elle vive bien. »

• Répétez lentement et silencieusement. Sentez la bienveillance et la tendresse vous envahir, tandis que votre attention se déplace de votre propre personne vers un cercle de plus en plus large. Sachez que vous pouvez générer ces sentiments favorables à tout moment pour vous-même.

10. Ritualiser la gratitude

Pour être reconnaissant, il faut tout bonnement être conscient de ce dont on bénéficie.

Si vous êtes enclin à noter vos pensées, achetez un beau cahier qui deviendra votre « journal de gratitude ». Tous les jours, vous y décrirez les choses qui vous font éprouver de la reconnaissance.

Mais il existe une stratégie plus efficace. Analysez en quelques phrases la cause de ces événements heureux, plutôt que d'en dresser simplement la liste. Ce faisant, vous deviendrez plus attentif aux prémices de ces petits bonheurs. Si, comme moi, vous n'aimez pas écrire des journaux intimes, émaillez votre quotidien de rituels de gratitude.

• **Remettez à l'honneur la tradition de l'« action de grâce » avant les repas.** Remerciez sincèrement, à haute voix ou intérieurement, pour la nourriture qui vous est offerte. Adressez-vous à qui bon vous semble, Dieu, la terre, les agriculteurs, ceux qui ont fourni les provisions ou qui les ont cuisinées ou tous à la fois. Si vous procédez ainsi, manger ne vous paraîtra plus aussi banal.

• Vous pouvez aussi essayer ce rituel qui m'est personnel. Je suis fascinée, depuis des années, par les « fins » de situation. La richesse de sens de ces moments charnières ne laisse pas de m'intriguer. Pour qu'une situation se termine de façon satisfaisante, il faut que ce qui a précédé se soit globalement bien passé.

Quand une chose s'achève – que la fin soit temporaire ou définitive – je réfléchis à ce qu'elle a eu de bon.

• **Si je quitte une personne ou un groupe, mon rituel me porte à exprimer à haute voix mon plaisir.** Quand j'abandonne un endroit – même une chambre d'hôtel, lors d'un déplacement professionnel – je le remercie intérieurement pour son accueil, pour les réflexions qu'il m'a inspirées et les expériences que j'y ai vécues.

Vous serez surpris de toutes les « fins » qui surviennent dans une journée. Si chaque séparation devient pour vous l'occasion d'exprimer votre gratitude, ce rituel enrichira votre quotidien.

11. Savourer le positif

Pour apprendre à savourer, vous n'avez besoin que de deux choses :

1. **une authentique source d'amour,** de joie, de fierté ou de toute autre valeur positive ;
2. **le désir d'y penser différemment.**

Peu importe que le fait soit passé, présent ou à venir. Je vous conseille de vous attaquer à ces trois situations. Voyez ce qui vous convient le mieux. Ce qui compte c'est que vous pensiez au fait en question de manière à alimenter la flamme de votre pensée positive ici et maintenant. Aimez sincèrement la situation et vous sentirez croître en vous son effet bénéfique.

EXERCICE DE POSITIVITÉ

• **Extrayez un moment heureux de votre passé,** qu'il date d'un jour, d'une semaine ou d'un an. Prenez le temps de laisser défiler les images qui vous viennent à l'esprit. Examinez-les sous tous les angles.

• Redonnez-leur des couleurs et goûtez leur douceur, retrouvez le plaisir qui a été le vôtre.

• Maintenant, voyez si vous pouvez renforcer ces souvenirs. Avez-vous pris des photos ? Si tel est le cas, pourquoi ne pas les trier et en choisir quelques-unes pour les encadrer ou les partager ? Êtes-vous, comme moi, amoureux des mots ? Alors, écrivez un poème ou une histoire à propos de ces instants radieux. Ou parlez-en avec quelqu'un qui a, comme vous, apprécié ces doux moments.

Une fois que vous réaliserez tout le bien que vous tirez de cette pratique, savourer deviendra plus facile. Vous découvrirez vite que vous pouvez étirer et amplifier ces moments de bonheur authentique en leur accordant simplement plus d'attention.

Quand vous êtes heureux, photographiez l'événement dans votre esprit – ou avec un appareil – pour préserver ce qui vous touche le plus.

Décrivez intérieurement l'expérience que vous vivez afin d'en profiter pleinement. Observez les moindres détails. Une fois que vous aurez perfectionné votre technique et que vous saurez savourer le passé et le présent, lancez-vous dans le futur. Appréciez les bons moments à venir.
Mais, comme je l'ai déjà dit, ne vous appesantissez pas. Contentez-vous d'être ouvert à ce qui peut arriver de bien. Croyez à cette éventualité, tout en sachant que des surprises sont toujours possibles. Vous réussirez alors à anticiper les bons moments et serez prêt à les savourer quand ils se présenteront.

12. Visualiser son avenir

Essayez de pratiquer tous les jours cet exercice de projection de votre avenir.

- **Représentez-vous dans dix ans, alors que tout vous a réussi. Vous avez travaillé dur et atteint tous** les objectifs que vous vous étiez fixés.
- **Visualisez où vous serez** et comment vous vous sentirez, une fois que tous vos rêves se sont réalisés. Imaginez que vous avez atteint votre potentiel maximum.
- **Obligez-vous à tenir ce journal quotidiennement** pendant environ une semaine. Notez tous les détails auxquels vous pensez. Décrivez votre environnement et vos sentiments.
- **Laissez passer une huitaine de jours** et relisez ce que vous avez écrit. Ces rêves sont la base de votre projet de vie future. Que voulez-vous faire de vos jours ? Qu'est-ce qui justifie que vous vous leviez le matin, que vous mangiez, que vous preniez soin de vous ? En d'autres termes, quel sens donnez-vous à votre existence ?
- **Réfléchissez à ces questions difficiles** et continuez à tenir votre journal. Prenez votre temps, laissez vos espoirs et vos rêves les plus secrets remonter à la surface. Exprimez-les. Couchez vos idées sur le papier, puis tirez-en l'essentiel afin

de rédiger une sorte d'ordre de mission. Il doit révéler vos aspirations tout en étant suffisamment concis pour que vous puissiez le mémoriser.

- **Quand vous pensez qu'il est au point, soumettez-le (et vous-même) au test de l'éloge funèbre.** Si vous menez à bien cette mission, aurez-vous utilement rempli votre temps sur terre ? Est-ce que votre vie sera digne d'admiration ? Ensuite, il ne vous reste qu'à programmer les dix ans à venir pour vous aider à atteindre vos objectifs. Votre plan doit se résumer à quelques points clés, afin que vos rêves puissent guider vos décisions.

PERSONNALISER VOTRE ANALYSE

Il vous reste à approfondir cette autoanalyse en la rendant plus personnelle. J'explique, au chapitre 8, comment utiliser ma méthode de reconstitution d'une journée pour détecter vos sources d'émotions positives.

EXERCICE

Reconstituer sa journée

Si votre « hier » était exemplaire d'optimisme, vous saurez quels moments de votre quotidien vous ont apporté le plus de satisfaction. Analysez ces circonstances.

- Qu'est-ce qui a permis à vos émotions positives de s'épanouir ? Étiez-vous avec d'autres personnes ? Avez-vous travaillé sans être dérangé ? Aviez-vous un but ? Une passion ? Que faisiez-vous ?
- Définissez les causes de votre bien-être. Voyez si ces conditions sont transférables à d'autres moments de la journée. Vous paraît-il possible de réorganiser vos activités en conséquence ?

Si vous êtes comme la plupart des gens, cette plongée dans votre « hier » vous aura fourni fort peu d'indices quant à votre potentiel. Pour découvrir où se cachent vos sources bénéfiques, vous devrez creuser plus profond, bien au-delà de la veille. Considérez votre vie dans son ensemble. **Pensez aux dix émotions positives présentées dans ce livre : joie, gratitude, sérénité, intérêt, espoir, fierté, amusement, inspiration, admiration et enfin, amour. S'il** vous semble que j'ai oublié une émotion importante pour vous, n'hésitez pas à y faire appel. Pensez aux moments où vous avez nettement ou intensément ressenti chacune d'elles.

Qu'est-ce qui a déclenché ces instants de plénitude ? Quand avez-vous éprouvé pour la dernière fois des émotions positives ? Où étiez-vous ? Que faisiez-vous ? Que se passait-il ?

Rassembler ses souvenirs

Pour bénéficier au mieux des strates les plus profondes de votre autoanalyse, je vous suggère d'être concret.

Confectionnez vos recueils d'émotions positives

- Rassemblez des souvenirs, matériels ou non, qui ont un lien fort avec ces dix émotions positives énoncées plus haut.

- Composez des recueils, des reliquaires abritant une collection d'objets propre à chaque nuance d'émotion. Chaque émotion doit donner lieu à un projet.
- Considérez cette tâche comme une sorte de devoir scolaire.
- Donnez de votre temps et savourez votre ouvrage pendant une semaine.
- Passez une semaine sur la joie, une semaine sur la gratitude et ainsi de suite jusqu'à la semaine sur l'amour.

Peut-être considérez-vous qu'il s'agit d'une tâche puérile ? Si tel est le cas, il est temps de relire la citation qui ouvre ce chapitre et dites-vous que les enfants savent souvent des choses que nous avons oubliées. À moins que vous ne trouviez que c'est un énorme travail qui va vous faire perdre un temps précieux.

Même si, en ce moment, vous allez bien et n'avez aucun souci, un jour ou l'autre, vous traverserez inévitablement une passe difficile – peut-être plus tôt que vous ne pensez. Deuils, déconvenues ou sombres perspectives, les coups du sort sont le terreau fertile de la négativité. Et elle crie, nous l'avons vu, plus haut que la positivité. Elle vous entraîne dans une spirale descendante qui a vite fait de saper le moral et les projets. Quelques vagues souvenirs heureux ne suffisent pas pour corriger cette trajectoire.

C'est là que vos recueils d'émotions positives peuvent créer la différence. Réexaminez leur contenu. Remémorez-vous ce qu'il y a de bien dans votre vie.

Ce simple exercice suffit souvent à redonner du courage et aide à reprendre pied dans le bénéfique courant ascendant.

Que collecter ?

Des photos, des lettres, des citations ou des objets chargés d'une signification personnelle. En réunissant ces souvenirs, le but n'est pas de décortiquer votre joie, votre gratitude ou toute autre émotion. Gardez l'esprit ouvert. Quand vous choisissez de nouveaux éléments à intégrer, ayez la main légère. Vous évoquez, vous ne maniez pas le scalpel de l'analyse intellectuelle. Il s'agit de créer une collection personnelle d'objets hétéroclites dont la vue ou le contact éveille à chaque fois un souvenir chargé d'émotion bénéfique.

Quelle présentation choisir pour vos trésors ?

Un simple classeur ou une boîte. Si vous avez la fibre artistique, confectionnez un « scrapbook » ou un genre de cabinet de curiosité. Vous avez des talents d'informaticien ? Créez une page Web ou un album de photos numériques que vous téléchargerez à votre gré. Si vous préférez un dossier parfaitement transférable et toujours accessible, vous rassemblerez d'abord des éléments matériels que vous entrerez ensuite en mémoire.

Quelle que soit la forme choisie, ces recueils doivent refléter le fonctionnement intime de votre cœur, vos propres émotions positives. Les nutritionnistes demandent à leurs patients d'être attentifs à ce qu'ils ressentent quand ils mangent certains aliments. Je vous demande d'être attentifs à ce que certaines activités, certaines situations et certains schémas de pensée déclenchent en vous. Prenez conscience de ce qui vous enthousiasme et vous motive. Ce faisant, vous comprendrez et contrôlerez mieux ce qui vous arrive au quotidien.

Inutile de vous précipiter !

Sachez savourer cette entreprise. Accordez-vous une bonne semaine pour réfléchir à une émotion et réunir une collection au contenu vraiment évocateur. En général, tous ceux qui ont essayé trouvent cette expérience extrêmement enrichissante et stimulante. Alors, ne bâclez pas le travail !

TÉMOIGNAGE

D'où vient le « recueil d'émotions positives »

Cette idée de recueil m'a été inspirée par James Pawelski, directeur d'études et chercheur principal à l'université de Pennsylvanie, dans le premier département au monde de psychologie positive. Frais émoulu de ses études, James devait passer un entretien d'embauche pour un poste de maître assistant à l'université Vanderbilt.

Le jour dit, il était un peu excité et nerveux. Pour se donner confiance, il avait donc préparé ce que j'appellerais un recueil de fierté. Il y avait mis des souvenirs le rattachant aux pères fondateurs de la psychologie positive - des chercheurs qu'il respecte et admire énormément –, tel un courriel d'encouragement de Mike Csikszentmihalyi ou une photo en compagnie de Marty Seligman. Il avait aussi ajouté des éléments pour se rassurer quant à sa valeur personnelle et professionnelle.

Après la préparation de l'entretien, il avait consacré la dernière demi-heure à revisiter sa petite collection et à s'imprégner des émotions qu'elle éveillait en lui. Cet exercice l'avait confirmé dans l'assurance que, malgré sa jeunesse, il était à la fois respecté et compétent. Il avait ainsi pu aborder la rencontre avec calme et confiance.

Cette méthode ayant si bien marché pour lui, James a repris le concept, des années plus tard, quand il est devenu directeur d'études au côté de Marty Seligman. Il l'a intégré au projet de recherche qu'il propose

habituellement aux étudiants préparant un master en psychologie positive, le premier diplôme mondial dans cette discipline. Je participe souvent, en tant que professeur invité, à ce programme. Certains des étudiants de James m'ont fait part de leurs expériences concernant l'élaboration et l'utilisation de leurs recueils de positivité. Actuellement, je collabore avec James et d'autres chercheurs pour étudier l'efficacité de cet outil dans un large éventail de situations.

J'ai moi-même fabriqué mes propres recueils

Le premier a été pour l'amour. On y trouve des photos de mes deux petits garçons et de mon cher époux. Une citation de Marcel Proust, ce grand écrivain français du début du XXe siècle :

> « Soyons reconnaissants aux personnes qui nous donnent du bonheur ; elles sont les charmants jardiniers par qui nos âmes sont fleuries. » (Marcel Proust)

Ainsi que la photo du gros fauteuil confortable de notre salon, où nous aimons nous pelotonner à deux. Évidemment, ce n'est pas le fauteuil qui compte. Mais sa photo évoque les doux moments que j'y partage, blottie entre ses bras, avec mon mari ou mes enfants. Enfin, sans doute un reflet de mon esprit scientifique, l'image de deux chimpanzés en train de s'épouiller.

Elle symbolise cet éternel et universel besoin d'amour que rien n'arrête. Une plongée dans ce pêle-mêle affectif m'incite à faire plus souvent des breaks, me rappelle de téléphoner chez moi quand je suis sur le campus ou en voyage et, plus généralement, me donne envie de serrer tendrement mon mari et mes fils dans mes bras et d'être encore plus proche d'eux.
Mon amour pour ma famille réussit toujours à ouvrir mon cœur, il me donne de l'énergie et m'apprend à vivre plus pleinement.

FABRIQUER VOS PROPRES RECUEILS

Afin de structurer ce processus, je vais vous guider dans la découverte de vos dix émotions positives. À chaque fois, une série de questions va vous permettre de démarrer. En y répondant, écrivez vos propres commentaires. Notez les souvenirs et les images qui vous viennent à l'esprit. Quand vous aurez rassemblé quelques idées, lancez-vous dans votre chasse au trésor. Il faut trouver les bonnes photos, les mots et les objets justes. Chanson ou vidéo clip, parfum, goût ou sensation tactile peuvent aussi évoquer un sentiment. Appliquez-vous et faites preuve d'imagination. Ces recueils sont des cadeaux que vous vous offrez.

Pour préparer et bien organiser votre recueil de joie, demandez-vous à quel moment :

1. Vous êtes-vous senti en sécurité, détendu, joyeux ou profondément heureux ?
2. Les choses se sont-elles vraiment bien passées, peut-être même mieux que ce à quoi vous vous attendiez ?
3. Vous êtes-vous senti léger, pris d'une irrépressible envie de sourire ou envahi par une douce chaleur ?
4. Vous êtes-vous senti d'humeur allègre et plein d'entrain ?

Pour démarrer votre recueil de gratitude, demandez-vous :

1. Quand avez-vous éprouvé de la reconnaissance ou une profonde gratitude ?
2. Quels cadeaux vous sont les plus chers ? Quand s'est-on donné du mal pour vous aider ou vous faire plaisir ?
3. Quand vous êtes-vous dit que vous aviez vraiment de la chance ?
4. Quand avez-vous éprouvé le besoin de remercier pour un service rendu ? Est-ce qu'il vous arrive de faire preuve d'imagination pour exprimer votre gratitude ?

Pour confectionner votre recueil de sérénité, demandez-vous à quel moment :

1. Vous êtes-vous senti en paix, serein et pleinement satisfait d'être là où vous étiez ?
2. Vous êtes-vous senti parfaitement bien dans votre vie et à votre juste place ?
3. Vous êtes-vous senti complètement détendu, libéré de toute tension physique ?
4. Avez-vous ressenti le besoin de vous poser et de jouir simplement de ce qui vous entoure, en savourant ce bien-être et en cherchant comment renouveler ce sentiment ?

Pour préparer votre recueil d'intérêt, posez-vous les questions suivantes :

1. Quand vous êtes-vous senti vigilant, curieux et passionné par la découverte des possibilités qui s'offraient à vous ?
2. Quand avez-vous été enthousiasmé par quelque chose de nouveau et d'inconnu ?
3. Quand vous êtes-vous senti intensément vivant et ouvert, comme si les limites de votre horizon intérieur s'éloignaient de plus en plus ?

4. Quand avez-vous éprouvé l'envie irrépressible d'explorer et d'apprendre, de vous immerger totalement dans vos recherches, de vous passionner pour de nouvelles idées ?

Avant de commencer votre recueil d'espoir, demandez-vous à quel moment :

1. Vous êtes-vous senti plein d'espoir et d'optimisme, confiant dans l'avenir ?
2. Avez-vous pu craindre le pire tout en restant persuadé au fond de vous que les choses allaient s'arranger ?
3. Avez-vous désespérément souhaité une amélioration physique ?
4. Avez-vous déployé des trésors d'imagination pour faire évoluer votre situation ?

Pour démarrer votre recueil de fierté, posez-vous les questions suivantes :

1. Quand vous êtes-vous senti le plus fier de vous, confiant et sûr de vos capacités ?
2. Quand avez-vous accompli une action digne d'éloges, ou obtenu quelque chose par votre seul mérite ?
3. Qu'est-ce qui vous donne envie de redresser la tête et de gonfler la poitrine ? Qu'est-ce qui vous donne envie de partager ce qui vous arrive de bien avec les autres ?
4. Qu'est-ce qui vous motive ? Que rêvez-vous d'accomplir ?

Avant de préparer votre recueil d'amusement, demandez-vous :

1. Ce qui vous met en joie, ce qui vous rend facétieux ou vous amuse ?
2. Si vous vous souvenez d'un événement incongru et amusant en public ? Si vous avez été le témoin ou l'auteur d'un trait d'humour ou de quelque chose de drôle ?

3. Qu'est-ce qui vous fait rire ? Quand avez-vous ri aux larmes ou fait rire d'autres personnes ?
4. Quand avez-vous envie de partager votre bonne humeur ? De faire la fête et même de vous lier d'amitié avec d'autres gens rencontrés dans ces circonstances ?

Avant de commencer votre recueil d'inspiration, demandez-vous à quel moment :

1. Vous êtes-vous senti véritablement inspiré, transporté ou élevé par la bonté ?
2. Avez-vous rencontré une personne se comportant ou agissant de manière admirable ?
3. Avez-vous assisté à un événement qui vous donne une haute idée de l'humanité ? Qui vous laisse pantois ?
4. Avez-vous éprouvé le besoin de vous dépasser pour atteindre, à votre tour, un tel niveau de perfection ?

Avant de préparer votre recueil d'admiration, demandez-vous à quel moment :

1. Avez-vous été émerveillé ou étonné, véritablement ébloui par ce qui vous entoure ?
2. Vous êtes-vous senti submergé par la beauté ou la grandeur de l'univers ?
3. Avez-vous été transporté, bouleversé par le sentiment du sublime ?
4. Avez-vous eu l'impression de faire partie de quelque chose d'infiniment plus grand que vous ?

Avant de préparer votre recueil d'amour, demandez-vous :

1. Quand vous êtes-vous senti vraiment amoureux ?

Quand avez-vous éprouvé un sentiment de proximité, de sécurité et de confiance dans une relation ?

2. Si vos relations sont porteuses d'autres émotions positives : joie, gratitude, sérénité, intérêt, espoir, fierté, amusement, inspiration ou admiration ?
3. Quand vous êtes-vous blotti contre l'être aimé en lui chuchotant qu'il est le seul et l'unique ?
4. Quand avez-vous ressenti le besoin d'être simplement avec celui ou celle que vous adorez pour le seul plaisir de sa présence ?

COMMENT UTILISER VOS RECUEILS ?

Considérez ces recueils comme des documents vivants. Il faut les faire évoluer. Les rafraîchir. Vous devez préserver leur force pour stimuler vos sentiments positifs. Connaissez-vous l'expression : « tapis roulant hédonique » ? Les scientifiques l'emploient pour décrire le passage rapide des émotions. Si vous ne fabriquez qu'un seul recueil et que vous le gardez bien en vue sur votre bureau, sans y ajouter ou changer quoi que ce soit, je vous garantis qu'il ne tardera pas à perdre toute son efficacité. Vous le verrez sans le voir. Il se fondra dans le décor, comme un papier peint.

Sachez préserver la saveur de vos recueils

• **En enrichissant constamment vos dix portfolios, ils conserveront leur intérêt et vous réussirez plus sûrement à éviter cet effet de « tapis roulant ».** Je vous conseille pourtant de garder un de vos recueils à portée de main tout en rangeant les autres à l'abri des regards. Il vous servira de bouclier contre le pessimisme et les idées noires et vous aidera à reprendre pied dans cette spirale ascendante accessible à tous.

Dès que vous sentez que le stimulus qu'il vous envoie faiblit, réfléchissez au moyen de le recharger avec de nouveaux éléments. Ensuite, laissez-le reposer. Offrez-lui un congé sabbatique et utilisez un autre recueil. En pratiquant ce système de rotation, vous éviterez d'épuiser leur énergie.

• **Un autre moyen pour conserver la qualité de vos recueils consiste à les consulter avec une attention soutenue,** en cherchant uniquement à éveiller votre cœur à la nuance de positivité voulue. Ne vous contentez pas d'y jeter un simple coup d'œil. Prenez le temps de contempler un à un les éléments collectés. Rappelez-vous ce que vous avez ressenti quand vous les avez choisis. Imprégnez-vous de ce souvenir. Laissez-le vous pénétrer. Laissez-le résonner en vous. Ensuite, regardez autour de vous et voyez si d'autres objets peuvent libérer cet authentique sentiment de positivité. Le fait de porter une attention extrême à ces trésors vous permet de maintenir un haut niveau de bonheur intérieur.

Souvenez-vous, toutefois, de procéder avec légèreté en consultant vos portfolios. Les émotions positives sont fortes, mais fragiles.

Vous ne pouvez pas les obliger à surgir ni les charger d'un sens trop précis. N'essayez pas de les plier à votre volonté. Ce qui déclenche le sentiment recherché est souvent subtil et imprévisible - sourires inattendus, beauté ou générosité. La meilleure stratégie consiste à rester ouvert pour absorber ces sensations flottantes. Si vous êtes prêt à les accueillir, vous les percevrez. Quand vous les aurez saisies, savourez-les. Souvenez-vous que la puissance des émotions bénéfiques ne dépend ni de leur intensité ni de leur durée.

MON CONSEIL

À portée de main

Gardez toujours vos recueils dans votre sacoche ou votre sac à dos pour pouvoir vous en servir dès que vous en avez besoin : à l'hôpital, en attendant des nouvelles d'un proche, au moment de présenter un projet devant un auditoire inconnu ou au terme d'une journée de travail stressante, quand vous avez envie de relâcher la pression avant de rentrer chez vous. Observez comment le contact avec votre recueil vous délivre d'un poids, comment il vous ouvre le cœur et vous élargit l'esprit. Je suis persuadée que vous ne tarderez pas à éprouver plus de compassion.

Dix conseils pour composer et utiliser les recueils de positivité

1. Soyez sincère. Les émotions ne doivent pas être forcées, mais authentiques.
2. Multipliez les approches dans chaque recueil. Servez-vous de toutes sortes d'éléments.
3. Composez plusieurs recueils. Ne vous contentez pas d'une seule émotion positive.
4. Faites évoluer les recueils au fil du temps. Ajoutez des éléments.
5. Gardez toujours un recueil à portée de main.
6. Sortez-le dès que vous vous sentez entraîné dans une spirale descendante.
7. Consultez chaque recueil avec une attention soutenue. Travaillez avec votre cœur.

8. Restez léger. Évitez l'analyse.
9. Quand un recueil perd son énergie, passez à un autre.
10. Demandez-vous : « Que puis-je faire à ce moment précis pour susciter un tel sentiment ? »

EN CONCLUSION

Le temps que vous consacrez à cette autoanalyse et à l'exploration de vos émotions n'est pas perdu. Chaque fois que vous utilisez un outil pour contrer les idées noires, vous initiez une réaction qui vous permet d'évoluer.
Vos yeux se dessillent, vous êtes de nouveau capable d'apprécier l'abondance de biens que le monde peut offrir. Vous enclenchez votre propre spirale ascendante.
Avec le temps, vous en viendrez à maîtriser parfaitement cette technique. Vous prendrez l'habitude d'employer ce rituel en cas d'épreuves ou chaque fois que vous vous sentez bloqué ou découragé.

Une fois que vous aurez atteint – durablement – votre phase d'épanouissement, vous n'aurez sans doute plus besoin d'avoir recours aux outils et aux recueils.

À ce stade, vous saurez découvrir seul toutes les sources cachées de bonheurs dont vos journées sont pleines. Dès lors que vous réussissez à diriger vos émotions vers ces strates supérieures, un avenir radieux s'ouvre à vous. Si vous arrivez à maintenir votre ratio positif au-delà du seuil critique de trois pour un – en faisant preuve d'une aptitude sincère au bonheur et sans chercher à éviter les sources négatives, inhérentes à la vie – vous ne tarderez pas à développer au mieux votre potentiel.
Une fois atteint ce sommet, vous pourrez exercer une influence bénéfique autour de vous.

12. EN GUISE DE CONCLUSION
OBJECTIF : ÉPANOUISSEMENT

Je n'ai pas envie de découvrir, au moment de mourir, que je n'ai vécu qu'à moitié. Je veux vivre pleinement ma vie.

Diane Ackerman

Vous êtes maintenant bien informé sur la pensée positive. Avant de lire ces pages, vous saviez déjà que les émotions agréables faisaient du bien. Vous préfériez instinctivement la joie à la peine ou l'espoir au désespoir. Mais cette connaissance n'était que superficielle.

J'ai voulu, avec cet ouvrage, vous permettre d'approfondir cette notion en vous apportant un soutien scientifique qui vous aide à voir plus loin. J'aimerais vous ouvrir les yeux sur le rôle vital que la pensée positive peut jouer dans votre parcours de vie. J'espère que ce livre, à l'instar des jumelles de vision nocturne qui révèlent ce que dissimule la nuit, vous révélera les merveilles cachées de votre existence en vous donnant les moyens de les amplifier et de les multiplier.

Vous savez maintenant que les émotions bénéfiques ne sont que le prélude à quelque chose de plus profond. Une connaissance qui peut transformer votre vie. Dans cet ultime chapitre, je reviens sur les six découvertes majeures de la psychologie positive. Elles sont le fruit de plus de vingt ans d'étude. Les faits 2, 3, 4 et 5 sont issus de mes propres recherches. En revanche, je n'ai fait que participer à la mise en forme des faits 1 et 6. Néanmoins, tous jouent un rôle crucial. J'entends montrer ici comment ces faits s'animent et dansent ensemble dans la complexe symphonie de la vie.

FAIT 1. LA PENSÉE POSITIVE FAIT DU BIEN

Cette affirmation est beaucoup plus profonde qu'il y paraît.
Si les émotions bénéfiques sont sources de plaisir, ce n'est pas sans raison. En se remémorant ces fragments de bonheur, l'esprit se prépare à en accueillir de nouveaux et même à les rechercher.
Il y a, profondément enraciné en nous, le désir d'être heureux. Malheureusement, tout ce qui brille n'est pas or. Les imitations plus ou moins réussies d'émotions heureuses sont légions. Au rang des copies presque conformes que nous offre la société moderne, citons les drogues, le jeu et les autres addictions. Les plaisirs physiques, comme la nourriture ou les stimulations sexuelles, sont des imitations moins proches.
Mon intuition scientifique me porte à croire que mes découvertes, résumées dans les faits 2 à 5, ne s'appliquent qu'aux seules émotions positives.

FAIT 2. LA PENSÉE POSITIVE ÉLARGIT L'ESPRIT

La pensée positive ouvre l'esprit et élargit notre perspective mentale. Bien que cette expansion soit temporaire, elle crée un espace plus que nécessaire.
Elle permet d'échapper à l'étroitesse de la pensée négative, d'acquérir une plus grande souplesse et de voir plus loin. Elle renforce notre sentiment d'harmonie.
Cette découverte inattendue, mais fondamentale, constitue le premier axiome de ma théorie de l'ouverture mentale.

FAIT 3. LA PENSÉE POSITIVE EST CONSTRUCTIVE

La pensée positive nous rend meilleurs. Aussi fugaces et subtils que soient les moments agréables, ils s'accumulent et composent, au fil du temps, de solides réserves. On devient plus fort, plus sage, plus résilient et mieux intégré socialement. La pensée positive est synonyme d'épanouissement. Elle nous transforme en une personne plus accomplie. C'est ce second et dernier axiome de ma théorie de l'expansion constructive qui constitue sans doute ma contribution scientifique majeure.

FAIT 4. LA PENSÉE POSITIVE, FACTEUR DE RÉSILIENCE

La pensée positive est l'ingrédient secret, mais actif, de la résilience. Quand l'adversité est sur le point de vous entraîner dans la funeste spirale des pensées négatives, la positivité vous permet de freiner et de rebondir. Au niveau physique, elle réenclenche la machine. Même si cette protection paraît faible et dérisoire face aux ombres menaçantes du pessimisme, elle tient bon. Dans les périodes les plus sombres, la pensée positive continue d'élargir votre esprit et d'alimenter vos réserves.

FAIT 5. RATIO POSITIF ÉLEVÉ : AVENIR RADIEUX

Au-delà d'une certaine fréquence d'optimisme, un point de bascule est atteint. Si vous êtes comme la plupart des gens, votre rapport positif/négatif n'est que de 2 pour 1. À ce niveau, votre existence est ordinaire. Vous vivez, mais n'évoluez pas. Vous stagnez. Dès que votre ratio positif s'élève au-dessus de 3 pour 1, une transformation survient. Vous ressentez presque concrètement cette plénitude ainsi que l'amélioration de vos capacités d'action. Vous prospérez. Vous ne stagnez plus. Vous vous *sentez* et vous *êtes* différent. Vous accédez à un nouveau palier.

FAIT 6. ÉLEVER LE RATIO POSITIF

Ce sixième fait me donne un profond espoir. En un sens, il est la raison d'être de ce livre. Nous pouvons, au prix de certains efforts, élever notre ratio positif et passer de la stagnation à l'épanouissement. Nous avons plus d'influence que nous le pensons sur ce coefficient.

LA DANSE DES FAITS

Si on se contente d'aligner les faits 1 à 6, le résultat est incomplet. Pour juger pleinement du tableau, il faut prendre un peu de recul afin que les éléments se mêlent. Laissez-les dialoguer ensemble, s'enlacer et faire un tour sur la piste. Cette danse ancestrale de la causalité réciproque les renforce. Ils s'insufflent mutuellement de l'énergie.

- **Voyez, par exemple, le fait 1 : « La pensée positive fait du bien ».** La dynamique se met vraiment en branle. Pour quelle raison ? Sans doute parce que le fait 1 est une des composantes essentielles de la psychologie positive, un pur produit de l'évolution darwinienne. Parce que « faire du bien » est tout à

la fois la motivation et la récompense de l'épanouissement. Ce fait pilote le système et lui fournit son carburant.
Pensez aux enfants qui s'amusent, qui le leur apprend ? Personne ! C'est dans leurs gènes. Les gamins jouent parce que c'est agréable. En plus, en s'amusant, ils apprennent et testent de nouvelles connaissances, ils se font des amis, ils fortifient leur corps. Si le jeu produit connaissance et croissance, c'est que les émotions positives sont facteurs d'expansion et de construction. Mais les enfants se moquent des théories scientifiques. Tout ce qui les intéresse, c'est de pouvoir continuer à éprouver des émotions agréables.

L'être humain est conçu pour s'épanouir, c'est une des conséquences de la sélection naturelle.

Pour ce faire, l'être humaine doit créer en lui d'authentiques émotions positives.
Comme nombre d'adultes, vous avez sans doute perdu depuis longtemps ce besoin de jouer que vous aviez, étant enfant. Du fait de notre culture, nous en arrivons à croire que travailler dur ou faire fortune sont plus importants que de se sentir bien. Or, cette quête du bien-être est primordiale pour qui veut vivre pleinement. Laissez-vous animer par la flamme de la positivité. Regardons de nouveau le fait 2 : « La pensée positive élargit l'esprit ». Quand il mène la danse, les yeux s'ouvrent grand et les nouvelles idées fusent. Évidemment, certaines de ces idées peuvent se révéler sans intérêt et stériles. Mais d'autres sont stimulantes et finissent par produire des résultats. Elles sont fructueuses.

• **Le fait 2 est une sorte de « générateur d'aléatoire ».** En pensant plus largement, on brise les vieilles habitudes et la routine pour faire quelque chose de différent, de complètement différent. Ce caractère aléatoire est essentiel pour se construire (fait 3), réagir à l'adversité (fait 4) et s'épanouir (fait 5). Ces variations dues au hasard jouent un rôle primordial et sont indispensables à la vie.
C'est ce que montre la théorie de l'évolution chère à Darwin. La nature ne se copie jamais parfaitement. Les organismes qui se multiplient ne se clonent pas. Des variantes génétiques aléatoires font que chaque individu diffère de ses parents et des autres rejetons issus d'une même souche. En terme de survie, ces différences peuvent s'avérer bénéfiques, létales ou anodines.
Les différences bénéfiques se transmettent et s'installent au fil des générations. Sans ces variations génétiques aléatoires, les espèces – à commencer par la nôtre – n'auraient pas évolué. Ce principe peut aussi être à l'origine de nouvelles formes de vie. De la même manière, l'esprit positif, qui pousse à agir autrement, introduit une part de hasard qui va engendrer une nouvelle forme de vie pour vous. Le fait 2 peut tout simplement vous extraire de l'ornière de la stagnation pour vous propulser sur la voie de l'épanouissement.

• **Le fait 3 : « La pensée positive est constructive ».** Ce fait apporte sa touche personnelle à chaque danse. Lent au départ, il prend ensuite de la vitesse. Ce fait attire votre attention sur l'avenir, un avenir à long terme. C'est une promesse d'amélioration pour l'année ou peut-être la saison prochaine. Et quand il danse avec le fait 2, « La pensée positive élargit l'esprit », le possible et l'utile s'unissent pour impulser la spirale ascendante de l'optimisme.

• **Ce bel élan ascensionnel des faits 2 et 3 génère une énergie qui se projette vers le fait 4 : « La pensée positive, facteur de résilience ».**

À y regarder de plus près, on s'aperçoit que la spirale ascendante de pensée positive permet d'améliorer ses compétences personnelles telles la sociabilité, l'ouverture ou la perméabilité, qui permettent de réagir aux coups durs, de soigner ses plaies au sein de la communauté et de devenir plus fort.

- **D'un seul coup, le fait 5 « ratio positif élevé : avenir radieux »** chamboule la piste de danse et surprend tout son monde. Le plancher se soulève d'un côté, séparant les danseurs en deux groupes. Dans la partie basse, la pensée positive est au point mort. Il ne se passe plus grand-chose. La danse finit par s'achever. En revanche, dans la partie haute, c'est l'effervescence ! Tous les faits étincellent et font leur numéro. Ils explosent, virevoltent, s'épanouissent telles des fleurs, rebondissent et reviennent pour un nouveau tour de piste. Tout est grâce et beauté. Le spectacle est magnifique. Vous imaginez sans peine de quel côté il faut aller.

- **Remerciez votre bonne étoile, car le fait 6, « Élever le ratio positif »,** vous ouvre largement les bras et accueille tous ceux qui veulent entrer dans la danse. Après avoir appris quelques règles de base (être sincère et rester léger), enlacez un partenaire et lancez-vous sur la piste. À vous d'agir pour que les choses bougent. C'est un accord gagnant-gagnant : vous faites le bien autour de vous parce que vous vous sentez bien.

ET SI ON PARLAIT KARMA ?

Avez-vous assez de pensées positives pour réussir à préparer l'immémoriale recette du développement personnel ? S'il vous en manque, vous n'aurez aucun mal à vous en procurer un peu plus. Comme tout être humain, vous portez en vous ces germes de bien-être.

Vous pouvez créer en vous de la pensée positive où et quand vous voulez. On récolte ce qu'on a semé.

Ce proverbe biblique n'est pas sans évoquer la tradition orientale, où ce concept de relation de cause à effet porte le nom de « karma ». En tant que scientifique, je ne me hasarderai pas sur le terrain religieux. Mais il semble bien que ce système complexe d'interdépendance entre positif et négatif soit au cœur du karma. De ce point de vue, on peut tout à fait se passer d'un dieu dans le ciel qui compte les points et dresse la liste des bons et des méchants. Les conséquences bénéfiques découlent naturellement des émotions bienfaisantes.
Si vous semez de bonnes graines, votre moisson lèvera. Si elles sont mauvaises, elle dépérira. Mais peut-être préférez-vous une métaphore plus scientifique que spirituelle. Que dites-vous de celle-ci ? Si vous avez besoin d'un baromètre pour prévoir vos perspectives de développement – être plus heureux et apporter une meilleure contribution au monde – surveillez simplement votre ratio positif.

CHOISIR LA SPIRALE ASCENDANTE

> Il y a quelques années, j'ai reçu une carte de vœux qui disait : « La vie se charge du mauvais. À nous de nous occuper du bon. »

Cette formule me plaît, parce qu'elle nous rappelle que l'optimisme est un choix. Un choix que nous devons constamment refaire, jour après jour.

• **Avant que vous refermiez ce livre, j'aimerais vous rappeler une chose** : vos émotions ne sont pas plus déterminées par vos gènes qu'elles ne sont dues au hasard. Elles ont leur source, pour une large part, dans vos activités quotidiennes et vos schémas mentaux bien établis. Or, vous avez sur eux une faculté d'action beaucoup plus grande que vous le pensez. Il est évident que les pensées négatives sauront toujours où vous trouver, mais c'est à vous de les minimiser quand elles sont gratuites. Plus vous pensez de manière optimiste, plus la spirale ascendante vous entraîne vers des hauteurs nouvelles. Votre nutritionniste vous demandera de surveiller quotidiennement votre nourriture et vos activités physiques ; votre comptable d'équilibrer vos rentrées et sorties d'argent.

• **Moi, je vous demande de contrôler les émotions qui passent, les mauvaises comme les bonnes.** Cette attention vous fera découvrir les opportunités cachées permettant d'élever votre niveau de positivité. Si la surveillance quotidienne de vos calories ou de votre argent peut vous aider à gérer votre poids ou votre budget, la surveillance quotidienne de votre ratio positif peut vous aider à vous épanouir dans les mois prochains.

- **Dressez donc vos antennes pour repérer la bienveillance** – la vôtre et celle des autres. Cherchez et savourez toutes formes de bonté, de beauté et d'excellence. Conservez précieusement ces moments et vous déclencherez des vagues successives de gratitude, d'admiration, d'inspiration et plus encore. Comme une plante, tournez-vous vers la lumière, qu'elle soit spirituelle, terrestre ou humaine. Faites-en votre nourriture. Plus vous entraînerez vos yeux, votre esprit et votre cœur à détecter le positif, plus vous en trouverez dans votre vie.
- **Souvenez-vous que son intensité importe moins que sa fréquence.** Ce qui signifie que des expériences légères, mais répétées peuvent vous faire atteindre un niveau élevé de bien-être. Le pessimisme gratuit, qui gonflait autrefois démesurément, n'aura plus aucune prise sur vous. En cultivant les actions et les pensées bénéfiques, vous récoltez des graines de positivité. Plus vous semez de graines et récoltez de moissons, plus vous optimisez vos perspectives d'épanouissement.

- **Lorsque vous aurez atteint ce noble but : l'épanouissement, vous pourrez œuvrer à la construction d'un monde meilleur pour nos enfants.**

Nous cherchons souvent trop loin notre bonheur. Nous voulons nous enrichir ou accéder à la célébrité plutôt qu'aimer ou admirer. En insufflant un peu plus d'émotions positives dans notre vie, nous faisons un choix constructif. Nous choisissons la spirale ascendante qui nous entraîne vers un avenir meilleur – et vers un monde meilleur.

ANNEXES

Test personnel de positivité

Qu'avez-vous ressenti au cours des dernières vingt-quatre heures ? Passez en revue les événements de la veille et quantifiez l'intensité de chacun des sentiments suivants à l'aide de cette échelle graduée de 0 à 4.

0 = pas du tout
1 = un peu
2 = modérément
3 = beaucoup
4 = énormément

1. Avez-vous été de bonne humeur, vous êtes-vous amusé ou avez-vous ri ? .... ☐

2. Avez-vous éprouvé de la colère, de l'irritation ou de l'énervement ? .... ☐

3. Vous êtes-vous senti gêné, humilié ou honteux ? .... ☐

4. Avez-vous été admiratif, étonné ou émerveillé ? .... ☐

5. Avez-vous manifesté de la hauteur, du mépris ou du dédain ? .... ☐

6. Avez-vous éprouvé de la répugnance, du dégoût ou de la répulsion ? .... ☐

7. Vous êtes-vous senti embarrassé, gauche ou intimidé ? .... ☐

8. Avez-vous éprouvé de la reconnaissance, de la gratitude ou le besoin de remercier ? .... ☐

9. Vous êtes-vous senti coupable, repentant ou fautif ? .... ☐

10. Avez-vous éprouvé de la haine, de la méfiance ou des soupçons ? .... ☐

11. Vous êtes-vous senti plein d'espoir, optimiste ou réconforté ? .... ☐

12. Vous êtes-vous senti inspiré, enthousiaste ou transporté ? .... ☐

13. Vous êtes-vous senti intéressé, en éveil ou curieux ? .... ☐

14. Avez-vous éprouvé de la joie, du plaisir ou du bonheur ? .... ☐

15. Avez-vous ressenti de l'amour, de la tendresse ou de la confiance ? .... ☐

16. Avez-vous ressenti de la fierté, de la détermination ou de l'assurance ? .... ☐

17. Vous êtes-vous senti triste, déprimé ou malheureux ? .... ☐

18. Avez-vous éprouvé de la crainte, de l'angoisse ou de la peur ? .... ☐

19. Vous êtes-vous senti serein, satisfait ou calme ? .... ☐

20. Vous êtes-vous senti stressé, nerveux ou débordé ? .... ☐

Faites ce test personnel de positivité
et plus encore sur www.positivityratio.com

À LIRE AUSSI

Marie Andersen
Faire le choix du bonheur,
Ixelles éditions, Bruxelles, 2013 ;

Jean-Paul Guedj
les 50 règles d'or pour prendre la vie du bon côté,
« Mini Larousse », Paris, 2013 ;

Petites Leçons d'optimisme,
Larousse, Paris, 2014 ;

Norman Vincent Peale
la Puissance de la pensée positive
Marabout, Paris, 2013 ;

Martin Seligman
Vivre la psychologie positive : apprendre à faire confiance à la vie,
Pocket, Paris, 2012 ;

Florence Servan-Schreiber
Trois kifs par jour, et autres rituels recommandés par la science pour cultiver le bonheur,
Marabout, Paris, 2011 ;

Mathieu Ricard
Plaidoyer pour l'altruisme, la force de la bienveillance,
Éditions Nil, Paris, 2013 ;

l'Art de la méditation,
Pocket, Paris, 2010 ;

Imprimé en Italie par Rotolito Lombarda
Dépôt légal : décembre 2013
2 - 11029711 - Novembre 2014